Pierre-Joseph Proudhon

Theorie des Eigentums

AF570585

Pierre-Joseph Proudhon

Theorie des Eigentums

übersetzt von Lutz Roemheld
mit einer Einleitung von Gerhard Senft

Metropolis-Verlag
Marburg 2014

Bibliografische Information der Deutschen Bibliothek:

Die Deutsche Bibliothek verzeichnet diese Publikation in der Deutschen Nationalbibliografie. Detaillierte bibliografische Daten sind im Internet über **http://dnb.ddb.de** abrufbar.

Metropolis-Verlag für Ökonomie, Gesellschaft und Politik GmbH
Copyright: Metropolis-Verlag, Marburg 2014
http://www.metropolis-verlag.de
Alle Rechte vorbehalten
2., unveränderte Auflage 2014

"Theorie des Eigentums" erschien 2010 im Verlag für Sozialökonomie - Gauke GmbH, Kiel

Umschlagfoto: Gemälde von Gustave Courbet (1819-1877) mit Widmung
"a mon Ami P. J. Proudhon" (Ausschnitt); Musée d'Orsay, Paris

ISBN 978-3-7316-1087-8

Inhaltsverzeichnis

Vorwort

In seiner 1866, posthum, erschienenen „Théorie de la Propriété“ gibt Pierre-Joseph *Proudhon* (1809-1865) im Rahmen einer historisch-politischen Analyse einen Überblick über die komplexe Entwicklung der verschiedenen Formen des Eigentums vom Altertum bis in seine Zeit. Dabei unterzieht er insbesondere das Eigentum in der sich entfaltenden privat-kapitalistischen Wirtschafts- und Gesellschaftsordnung des 19. Jahrhunderts einer grundsätzlichen Kritik. Deren Aktualität kommt vor allem da zum Ausdruck, wo Proudhon beispielsweise dieses Eigentum als Instrument zunehmender wirtschaftlicher und politischer Macht charakterisiert, oder aber etwa seine Krisenträchtigkeit im Hinblick auf immer schärfere innergesellschaftliche Konflikte infolge immer ungleicher werdender Vermögensverhältnisse herausarbeitet. Mit dieser Grundsatzkritik verbindet Proudhon sein Konzept einer sozial orientierten Neuorganisation des Eigentums in „einer auf dem Reziprozitätsprinzip basierenden Ökonomie“, wie Gerhard *Senft*, Professor an der Wirtschaftsuniversität Wien, in seiner nachfolgenden Einleitung schreibt.

Herrn Prof. Dr. *Senft* danke ich für seine Einleitung, die nicht nur einen ausgezeichneten Beitrag zur Erleichterung des Verständnisses von Proudhons „Théorie de la Propriété“ leistet, sondern auch politisch interessante Bezüge dieser Theorie zu heutigen alternativen Reformüberlegungen hinsichtlich des Eigentums herstellt.

Last, but not least danke ich dem Verlag für Sozialökonomie für seine kompetente Betreuung der vorliegenden Publikation.

Dresden, im September 2010
Lutz Roemheld.

Editorische Notiz

Grundlagen der folgenden Übersetzung der „Théorie de la Propriété“ sind:

1. die bei Éditions l´Harmattan 1997 in Paris und in Montréal (Canada) erschienene Ausgabe, die den Text der unter Ziffer 2. genannten Aus gabe wiedergibt;[i]
2. die Ausgabe A. Lacroix, Verboeckhoven & Cie. Éditeurs, à Bruxelles, à Leipzig et à Livourne, 1866;[ii]
3. die italienische Übersetzung der „Théorie de la Propriété“ von A. *Klitsch De La Grange*, die 1998 erschienen ist,[iii] und die auszugsweise deutsche Übersetzung von Thilo *Ramm*, die 1963 im Rahmen seiner Auswahl von Texten aus Werken Proudhons erschienen ist.[iv]

Anmerkungen mit dem Klammerzusatz (P.) zeigen an, daß ihr Autor Proudhon ist.

---

i P.-J. *Proudhon*: Théorie de la Propriété, Éditions l´Harmattan, Paris - Montréal 1997 (Collection Les Introuvables), mit einer Einführung von Chantal *Gaillard*.

ii P.-J. *Proudhon*: Théorie de la Propriété, Paris, Librairie internationale ... A. Lacroix, Verboeckhoven & Cie. Éditeurs, à Bruxelles, à Leipzig et à Livourne 1866 (Oeuvres posthumes de P.-J. Proudhon) - Appendice: Projet d´Exposition perpétuelle.

iii Pierre-Joseph *Proudhon*: La teoria della proprietà, introduzione di Nico *Berti*, traduzione di A. *Klitsch De La Grange*, Edizioni Seam, Roma 1998 (Frontiere, Collana diretta da Luciano *Pellicani*).

iv P.J. *Proudhon*: Ausgewählte Texte, hsg. und eingel. von Thilo *Ramm*, K. F. Koehler Verlag, Stuttgart 1963, S. 265 - 346: Theorie des Eigentums, Kapitel VI § 1, § 2; Kapitel VII § 1, § 2; Kapitel VIII, Kapitel IX.

Gerhard Senft

„La propriété est impossible ...“ Pierre-Joseph Proudhons Problematisierung der Eigentumsordnung

„Der berühmteste *land run* ... fand am 22. April 1889 in Oklahoma statt. An diesem Tag wurde ein weites Gebiet, das den Indianern abgenommen worden war, in Parzellen aufgeteilt und kostenlos den Siedlern überlassen: Man mußte nur vor den anderen an der Parzelle ankommen. Die Armee steckte eine unsichtbare Linie an der Grenze dieses Gebietes ab, hielt dort die zukünftigen Farmer zurück und gab Punkt zwölf Uhr den Startschuß zu dem großen Rennen. Tausende von Männern, Frauen und Kindern stürzten auf die Hügel zu. Auf Pferden, auf Eseln, zu Fuß, in Karren oder Kutschen; eine Horde Hungerleider und Entrechteter, die genau wußten, daß es mehr Siedler als Parzellen gab. So galoppierten sie, bis die Pferde zusammenbrachen, rannten, bis sie vor Erschöpfung umfielen, krochen durch den Dreck; als sie nicht mehr konnten, prügelten sie sich, stachen mit Messern aufeinander ein, massakrierten sich gegenseitig, nur um in den Besitz eines rechteckigen Stück Staubes zu gelangen. Das Rennen um den Boden ... wurde weder von den Ehrlichsten noch von den Klügsten gewonnen, ja nicht einmal von den Schnellsten; es war der Stärkste, der Grausamste, der Unsolidarischste und Unmenschlichste, der triumphierte.“[v]

Rosa Montero

1 Einleitung

Aus dem umfangreichen Werk Pierre-Joseph Proudhons ist bis heute vor allem der Satz „Eigentum ist Diebstahl“[vi] („La propriété c’est le vol!“) im kollektiven Gedächtnis haften geblieben. Doch knüpft gerade daran eine Kette von Halbwahrheiten und Missverständnissen. Wie Proudhon selbst in seiner „Theorie des Eigentums“ (1866) anmerkt, geht die Urheberschaft dieses Ausspruchs eigentlich auf den Girondisten Jacques-Pierre Brissot de Warwille (1754-1793) zurück. Die provokativ wirkende Wortwahl Brissots erkennt Proudhon bei näherer Betrachtung als im „Feuereifer der Deklama-

v Montero, R.: Geliebter Gebieter. Frankfurt/M: Suhrkamp, 1991, 122.

vi Proudhon, P.-J.: Was ist das Eigentum? Erste Denkschrift. (1896), Wien: Monte Verita 1992, 1.

tion“ hingesagt und als im Wesentlichen substanzlos.[vii] Proudhon geht es bei seinem Angriff auf das Eigentum letztendlich um mehr, er will das Wesen des Eigentums in all seinen Facetten ergründen. In verschiedenen Schriften versucht Proudhon, zentrale sozioökonomische Aspekte von Eigentum herauszuarbeiten. Die Kritik an der Hegemonie des Privateigentums mündet bei ihm auch nicht in eine pauschale Verurteilung jeglichen Eigentums. Ganz im Gegenteil: Proudhon liefert eine in der Theoriegeschichte der Ökonomie nahezu unerreichte äußerst differenzierte Eigentumskritik.

2 „Was ist das Eigentum?“

Der Ausbildungsweg des als Abkömmling einfacher Handwerker in Besançon, Département Doubs, geborenen Pierre-Joseph Proudhon ist alles andere als geradlinig. Immer wieder muss der Schulbesuch wegen Geldmangels abgebrochen werden. Erst eine Reihe von Stipendien ermöglicht ihm einen Bakkalaureatsabschluss, der ihm den Zugang zu einem höherwertigen Studium in Paris eröffnet. Proudhons Problematisierung des Eigentums beginnt noch an der Akademie von Besançon im Jahr 1839. In einer Denkschrift zeigt er anhand des hebräischen Begriffs des Diebstahls die ausbeuterischen Seiten einer auf Exklusion beruhenden Eigentumsordnung auf.[viii] Umfassender fällt die Auseinandersetzung in der 1840 veröffentlichten Schrift „Qu'est-ce que la propriété?“ („Was ist das Eigentum?“) aus, die sofort eine breite Rezeption erfährt, Proudhon aber auch ein Gerichtsverfahren sowie einen Entzug von Fördermitteln einbringt.[ix] „Qu'est-ce que la propriété?“ enthält bereits alle wesentlichen Thesen Proudhons zur Eigentumsfrage, die nachfolgenden Schriften dienen der Verfeinerung und dem Kommentieren seiner Denkansätze von 1840.

Eine Betrachtung des Eigentums beinhaltet nach Proudhon allem voran eine historische und eine rechtliche Komponente. Zu allen Zeiten, zeigt er sich überzeugt, habe die „Rechtfertigung des Eigentums ... Juristen, Volkswirtschafter und Philosophen zur Verzweiflung gebracht“.[x] Proudhon zitiert

---

vii Proudhon, P.-J.: Theorie des Eigentums. In: Proudhon, P.-J.: Ausgewählte Texte. Hrsg. von Th. Ramm, Stuttgart: K. F. Koehler Verlag, 1963, 322.

viii Proudhon, P.-J.: De la célébration du dimanche : considérée sous les rapports de l'hygiène publique, de la morale, des relations de famille et de cité. (1839), Paris: Prévot, 1845.

ix Proudhon, P.-J.: Qu'est-ce que la propriété? Premier mémoire - Recherches sur le principe du droit et du gouvernement. (1840), Paris: Éditions TOPS/H. Trinquier, Antony, 1997. Auf Deutsch: Proudhon 1992.

x Proudhon 1963, 329.

in seiner Schrift von 1840 eine Reihe eigentumsfreundlicher Denker, deren Argumente er jedoch mit einem Übermaß religiöser und moralisierender Inhalte verknüpft sieht.[xi] Vor allem aber hätten die Befürworter des Eigentums, so der französische Sozialtheoretiker, die missbräuchliche Seite des Eigentums nicht wahrgenommen. Die Gewährleistung von Eigentumsrechten geht seit John Locke (1632-1704) bekanntlich davon aus, dass jeder Mensch ursprüngliches Eigentum an seiner Person hat und dass dieses Eigentum sich an allen Sachen fortsetzt, die der Tätige mit seiner eigenen Arbeitsleistung hervorbringt. Proudhon ist durchaus bereit, einem solch weit gefassten Eigentumsbegriff zu folgen, nur hält er es für abwegig, etwa einer Person mit besonderen Talenten Vorrechte zuzubilligen. Die Nachfrage bestimmter Fähigkeiten ergebe sich immer aus den gesellschaftlichen Bedingungen, ergo könne nicht von eindeutig zurechenbaren Verdiensten ausgegangen werden.[xii]

In allgemeiner Form ausgedrückt heißt Missbrauch des Eigentums bei Proudhon, aus einem besonderen Verfügungsrecht Privilegien abzuleiten. Für die moderne Gesellschaft, die Vorrechte ablehnt, habe konsequenterweise zu gelten, dass jede missbräuchliche Anwendung des Eigentums ausgeschlossen wird. Für den französischen Sozialisten ist damit klar: Das Eigentum im klassischen Sinne - das ja von seinen problematischen Seiten nicht getrennt werden kann - ist im Grunde nicht haltbar. Ein erheblicher Teil des Werkes von 1840 ist folgerichtig der Beweisführung hinsichtlich der „Unhaltbarkeit" des Eigentums gewidmet.[xiii]

Ein Missbrauch von gegenständlichem Eigentum (Grund & Boden, Produktionsmittel, Geldkapital usw.) tritt nach Proudhon zutage, wenn damit monopolistische Verengungen und außerordentliche Gewinne verbunden sind. Der vom Landlord einbehaltene Pachtzins, der Profit des Fabrikanten, die an den Eigentümer der Zinskaserne fließenden Mieten, der Ertrag des Geldkapitalisten, alle diese Erscheinungen subsumiert Proudhon unter dem Begriff des unverdienten Vorteils („le droit d'aubaine").[xiv] Die „Macht zu produzieren, ohne zu arbeiten" existiere nur auf Seiten des Eigentums, das damit als Bestandteil einer Herrschaftsordnung zu identifizieren sei.[xv] Als die wirkliche Quelle aller Werte betrachtet Proudhon, der

xi Proudhon 1992, 123.

xii Proudhon 1992, 110. Wenn z. B. in einem Krieg die Nachfrage nach Generälen steigt, so ist dies ausschließlich als eine Folge der kriegerischen Ereignisse anzusehen.

xiii Proudhon 1992, 120-178.

xiv Proudhon 1992, 122.

xv Proudhon 1992, 123.

sich in der Nachfolge des Arbeitswerttheoretikers Adam Smith (1723-1790) sieht, ausschließlich die menschliche Arbeit. Ein wesentlicher gedanklicher Bezugspunkt Proudhons ist daher auch das „Recht auf den vollen Arbeitsertrag", das vor ihm etwa die Linksricardianer[xvi] wie William Thompson[xvii] (1785-1833) vertreten hatten.[xviii] Der „volle Arbeitsertrag" entspricht jenem durch arbeitende Tätigkeit erzeugten Einkommen, das nicht durch Pachtzins, Profit usw. geschmälert wird. Nur in diesem Sinne verwendet Proudhon den Terminus des „Diebstahls", den er mit dem durch die Ausbeutung von Arbeit hervorgebrachten Eigentum verbindet. Umgekehrt bedeutet dies aber auch, dass er das Arbeitseigentum des originären Produzenten als unproblematisch betrachtet.

Vom Erfolg seines Werkes „Qu'est-ce que la propriété?" angespornt, lässt Proudhon in rascher Abfolge noch zwei weitere eigentumskritische Titel erscheinen.[xix] Die an den Ökonom Adolphe Blanqui (1798-1854) gerichtete Denkschrift von 1841 enthält eine historische Abhandlung zum Thema sowie das Plädoyer, die bewährten Prinzipien der Handels- und Versicherungsgesellschaften zu generalisieren. So wie innerhalb der ökonomischen Vereinigungen korrektes Verhalten Grundbedingung sei und für alle Mitglieder dieselben Rechte und Pflichten in Anwendung gebracht würden, so müsse das gesamte Wirtschaftsleben von einem Geist durchdrungen werden, der sämtliche unverdiente Vorteile („toutes les aubaines") ausschließt. Proudhons Vorschlag einer Neuorganisation der Gesellschaft auf der Basis der Gegenseitigkeit („Mutualité"), ein in späteren Schriften immer wieder auftauchendes Motiv, findet sich 1841 bereits gedanklich skizziert.[xx] Eine stärkere Betonung einer System transformierenden Perspektive enthält die ein Jahr später herausgebrachte, an einen Anhänger Fouriers adressierte „Warnung an die Eigentümer".[xxi]

---

xvi Eine von der Theorie David Ricardos (1772-1823) angeregte Denkrichtung mit sozialistischer Orientierung.

xvii Thompson, W.: An Inquiry into the Principles of the Distribution of Wealth Most Conducive to Human Happiness; applied to the Newly Proposed System of Voluntary Equality of Wealth. London: Longman, Hurst Rees, Orme, Brown & Green, 1824.

xviii Proudhon 1992, 135.

xix Proudhon, P.-J.: Qu'est-ce que la propriété? - Deuxième mémoire: Lettre à M. Blanqui sur la propriété. (1841), Paris: Éditions TOPS/H. Trinquier, Antony, 2006, 7-128. Proudhon, P.-J.: Troisième mémoire: Avertissement aux Propriétaires ou Lettre à M. Victor Considérant. (1842), Paris: Éditions TOPS/H. Trinquier, Antony, 2006, 129-205. Beachte auch die kleine Denkschrift aus dem Jahr 1842: Proudhon, P.-J.: Explications présentées au ministère public sur le droit de propriété. Cour d'assises du département du Doubs. Besançon, séance du 3 février, 1842. Nachzulesen auf: http://commons.wikimedia.org/wiki/File:Explications_sur_le_droit_de_propri%C3%A9t%C3%A9.djvu [23. 2. 2010].

xx Proudhon, P.-J.: Theorie des Eigentums. u.S.12 ff.

xxi Roemheld, L.: Proudhon, P.-J., in: Lexikon der Anarchie. Hrsg. von H. J. Degen, (Loseblattsammlung, fünf Lieferungen, alphabetisch sortiert, jeder Beitrag mit separater Paginierung), Bösdorf: Schwarzer Nachtschatten, 1993-1996, 1.

3 Anti-Malthus

Proudhons 1846 erschienenes Hauptwerk „Système des contradictions économiques" („System der ökonomischen Widersprüche") stellt eine Untersuchung der charakteristischen Merkmale Waren produzierender Gesellschaften dar.[xxii] Die Auseinandersetzung mit der zeitgenössischen Politischen Ökonomie ist wesentlich auf die Thesen des Bevölkerungstheoretikers Thomas Robert Malthus (1766-1834) abgestimmt.[xxiii] Malthus hatte eine zunehmende Kluft zwischen den Bedürfnissen einer wachsenden Bevölkerung und den verfügbaren Subsistenzmitteln konstatiert.[xxiv] Dabei ging er von der pessimistischen Grundannahme aus, dass der „Tisch der Natur"[xxv] nicht für die gesamte Menschheit gedeckt sei, sodass in der Zukunft mit dramatischen Ernährungsengpässen und Hungersnöten zu rechnen sei. Proudhon hingegen gelangt in seiner Untersuchung zu völlig anderen Ergebnissen. Alleine mit der Zurückdrängung von Monopolen und Oligopolen und mit der Ausweitung des Kreditpotentials könne eine solche Dynamisierung der gesamten Produktion bewirkt werden, dass sich die Verteilungsfrage entschärfe.[xxvi] Die von Proudhon gegen das Monopoleigentum geführten Angriffe gehen jedoch von einer klaren Differenzierung aus. So unterscheidet er:

1. natürliche Monopole (Grund und Boden, Naturressourcen)
2. künstliche Monopole (Realkapital)
3. das kapitalistische Geldwesen

Ein gravierender Widerspruch ergibt sich für den französischen Sozialtheoretiker im Bereich des Produktionsfaktors Grund und Boden, dessen zentrale wirtschaftliche Bedeutung unbestritten ist, der zugleich aber das Problem der beschränkten Vermehrbarkeit in sich trägt. Die herrschende Eigentumsordnung mit ihren Zutrittsbarrieren und ihren privat angeeigneten Sondergewinnen (Grundrente, Bodenwertsteigerung) sieht Proudhon als eine Verschärfung des Problems. Ein wesentlicher Bezugspunkt ist für

xxii Proudhon, P.-J.: Système des contradictions économiques ou Philosophie de la misère. Paris: Guillaumin, 1846. Auf Deutsch: Proudhon, P.-J.: System der ökonomischen Widersprüche oder: Philosophie des Elends. Hrsg. von L. Roemheld und G. Senft, Berlin: Karin Kramer, 2003.

xxiii Proudhon 2003, 68.

xxiv Malthus, Th. R.: An Essay on the Principle of Population, or, *a View of its past and present Effects on Human Happiness; with an Inquiry into our Prospects respecting the Removal or Mitigation of the Evils which it occasions.* (1798), London: T. Bensley, 1803.

xxv Malthus 1803, 531.

xxvi Proudhon 2003, 519.

ihn in diesem Zusammenhang die Grundrententheorie David Ricardos, nach der sich Renten bzw. Pachtgelder aus unterschiedlichen Grundstückqualitäten ergeben. Wie Ricardo hält auch Proudhon die bei allen knappen Ressourcen auftretende Rente für unvermeidbar.[xxvii] In Weiterentwicklung der klassischen Theorie sucht er aber nach einem gemeinwirtschaftlichen Nutzungskonzept, das eine Umverteilung der Bodenerträge ermöglichen soll. Die verminderte Marktfähigkeit natürlicher Monopole macht nach Proudhon alternative Organisations- und Eigentumsformen unumgänglich.

Etwas anders gelagert sieht Proudhon die Dinge im Bereich des Realkapitals. Missbräuchliche Anwendungen oder Monopolpositionen seien zwar auch in diesem Sektor vorhanden, doch sieht er die Existenz des Kapitals in der Hauptsache in einem *Verhältnis* verankert. Danach gilt: da Produktionsmittel lediglich Erzeugnisse darstellen, also erst durch Mengenbeschränkungen sich zu Kapital ausformen, kann die künstliche Monopolsituation bzw. die vorhandene Knappheit durch eine Entfesselung der Produktivkräfte durchbrochen werden. Der Ansatzpunkt liegt hier also weniger bei der Änderung der Eigentumsverhältnisse, sondern mehr bei der Überwindung der Knappheitsverhältnisse.

Hinsichtlich einer Dynamisierung der Wirtschaft ordnet Proudhon der Zirkulationssphäre - und hier kommt eine spezifische Eigenart des französischen Sozialismus zum Vorschein - eine prominente Rolle zu. Er zeigt sich überzeugt, dass es vor allem Restriktionen im Kreditapparat sind, die erforderliche Investitionen behindern, das gesamte Wirtschaftsleben damit auch krisenanfälliger machen, und die nicht zuletzt verteilungspolitisch bedenkliche Resultate hervorbringen. Sei es doch wesentliche Eigenschaft des Geldkapitals, gewissermaßen der „Ausdruck seiner Prärogative, folglich die *conditio sine qua non* des Kredits“, ebenfalls einen Monopolvorteil, nämlich den Geldmehrwert bzw. Zins hervorzubringen.[xxviii] In „atemberaubender Geschwindigkeit“ - so Proudhon - würden über den Zinsmechanismus gewaltige Vermögensverschiebungen in Gang gesetzt, zugunsten weniger Kapitalisten, zum Schaden der Mehrheit der Gesellschaft.[xxix]

In seinem „System der ökonomischen Widersprüche“ begnügt sich Proudhon im Wesentlichen mit der Beschreibung und der Analyse der bestehenden Verhältnisse. Bewältigungsansätze werden darin nur angedeutet, erst spätere Schriften sollen in diesem Punkt mehr Klarheit bringen. In seiner 1849 erschienenen Skizze einer Tausch- und Volksbank („Banque du

xxvii s.u.S. 14f..
xxviii Proudhon 2003, 380.
xxix Proudhon 2003, 380.

peuple") legt er seine Gedanken zu einer nichtkapitalistischen Geld- und Kreditordnung dar.[xxx] Entsprechend der Zielsetzung, dem Geldkapital seine Vorzugsposition zu nehmen, schlägt er eine gleichrangige Zusammenführung von monetären Mitteln und Arbeitserzeugnissen vor.[xxxi] Ein unter neuen wirtschaftlichen Grundbedingungen erzeugtes Kreditpotential soll die Werte schaffende Funktion des Geldes begünstigen, die Defekte des herkömmlichen Kreditgeldes beseitigen und schließlich eine dynamische Weiterentwicklung der Wirtschaft gewährleisten.

4 „Theorie des Eigentums"

In seiner letzten, posthum erschienenen Schrift zum Thema Eigentum bemüht sich Proudhon um ein abgerundetes Bild, indem er die positiven und die negativen Seiten des betrachteten Gegenstandes ausführlich gegeneinander abwägt.[xxxii] Er erkennt das Eigentum nun als eine im Grunde indifferente Kraft, die nützlich oder missbräuchlich, wohltätig oder schändlich wirken könne. In demselben Maße, in dem es sich manchmal konservativ zeige, könne es auch umstürzlerische Effekte hervorbringen.[xxxiii] Gegenüber der Willkürherrschaft der Obrigkeit, im Kampf gegen vormoderne Sozialverfassungen etwa habe sich der revolutionäre Charakter des Eigentums sehr deutlich offenbart.[xxxiv] Eine Bewertung des Eigentums hänge also wesentlich von den Einsatzgegebenheiten ab. In der „Theorie des Eigentums" betont Proudhon erneut die historische Dimension, wobei er der Auffassung entgegentritt, Eigentum werde in der Hauptsache durch die erste Okkupation und durch den Einsatz von Arbeit begründet.[xxxv] Im Gegenteil, meint er, das Okkupationsrecht verhindere die Schaffung von Eigentum, denn das

xxx Proudhon, P.-J.: Die Volksbank. Wien: Monte Verita, 1985.

xxxi Die Abläufe innerhalb der Tauschbank gestalten sich wie folgt: (1.) Als Geschäftsgrundlage besteht ein einfaches System des Gütertauschs. (2.) Die an der Bank teilnehmenden Produzenten („Sociétaires et adhérents") liefern ihre Erzeugnisse ab und erhalten im Gegenzug entsprechende Tauschbons („Bons de circulation"). (3.) Ein einheitliches Bewertungsschema für die Tauschbons wird durch so genannte Taxatoren etabliert, die den Wert der eingebrachten Waren feststellen. (4.) Mit der Bereitstellung zinsloser Darlehen („gratuité du crédit") durch die Erzeuger untereinander wird ein neues Kreditsystem aufgebaut. (5.) Mit der Reduktion der Kapitalnutzungskosten geht schließlich eine Mehrung des Realkapitals einher.

xxxii Proudhon, P.-J.: Théorie de la propriété. Paris: A. Lacroix, Verboeckhoven et Cie, 1866

xxxiii Proudhon 1963, 272 f.

xxxiv Proudhon 1963, 332.

xxxv s.u.S. 77f.

postulierte Recht auf das Erzeugnis der Arbeit setze eine ungehinderte Nutzung der Produktionsmöglichkeiten voraus.[xxxvi]

Die Ungereimtheiten in der Argumentation der Apologeten des Eigentums sind nach Proudhon allerdings auf mehreren Ebenen festzustellen. So könne etwa durch Arbeit keinesfalls ein Eigentum an Grund und Boden begründet werden, da dieser von niemandem erzeugt werde. Lediglich ein Recht an den Früchten der Arbeit oder ein Anspruch auf eine Entschädigung für die Nutzbarmachung bzw. Bewirtschaftung des Bodens könne in diesem Zusammenhang abgeleitet werden. Im Hinblick auf das Mehrwert schöpfende Eigentum (Produktionsmittel, Mietobjekte usw.) sei besonders zu beachten, dass hier nicht nur eine schaffende, sondern auch eine „zerstörende“ Funktion der Arbeit gegeben sei, weil jede Erzeugung neuer Güter und Kapitalien zu einer Entwertung vorhandener Bestände führen muss. Durch Arbeit hervorgebrachtes Eigentum trägt nach Proudhon also die Tendenz einer Selbstkorrektur in sich: Das aus einem bornierten Egoismus geborene Eigentum wird durch aus einem Bündnis von Egoismen gebildete Gegenkräfte neutralisiert und verliert auf mittlere Sicht seine Kapitalfunktion.[xxxvii] Mit anderen Worten: Die in der modernen arbeitsteiligen Gesellschaft als „Kollektivkraft“ eingebrachte Arbeit zielt auf Gleichheit, indem der Stellenwert des Eigentums innerhalb der Gesellschaft ständigen Veränderungen unterworfen wird.[xxxviii]

Die in der europäischen *legal history* über weite Strecken einflussreiche römische Rechtsauslegung trägt nach Proudhon ebenfalls einen gewichtigen Widerspruch in sich. Diese habe das Eigentum als eine Sache definiert, die den uneingeschränkten Gebrauch soweit gestattet, als es die bestehende Gesetzeslage zulässt. Also was gilt, fragt er nun, der „Absolutismus des Eigentümers“ oder die „Weisheit des Gesetzgebers“?[xxxix] Lasse man

---

xxxvi Proudhon 1963, 330. Ein anschauliches Beispiel dazu: Die Okkupation von Landflächen durch weiße Siedler im Zuge des so genannten *land run* in Oklahoma im April 1889 schloss die *native Americans* von der Nutzung des Gebietes aus und schränkte damit ihr wirtschaftliches Tätigsein ein. Vgl. Oklahoma Land Openings 1889-1907, http://www.okgenweb.org/~land/ [21.12.2009].

xxxvii Proudhon 1963, 293. Dudley Dillard sieht in der Argumentation Proudhons eine Vorwegnahme der These John Maynard Keynes‘ über den „sanften Tod des Kapitalrentners“. Dillard, D. D.: Proudhon, Gesell and Keynes. An Investigation of some „Anti-Marxian-Socialist“ Antecedents of Keynes’ General Theory of Employment, Interest and Money. Ph. D.-Thesis, *University of California* 1940. Hrsg. von L. Roemheld, St. Georgen: Angela Hackbarth, 1997, 274.

xxxviii An anderer Stelle wird die subversive Rolle der Arbeit wie folgt betont: Da die menschliche Arbeit (in der arbeitsteiligen Gesellschaft) als Kollektivkraft auftrete, werde das so hervorgebrachte Eigentum notwendigerweise zu einem unteilbaren und kollektiven Gut. Proudhon 1992, 231.

xxxix s.u.S. 58..

jedoch allein die Fakten sprechen, werde erkennbar, dass das römische Eigentum, „ohne Solidarität oder Gegenseitigkeit“ über dem öffentlichen Recht stehend, in keiner Weise gerecht gewirkt habe.[xl] Im Vergleich zu den Bedingungen der Feudalordnung sieht Proudhon das römische Eigentum allerdings mit mehr Freiheitsgraden ausgestattet.[xli] Geschichtlich betrachtet sei die dem römischen Recht entsprechende Auffassung von Eigentum für einen Zeitraum von über tausend Jahren zurückgedrängt gewesen, da mit dem Niedergang des Römischen Reiches eine gemeinschaftsgebundene Beschränkung des Eigentums in den Vordergrund gerückt sei. Die spätere Entwicklung in Richtung Feudalsystem habe die Eigentumsordnung vollständig durch unterdrückerische Lehensverhältnisse ersetzt. Erst die Revolution von 1789 habe in Frankreich eine Wiederbelebung des römischen Eigentums und damit vermehrte Spielräume herbeigeführt, aber das auch nur für einen kurzen Zeitraum. Mit der autoritären Machtübernahme Napoleons III. in Frankreich 1851 sieht Proudhon die eben wieder gefundene Freiheit erneut verloren, da die Hinwendung zu neueren wesentlicheren Eigentumsformen nun verhindert würde.[xlii]

5 Transformation des Eigentums?

Proudhons Vorstellungen hinsichtlich einer Neugestaltung des Eigentums und zur Herstellung der sozialen Balance enden keineswegs bei seinen Überlegungen zur Selbstorganisation im prozessualen Geschehen.[xliii] Er ist überzeugt: „Das Gleichgewicht des Eigentums erfordert überdies noch politische und ökonomische Garantien.“[xliv] Proudhon distanziert sich zwar vom „Kommunismus“, den er von den Saint-Simonisten[xlv] seiner Zeit vertreten sieht, allerdings hält er die Übernahme von Privateigentum durch die öffentliche Hand unter gewissen Voraussetzungen für gerechtfertigt.[xlvi] Etwa wenn ein verantwortungsloser Umgang mit dem Eigentum gegeben ist, oder

xl Proudhon 1963, 335.

xli Proudhon 1963, 335.

xlii Proudhon 1963, 297, 337 ff.

xliii Proudhon 1963, 339.

xliv Proudhon 1963, 341.

xlv Henri de Saint-Simon (1760-1825) gilt als die Leitfigur einer Denkrichtung, die für die Herrschaft von Eliten, für eine hierarchisch gegliederte Gesellschaft, für die Zentralisierung der staatlichen Gewalt und für eine technisch-ökonomische Modernisierung ohne direkte soziale Zielsetzungen eintritt. In der Diktatur Napoleons III. (1808-1873) sieht Proudhon die Ziele der Saint-Simonisten weitgehend verwirklicht.

xlvi Jedoch ist Proudhon ein Gegner gewaltsamer Enteignung.

wenn eine an sich gesellschaftlich nützliche Produktion wegen zu geringer Gewinnaussichten nicht zustande kommt bzw. eingestellt wird.[xlvii]

Ähnliches hatte vor Proudhon ja schon Adam Smith vertreten. Allerdings geht Proudhon mit seinen Vorschlägen über Smith hinaus. Im Bereich von Grund und Boden sieht er den Besitz bzw. bloße Nutzungsrechte als beste Alternative zum alten Eigentum.[xlviii] Dass er sich dabei gegen eine „Zerstükkelung“ der Bodenflächen ausspricht, widerlegt auch den häufig vernommenen Vorwurf, Proudhon sei ein naiver Propagandist einer von Kleinproduzenten getragenen ökonomischen Ordnung gewesen.[xlix] Die Idee einer Gütergemeinschaft hält Proudhon im gegebenen Zusammenhang für gerecht, allerdings sieht er sie gegen die individuelle Freiheit gerichtet. Sein Lösungsansatz zielt daher auf einen anteiligen Mitbesitz der in großen Agrar- und Industrieföderationen zusammengeschlossenen Produzenten, die nach dem Selbstverwaltungsprinzip organisiert werden. Folgerichtig hat der Anarchosyndikalismus des ausgehenden 19. und des 20. Jahrhunderts in der Lehre Proudhons einen wesentlichen Bezugspunkt gefunden. Roger Garaudy geht also in seiner Einschätzung fehl, wenn er Proudhon als einen ausschließlich in der Zirkulationssphäre verhaftet gebliebenen Theoretiker behandelt.[l]

Die Vergütung der von den Mitgliedern der Arbeiterassoziationen eingebrachten Arbeit definiert Proudhon nicht als „Lohn“. Er spricht vielmehr von einer Verteilung der Güter, die von den mitverantwortlichen Produzenten frei bestimmt zu werden habe.[li] Die gesellschaftlichen Interessen berücksichtigend, sieht Proudhon gegenüber den Assoziationen die Vorgabe, „die verlangten Produkte und Dienstleistungen immer zu einem Preis zu liefern, der möglichst am Selbstkostenpreis liegt. ... Zu diesem Zweck untersagt sich die Assoziation jede (monopolartige) Koalition und unterwirft sich dem Gesetze der Konkurrenz. ... Die Konkurrenz und die Assoziation stützen sich gegenseitig.“[lii] Auch wenn dem von Proudhon vorgeschlagenen Tauschsozialismus das Motto „weniger Staat - mehr Gesellschaft“ vorangestellt werden kann, mit der starken Betonung des Reziprozitätsprinzips bildet er eine

---

xlvii Proudhon, P.-J.: Handbuch des Börsenspekulanten. (1857). Hrsg. von G. Senft, Wien - Münster - Hamburg - London - Wien - Zürich: LIT-Verlag, 2009a, 133.

xlviii s.u.S. 71, 116f., 117.

xlix Proudhon 1963, 286.

l Garaudy, R.: Die französischen Quellen des wissenschaftlichen Sozialismus. Berlin: Rütten & Loening, 1954, 151.

li Proudhon zitiert in: Guérin, D.: Anarchismus. Begriff und Praxis. Frankfurt/M: Suhrkamp, 1967, 51.

lii Proudhon zitiert in: Guérin 1967, 53.

gewichtige Antithese gegenüber dem Manchestertum. Wesentlich geht es Proudhon bei der Veränderung der Eigentumsverfassung um eine neue Kultur der Kooperation, die er mit dem Programm des Mutualismus verknüpft. Eine solche Wirtschaftsordnung beinhaltet nach Proudhon die gegenseitige Verbürgung des Absatzes, der guten Qualität und des angemessenen Preises der Waren, die Weitergabe von Know how, den vollen Informationsaustausch zwischen den Produzenten und entsprechende Versicherungsabkommen.[liii] Die Momente der Solidarität, der gegenseitigen Hilfe sollen dabei vor allem in einer Neuorganisation des Kreditsystems zum Ausdruck kommen.

6 Abschließende Einschätzung

Die Rezeptionsgeschichte der Schriften Proudhons wird vor allem durch Karl Marx nachhaltig geprägt. Hatte dieser „Qu'est-ce que la propriété?" noch als „scharfsinniges Werk"[liv] gelobt, so ist nach dem Zerwürfnis der beiden Denker Mitte der 1840er Jahre von einer freundlichen Wertschätzung nichts mehr zu bemerken. In seiner Replik auf Proudhons „Système des contradictions économiques" nimmt Marx erneut auf die Eigentumstheorie des französischen Sozialisten Bezug. Proudhon, so nun der Hauptvorwurf, habe lediglich das moderne bürgerliche Eigentum in seine Auseinandersetzung einbezogen, und auch dabei habe er nur auf der Basis allgemeiner juristischer Vorstellungen argumentiert.[lv] Die mehr polemisch als inhaltlich durchsetzte Kritik von Marx geht jedoch insofern ins Leere, als Proudhon die geschichtliche Entwicklung des Eigentums in den entscheidenden Punkten herausarbeitet und dabei den Wandel der Eigentumsordnung mit den realen Produktionsbedingungen der einzelnen Epochen verbindet. Auch mit der Grundlegung des „Historischen Materialismus" konnte Marx zur Klärung der Eigentumsfrage letztendlich nichts über Proudhon hinausgehendes beitragen.

Kritik erntet Proudhon aber auch aus den Reihen der bürgerlichen Wissenschaft. Kurt Schilling unterstellt ihm, in Anlehnung an Jean-Jacques Rousseau (1712-1778) eine Rückkehr in den gesellschaftlichen Urzustand anzustreben.[lvi] Doch auch der Vorwurf der Primitivität ist unberechtigt,

liii Guérin 1967, 59.

liv Marx K.: Der Kommunismus und die Augsburger Allgemeine Zeitung. In: Marx, K.; Engels, F.: Gesamtausgabe (MEW) Band 1, Berlin: Dietz Verlag, 1976, 108.

lv Marx, K.: Das Elend der Philosophie. Antwort auf Proudhons „Philosophie des Elends". (1847), Berlin: Dietz Verlag, 1971, 219.

lvi Schilling, K.: Geschichte der sozialen Ideen. Individuum, Gemeinschaft, Gesellschaft. Stuttgart: Kröner, 1957, 348.

zeigt doch gerade die von Proudhon entwickelte Programmatik, dass er im Gegenteil eine Vervollkommnung des Eigentums in der modernen Gesellschaft anstrebt. Das „Proudhon-Jahr 2009“ (200. Geburtstag Pierre-Joseph Proudhons) hat aber wieder positivere Einschätzungen gebracht.[lvii] Arno Münster meint, wenngleich „mit Vorbehalten“, von einer erneuten „Aktualität“ Proudhons sprechen zu können. Nicht nur wegen der in anarchosyndikalistischen Gewerkschaftskreisen nach wie vor populären Theorie der „autogestion“, sondern auch wegen seiner Kritik am „industriellen Feudalismus“, die im Lichte des „immer autoritärere und neobonapartistische Züge annehmenden neoliberalen Systems“ leicht aktualisierbar erscheine.[lviii]

Als wesentliches Verdienst ist Proudhon aber anzurechnen, dass er aufzeigt, dass es abseits der herkömmlichen wirtschaftlichen Organisationsformen noch etwas anderes, etwas grundsätzlich Neues geben kann. Wir kennen die Marktwirtschaft in ihren unterschiedlichen Erscheinungen, uns ist auch das System einer Staatswirtschaft geläufig, gelegentlich fällt uns noch die Schenkökonomie diverser Naturvölker ein. Den verschiedenen Ausprägungsformen von Wirtschaft tritt Proudhon ganz ohne jede Orthodoxie entgegen. Die Preisbildung auf dem Markte erscheint ihm unerlässlich, weil damit ein Knappheitsindikator gegeben ist. Eine Korrektur des freien Spiels der wirtschaftlichen Kräfte durch die öffentliche Hand kann er ebenfalls mit rationalen Argumenten belegen. Sein zentrales Ansinnen geht letztendlich jedoch über all das hinaus. Ihm geht es um eine neue Kultur der Teilhabe, der Kooperation und der gegenseitigen Anerkennung. Es ist dies eine Kultur, die hierarchische Strukturen durch die Selbstbestimmung ersetzt und die anstelle eines genormten Daseins mehr Heterogenität und Subjektivität zulässt. Von solchen Grundgedanken ausgehend, entwirft Proudhon das Modell einer andern, einer partizipativen, einer auf dem Reziprozitätsprinzip basierenden Ökonomie.

Künftige Würdigungen werden zu berücksichtigen haben, dass Proudhon damit bereits alle wesentlichen Elemente der Open Source-Kultur, die ja die Entwicklung der Informationsgesellschaft nach wie vor entscheidend

---

lvii Folgende Veranstaltungen anlässlich des „Proudhon-Jahres 2009“ sind hervorzuheben: Journée d’étude, Proudhon ou quel socialisme? (Paris, 29.9.2009). Colloque pour le bicentenaire de la naissance de Proudhon (Besançon, 15.-17.10. 2009)

lviii Münster, A.: Pierre-Joseph Proudhon zum 200.: Der anarchistische Kleinbürger. In: die tageszeitung (taz) vom 14.1.2009. Abgerufen unter: http://www.taz.de/1/leben/koepfe/artikel/1/der-anarchistische-kleinbuerger/ [15.9.2009].

prägt, vorgedacht hat.[lix] Der Begriff Open Source steht für „Quelloffenheit". Konkret sind damit bestimmte Produkte, ausgewählte Wissensinhalte oder einfach nur Informationen angesprochen, zu denen (bzw. zu deren Quellcode) der Zugang öffentlich ist und über die frei verfügt werden kann (Stichwort: copy left). Es gibt keinerlei Nutzungsbeschränkungen, auf diese Weise angeregte Tätigkeitsfelder auszudehnen, ist nicht nur möglich, sondern ausdrücklich erwünscht. Open Source-Produkte unterliegen also einer ständigen Weiterentwicklung durch die Open Source-Gemeinde. Vorgaben sind lediglich, dass der erste Quellcode unversehrt bleibt, bei Bedarf weitergereicht wird und dass keine Personen oder Gruppen bei der Weitergabe diskriminiert werden. Im Gegensatz zum hierarchisch geführten Megabetrieb, der nach Fertigstellung eines neuen Produktes sozusagen eine „Kathedrale" enthüllt, repräsentiert die Open Source-Gemeinde einen „Basar", wobei viele kleine Teilhaber bzw. Produzenten in eine Art „Work in Progress" eingebunden sind.[lx] Zentral ist dabei: der „Basar" kennt keine Eigentumsformen im Sinne der bürgerlichen Leitkultur, und es geht um Herstellung von Gebrauchswerten, die keiner Marktlogik unterliegen. Die Anerkennung durch die Open Source-Gemeinde ist der einzige „Gewinn", den die Teilnehmenden zu erwarten haben.

Mit Kooperation und kollektivem Handeln als Gestaltungsoptionen beschäftigt sich in ihren Arbeiten übrigens auch Elinor Ostrom, die Nobelpreisträgerin für Wirtschaftswissenschaften des Jahres 2009. Anhand komplexer mathematischer Modelle und detaillierter Analysen zahlreicher Fallbeispiele aus Asien und Afrika widerlegt sie in ihren Studien die pessimistische These, nach der gemeinwirtschaftlich genutzte Güter immer zu einer Überinanspruchnahme führen würden. Dabei entwickelt sie neue und konstruktive Vorschläge jenseits von Privatwirtschaft und Staatsintervention, nach denen sich Gemeinschaften zu koordinieren imstande sind, sodass der langfristige Bestand von Umweltgütern wie Energieressourcen, Weideland, Wälder oder Wasser gesichert ist.[lxi] Wenn Nobelpreis-Verleihungen,

---

lix Beispiele für Open Source im Bereich der Computer-Software wären das Betriebssystem *Linux*, das Graphik-Bearbeitungsprogramm *GIMP* oder das Web-Content-Management-System *Mambo*. Realistischen Einschätzungen zufolge wird der Open Source-Anteil im Bereich der IT-Dienstleistungen im Jahr 2010 europaweit rund ein Drittel ausmachen.

lx Raymond, E. S.: The Cathedral and the Bazaar. Musings on Linux and Open Source by an Accidental Revolutionary. Sebastopol: Oreilly & Associates Inc, 1999.

lxi Szigetvari, A.: „Markt und Staat haben Schaden angerichtet." Elinor Ostrom hält mehr von Gemeinschaft als von Markt oder Staat. In: der Standard vom 17./18. Oktober 2009, 13.

so wie gelegentlich behauptet, Paradigmenwechsel in der Gesellschaft ankündigen, dann könnte dem Werk Pierre-Joseph Proudhons noch eine große Zukunft bevorstehen.

Pierre-Joseph Proudhon

Theorie des Eigentums

übersetzt von
Lutz Roemheld

MITTEILUNG AN DEN LESER

In dem Vorwort am Anfang des Buches über die *Kunst*[lxii] haben wir uns verpflichtet, der Öffentlichkeit zu sagen, in was für einem Zustand sich das Manuskript eines jeden posthumen Werkes von Proudhon befindet.

Dasjenige, das wir heute veröffentlichen, enthielt die folgenden zwei Aufzeichnungen:

„I. Den Leser darauf hinweisen, genau diese Form des Besitzens (den *Besitz*) im Kopfe zu behalten, die alle Welt, Gelehrte und Unwissende, sogar die Rechtskundigen, mit dem EIGENTUM in einen Topf werfen, indem sie mit diesem Wort den Besitz bezeichnen.

II. EIGENTUM. Eine genaue und unumstößliche Analyse aller meiner Kritiken vorlegen:

*1. Denkschrift (*1840*);*
2. Denkschrift (1841);
3. Denkschrift (1842);
Création de l´Ordre (1843);
Contradictions économiques (1846);
Le Peuple usw. (1848 - 1852);
De la Justice (1858);
De l´Impôt (1860);
De la Propriété littéraire (1862)."

Proudhon wollte seine *Theorie des Eigentums* eigentlich garnicht erscheinen lassen, obwohl sie seit 1862 fix und fertig vorlag, wie er es in seinen *Majorats littéraires* mitgeteilt hat, bevor das in den zwei vorangehenden Aufzeichnungen, ganz besonders in der zweiten, skizzierte Programm verwirklicht war. Da der Autor keine Zeit gehabt hat, diese Arbeit selbst zu erledigen, haben wir geglaubt, das der Erinnerung an ihn zuliebe an seiner Stelle tun zu müssen. Für ihn handelte es sich hauptsächlich darum, zu zeigen, daß sich seine Gedanken über das Eigentum einer ganz vernünf-

lxii Gemeint ist Proudhons 1865 veröffentlichtes Werk „Du Principe de l´Art (et de sa destination sociale)", „(publié 1865)", s. P.-J. *Proudhon*: Théorie de la Propriété, A. Lacroix, Verboeckhoven & Cie., Éditeurs à Bruxelles, à Leipzig et à Livourne 1866, Hinweise auf „Oeuvres complètes de P.-J. Proudhon", p. 4, n° 6; s. Hierzu Pierre-Joseph *Proudhon*: Von den Grundlagen und der sozialen Bestimmung der Kunst, übertragen, eingeleitet und erläutert von Klaus *Herding*, Wissenschaftsverlag V. Spiess, Berlin 1988 (Klassiker der Kunstsoziologie 3, hsg. v. Alphons *Silbermann*), S. 65 - 69.

tigen Kette folgend entwickelt hatten, deren jeweils letztes Glied seinen Ausgangspunkt immer in dem vorangehenden Glied hatte, und daß seine gegenwärtige Schlußfolgerung in keinerlei Widerspruch zu ihren Prämissen steht.

Diese Übersicht umfaßt die ersten 62 Seiten der Einführung. Wir haben für sie die *Ich*-Form gewählt, als spräche Proudhon selbst, 1. weil er die Idee dieser Analyse hatte, 2. weil diese als Vorspann verfaßte Arbeit kein persönliches, ursprüngliches Erzeugnis von unserer Seite ist, 3. weil diese Arbeit sich zum großen Teil aus Zitaten aus dem Text des Verfassers zusammensetzt, 4. weil wir einige seiner unveröffentlichten Notizen in sie eingefügt haben, und schließlich weil 5. Proudhon auf den letzten Seiten dieses Kapitels das Wort ergreift, als hätte er diese Übersicht selbst geschrieben.

Nach dieser Mitteilung an den Leser haben wir nicht gezögert, zur Untermauerung der Ideen des Verfassers einen Rechtsfall anzuführen, der nach seinem Tod anhängig geworden ist, und Herrn Eugène Paignon zur Abfassung eines seiner besten Artikel veranlaßt hat (siehe Einführung Seite 8).

In dem übrigen Werk haben wir, wie in dem Buch über die *Kunst*, nur kleinere redaktionelle Umstellungen vorgenommen, das ein oder andere in Ordnung gebracht, indem wir etwa zwischen mehreren Ausdrücken für ein und dieselbe Idee den klarsten, den vollständigsten gewählt sowie verstreute, ergänzende und erklärende Anmerkungen den Kapiteln zugeordnet haben, auf die sie sich beziehen und deren Ort naturgemäß durch ihren Inhalt angezeigt wurde.

Abschließend wollen wir noch darauf hinweisen, daß die Einteilung nach Kapiteln nicht vorgelegen hat, daß die Überschriften sich jedoch vollständig in Form einer Inhaltsübersicht auf der ersten Seite des Manuskripts befinden.

J. A. LANGLOIS. F. G. BERGMANN.

G. DUCHÈNE. F. DELHASSE.

ERSTES KAPITEL

EINFÜHRUNG

§ 1. - Von den verschiedenen Arten, das Wort *Eigentum* zu verstehen.

1840 habe ich versprochen und 1846 dieses Versprechen erneuert, eine Lösung des Eigentumsproblems anzubieten; heute löse ich mein Wort ein. Jetzt bin ich an der Reihe, dieses Eigentum zu verteidigen, nicht gegen die Anhänger des Phalanstère,[1] gegen die Kommunisten und gegen die Eigentumsverteiler, die es nicht mehr gibt, sondern gegen die, die es im Juni 1848[2], im Juni 1849[3], im Mai 1850[4], im Dezember 1851[5] *gerettet* haben und es seitdem verlieren.

Das Eigentum - eine schwerwiegende Frage aufgrund der Interessen, die es ins Spiel bringt, der Begehrlichkeiten, die es erweckt, und der Schrekkenstaten, die es hervorbringt. Eigentum - ein Schrecken erregendes Wort, aufgrund der zahlreichen Bedeutungen, die unsere Sprache ihm beilegt, der Mißverständnisse, die es zuläßt, und aufgrund des vielerlei wirren Geschwätzes, das es duldet. Welcher Mensch ist mir, sei es aus Unkenntnis, sei es aus Böswilligkeit, je auf das Gebiet gefolgt, wohin ich ihn gerufen habe? Was tun, worauf hoffen, wenn ich sehe, wie Juristen, Professoren des Rechts, ja sogar Preisträger des Instituts[6] das EIGENTUM mit allen Formen des Besitzes in einen Topf werfen, nämlich Miete, Pacht, Erbpacht, Nießbrauch, alles Nutzung von Sachen, die durch Gebrauch verbraucht werden? - Was, sagt z. B. einer, ich sollte nicht Eigentümer meines Mobiliars, meines Überziehers, meines Hutes sein, die ich alle, wie´s sich gehört, bezahlt habe? - Man wollte mir, sagt ein Anderer, das Eigentum meines Loh-

---

1 Die Anhänger François-Marie-Charles Fouriers (1772-1837) bzw. seines frühsozialistischen Wirtschafts- und Gesellschaftssystems, in denen die Menschen in Gemeinschaftshäusern (Phalanstères) zusammen wohnen und arbeiten sollten.

2 Anspielung auf die Niederschlagung des Arbeiteraufstandes in Paris vom 23-26. Juni 1848 durch den von der republikanischen Regierung mit diktatorischen Vollmachten ausgestatteten General Louis-Eugène Cavaignac (1802-1857).

3 Anspielung auf Arbeiterunruhen Mitte Juni 1849 in Paris und Lyon, die gewaltsam unterdrückt wurden.

4 Anspielung auf das Wahlgesetz vom 31. Mai 1850, das durch ein neues Zensuswahlrecht drei Millionen Wähler, vor allem Arbeiter, von den Wahlen ausschloß.

5 Anspielung auf den Staatsstreich Louis-Napoleons vom 2. Dezember 1851, des späteren Kaisers der Franzosen, Napoleons III. (reg. 1852-1870).

6 Kurzbezeichnung für das „Institut de France“, zu dem seit seiner Gründung, 1795, u.a. die Académie française gehört.

nes streitig machen, den ich mir im Schweiße meines Angesichtes verdient habe? - Da erfinde ich, sagt ein Dritter, eine Maschine; habe 20 Jahre lang dafür Vorarbeiten, Untersuchungen und Versuche aufgewendet, und jetzt wollte man mir meine Erfindung einfach so mir nichts, dir nichts wegnehmen? - Und ich, sagt schließlich ein Letzter, habe ein Buch geschrieben, die Frucht langer geduldiger Überlegungen; ich habe ihm meinen Stil gegeben, da stecken meine Ideen drin, ja sogar meine Seele, kurz: Alles, was das Persönlichste in einem Menschen ist, und ich sollte kein Recht auf eine Vergütung haben?

Solchen mordsmächtigen Logikern, die die Verwirrung der verschiedenen Bedeutungen des Wortes *Eigentum* bis zur Absurdität getrieben haben, habe ich 1863 in meinen *Majorats littéraires* erwidert: „Dieses Wort hat sehr unterschiedliche Bedeutungen, und man würde wie ein Narr denken, würde man ohne weiteres von der einen zur anderen übergehen, als handele es sich immer nur um ein und dieselbe Sache. Was würde man etwa über einen Physiker sagen, der, nachdem er eine Abhandlung über das Licht geschrieben hätte und folglich Eigentümer dieser Abhandlung wäre, vorgeben würde, er habe alle *Eigenschaften* des Lichts erworben, und behaupten würde, daß sein undurchsichtiger Körper leuchtend, strahlend und sogar durchsichtig geworden sei; daß er 70.000 Meilen pro Sekunde durchlaufe und sich so einer Art Allgegenwart erfreue?[7] ... Im Frühjahr gehen arme Bäuerinnen in den Wald, um Erdbeeren zu sammeln, die sie dann in die Stadt bringen. Diese Erdbeeren sind ihr Erzeugnis, folglich, um mit dem Abt Pluquet[8] zu sprechen, ihr *Eigentum*. Beweist das aber, daß diese Frauen Eigentümerinnen sind? Wenn man das sagen würde, dann würde jedermann glauben, sie seien Eigentümerinnen des Waldes, aus dem die Erdbeeren kommen. Aber ach, genau das Gegenteil ist wahr. Wenn diese Erdbeerverkäuferinnen Eigentümerinnen des Waldes wären, würden sie nicht in ihn hineingehen, um den Nachtisch für die Eigentümer zu suchen: nein, sie würden ihn selber essen."[9]

Suchen wir nun, um meinen Gedankengang verständlich zu machen und jedes Mißverständnis auszuschließen, weitere Bedeutungen des Wortes *Eigentum*.

---

7 Les Majorats littéraires-examen d´un projet de loi (1858-1863), éd. A. Lacroix, Verboeckhoven & Cie., Éditeurs à Bruxelles, à Leipzig et à Livourne 1868, p. 14.

8 Adrien-François Pluquet (1716-1790), 1776-1781 Professor am Collège de France in Paris für „Philosophie morale".

9 Les Majorats littéraires, l. c. (s. o. Anm. 7), p. 15

Artikel 554 des Code civil besagt: „Der GRUNDEIGENTÜMER, der mit Material, das nicht sein Eigentum war, Gebäude errichtet, Anpflanzungen angelegt und sonstige Werkleistungen erbracht hat, muß den Wert dieses Materials bezahlen; gegebenenfalls kann er auch zu Schadensersatz verurteilt werden. Aber der Eigentümer des Materials hat nicht das Recht, es wegzunehmen."[10]

Umgekehrt verfügt Artikel 555: „Sind die Anpflanzungen, Gebäude und Werkleistungen von einem Dritten mit dessen eigenem Material angelegt, errichtet bzw. erbracht worden, so ist der Grundeigentümer berechtigt, dieses Material entweder zu behalten, oder den Dritten zu zwingen, es wegzunehmen. - Verlangt der Grundeigentümer die Beseitigung der Anpflanzungen und Gebäude, so erfolgt diese auf Kosten desjenigen, der beides veranlaßt hat, ohne Schadensersatz für ihn; er kann gegebenenfalls sogar für den Schaden, den der Grundeigentümer möglicherweise erlitten hat, zu Schadensersatz[11] verurteilt werden. - Zieht der Eigentümer es vor, diese Gebäude und Anpflanzungen zu erhalten, dann ist er verpflichtet, den Wert des Materials und die Arbeitskosten zu erstatten, *ohne Rücksicht auf den mehr oder weniger großen Wertzuwachs, den das Grundstück erfahren haben mag.*"[12]

Auch wenn der Gesetzgeber das Wort *Eigentümer* unabhängig davon benutzt, ob es sich um das Grundstück, oder um das Material handelt, man sieht, daß die zwei in Frage stehenden Personen nicht auf gleichem Fuße stehen. Der Besitzer, einfacher Nutzer, Mieter, oder Pächter, der gepflanzt, wieder aufgeforstet, trocken gelegt, oder bewässert hat, kann dazu verurteilt werden, mit eigenen Händen seine Arbeit der Bewirtschaftung, Pflege und Meliorierung des Bodens wieder zunichte zu machen, sollte der Grundstückseigentümer nicht vorziehen, ihm die Kosten für sein Material und für den Lohn seiner Arbeiter zu erstatten, sich dabei allerdings gratis und vollständig den Wertzuwachs anzueignen, den sein Land durch die Arbeit des Pächters erfahren hat; so geregelt in Kapitel 1 und 2, Titel II, Buch II des

10 Hervorhebung von Proudhon.

11 Proudhon zitiert den „Code civil" in seiner „Théorie de la Propriété", éd. Lacroix, p. 4 mit den Worten „dommages-intérêts"; demgegenüber heißt es „dommages et intérêts" in Napoleons Gesetzbuch-einzig officielle Ausgabe für das Königreich Westphalen, Straßburg, Gedruckt bey F.G. Levrault, Judengasse, Nro. 33, 1808-Faksimile Nachdruck der Original-Ausgabe von 1808, Herausgegeben im Auftrag des Instituts für Textkritik e.V. von KD Wolff, Stroemfeld Verlag, Frankfurt a. M. 2001- Code Napoléon-Édition seule officielle pour le Royaume de Westphalie, Strasbourg, Chez F.G. Levrault, rue des Juifs no. 33. 1808.

12 Hervorhebung von Proudhon.

Code civil über das *Zuwachsrecht (droit d´accession)*: „Alles, was unauflöslich mit der Sache verbunden ist, gehört dem Eigentümer dieser Sache."

Und ganz genau so verläuft es im praktischen Leben.

Seit undenklichen Zeiten ist z.B. die Sologne[13] als ein verfluchter Landstrich ins Gerede gebracht worden, verdorrt, sandig, sumpfig, ebenso ungesund, wie unfruchtbar; Wildkaninchengatter, ein paar die Luft verpestende Teiche, Heideflächen, Ginstergebüsche, magere Weiden für Schafe, deren Zahn das Kraut bis auf die Wurzeln hinab abreißt, hier und da vereinzelte Buchweizenfelder und Anbau minderwertiger Feldfrüchte, 15, oder auch 20 Hektar Fläche, um den Lebensunterhalt einer Familie zu sichern: so traurig stand es um diese Gegend. Seit etwa 20 Jahren hat sie jedoch die Aufmerksamkeit kapitalistischer Landwirte auf sich gezogen; sie haben sich gesagt, daß es mit Hilfe von Eisenbahnen einerseits möglich sein würde, den solognoter Böden Zusatzstoffe zuzuführen, die ihnen fehlten: Gips, Kalk, Dung, als Jauche nutzbare Fäkalien aus den großen Städten, Stallmist aus den Kasernen usw.; und daß ihnen andererseits die gleichen Verkehrsmittel den Vertrieb der landwirtschaftlichen Erzeugnisse, die sie ernten würden, gleichsam von der Haustür weg ermöglichen würden. Was also tun? Ländereien kaufen und riesiges Grundeigentum schaffen? Das wäre eine schlechte Spekulation im Hinblick auf das Ziel, das es zu erreichen galt. Wer 100.000 Francs hat und 50.000 davon beim Erwerb von Boden immobilisiert, hat nicht mehr, als 50.000, um sie in dessen Bewirtschaftung und in die Bezahlung von Arbeitskräften zu investieren; denn er vermindert seine einsetzbaren Mittel um die Hälfte. Anstatt den Boden zu kaufen, schlossen die neuen Kolonisten also Pachtverträge ab, über 30, 40 und sogar über 50 Jahre. Andere folgten diesem Beispiel, und so ist die Sologne heute auf dem Wege, völlig verwandelt, nein besser: ganz neu erschaffen zu werden: Trockenlegungs- und Sanierungsmaßnahmen, Düngung, Kalkung, Mergel-Düngung, Aufbringung von Schafsdung; Anpflanzung von Pinien und von anderen, für magere Böden geeigneten Holzarten; Aussaat künstlicher Grasflächen; groß angelegte Rinderzucht; anstelle von Buchweizen, andere Getreidearten und industriell nutzbare Pflanzen, sowohl für die Tiermast, als auch für die Produkte; Rodung der Heideflächen, anstelle des Ginsters - Klee, Esparsette und Luzerne: derart sind die Wunder, die Intelligenz, Wissenschaft und Arbeit auf Landgütern eines unproduktiv-kontemplativen Eigentümers hervorbringen, dessen ganzes Verdienst darin besteht, *gerne alles machen zu lassen*, RENTE UND ABGABEN VORAUSGESETZT.

13 Der südliche Teil des Departements Loir-et-Cher.

Man kann sicher leicht verstehen, daß bei Auslaufen der über 30, 40 Jahre abgeschlossenen Pachtverträge der ursprüngliche Wert des Bodens bei der abschließenden Bestandsaufnahme des Ergebnisses der Bewirtschaftung nur zu einem geringen Teil ins Gewicht fallen wird und daß, wenn Eigentum wirklich die Frucht der Arbeit wäre, der Anteil des Verpächters leicht zu erstatten sein würde. Aber das Zuwachsrecht hat die Dinge anders geregelt: der Eigentümer behält alles *völlig rechtmäßig*, ohne Berücksichtigung des Wertzuwachses, den sein Boden erfahren haben mag, sodaß der Pächter, wenn er den Pachtvertrag erneuern will, dem Eigentümer den Zins für die Summen bezahlen muß, die er, der Pächter, für die Meliorierung des Bodens ausgegeben hat; kurz: er bleibe, oder gehe, sein Hab und Gut geht ihm verloren.

Wir sind also weit entfernt von den Eklogen der Herren Troplong, Thiers, Cousin, Sudre und Laboulaye[14] über das Eigentum und seine Rechtfertigung durch Arbeit, Erstbesetzung, Selbstbehauptung des Ich und andere transzendentale bzw. sentimentale Betrachtungen. Begreift die Öffentlichkeit vielleicht schon, daß zwischen einem Hut sowie einem Mantel einerseits und andererseits einem Stück Land sowie einem Haus hinsichtlich der Art, zu besitzen ein Abgrund klafft und daß, wenn auch die Grammatik erlaubt, im übertragenen Sinne „Eigentum an einem Bett, an einem Tisch" zu sagen, wie man ja auch „Eigentum an einem Feld" sagt, die Rechtsprechung eine solche Konfusion nicht duldet?

Nehmen wir ein anderes Beispiel: „Das Eigenthum an Grund und Boden", sagt Artikel 552 des Code civil. „umfaßt zugleich das Eigenthum an allem, was über und unter der Oberfläche ist."[15] Groß war da das Erstaunen und laut das Geschrei der Gasbeleuchtungsgesellschaften, als die Stadt Paris ihnen klar machte, daß aufgrund des eben zitierten Artikels sie Eigentümerin des Leitungsnetzes sei. Das Gesetz ist hier ganz eindeutig und weist auch nicht den Schatten einer Zweideutigkeit auf. Vergeblich wendeten die

---

14 Raymond-Théodore Troplong (1795-1865), Jurist, u.a. Hauptverfasser der Verfassung von 1852, Präsident des Senats; Adolphe Thiers (1797-1877), unter Louis Philippe 1836 und 1840 Ministerpräsident, nach der Abdankung Napoleons III. 1870 Premierminister, schlägt im Mai 1871 den Aufstand der Pariser Commune nieder, 1871-1873 erster Präsident der Dritten Republik; Victor Cousin (1792-1868) Vertreter einer eklektischen Philosophie, dem zufolge alle philosophischen Systeme z.T. richtige, dauerhafte, z.T. falsche, vergängliche Bestandteile aufweisen; Alfred Sudre (1820-1883?) Publizist und Ökonom (s. zu ihm auch u. Anm. 177); Edouard René Lefebvre de Laboulaye (1811-1883), der u.a. als Rechtshistoriker hervorgetreten ist und 1850 die „Revue d´Histoire du droit en France et à l´Étranger" gegründet hat.

15 Die deutsche Übersetzung in der Ausgabe KD Wolff (s.o. Anm. 11), p/S. 238.

Gesellschaften ein: Wir haben unser Netz gekauft, wir haben es auf unsere Kosten legen lassen; wir haben auch alle Straßennutzungsgebühren an die Stadt gezahlt, die unter solchen Umständen fällig werden; Sie nehmen uns ja unser Eigentum weg; das ist doch eine Konfiszierung. Die Stadt, den Code civil in der Hand, erwiderte ihnen: Es gibt Eigentum und Eigentum. Das Meine ist öffentliches Eigentum, und das Ihrige mit einer Grunddienstbarkeit belastet, voilà. Wenn Sie sich bezüglich der Nutzung Ihrer Technik, die meine geworden ist, nicht mit mir einigen wollen, werde ich die an andere Interessenten verkaufen, oder verpachten.

Beachten wir, daß die Stadt als Vertreterin einer Gruppe kein Recht beansprucht, das über dem Recht einzelner Menschen steht. Was sie tut, kann jeder daher gekommene Grundeigentümer tun und vergibt sich dabei Nichts. Im Umland von Paris ist eine Riesenspekulation mit dieser Bestimmung des Gesetzes entstanden, von der die Masse der Bevölkerung keine Ahnung hat. Man sieht sehr viele Anschläge des Inhalts: *Grundstücke zu verkaufen, bequeme Zahlungsmöglichkeiten*. Viele Möchtegernbürger, arrivierte Arbeiter (ouvriers aisés), von der Eigentumstarantel gestochen, haben sich also Parzellen zuteilen lassen zu 6 Francs, 10 Francs, ja bis zu 20 Francs der Meter (mètre(!)), ohne gleich daran zu denken, daß der Preis von 10 Francs der Meter (mètre(!)) den Bodenwert auf 100.000 Francs der Hektar bringt; sie haben also Schutthalden gekauft, die zehn Mal teurer sind, als sich die besten natürlichen Weidegebiete der Normandie bzw. des Angoumois[16] verkaufen. Dann, als die ersten Raten und die Kosten der Eigentumsübertragung bezahlt worden waren, haben sie zu bauen begonnen. Auf einige wenige Leute, die ihr Vorhaben zu einem guten Ende haben bringen können, kommt aber eine übergroße Mehrheit, die sich dabei übernommen hat. Unfähig, ihre fälligen Zahlungen zu leisten, haben sie dem Verkäufer mit dem Grundstück ihren Bauplan überlassen müssen. Der Eigentümer hat schließlich ein Haus gratis bekommen, von dem der eine bereits die Aushebung der Baugrube und die Legung des Fundaments bezahlt hat, ein anderer die Außenmauern, dieser das Dach, jener die Inneneinrichtung. Auch die Zahlungsbedingungen werden in direktem Verhältnis zu der vermuteten Zahlungsunfähigkeit des Erwerbers angepaßt: denn das Interesse des Spekulanten ist, daß sein Käufer nicht bezahlt. Die Pariser fangen dank der unaufhörlich wachsenden Zahl von Opfern der Eviktion an, zu begreifen, daß die Worte „Recht“ und „Eigentum“ nicht die gleiche Bedeutung haben.

16 Die Region um die Stadt Angoulême.

Schließen wir diese ja wohl allgemeinverständlichen Ausführungen mit einem Beispiel, das einen noch betroffener macht, als die vorangehenden:

Ein Gewerbetreibender mietet für 20 Jahre zu einem fabelhaften Preis irgendein Eckhaus in einem der schönsten Viertel von Paris, um dort ein Café einzurichten. Er zahlt gewissenhaft, wie üblich, seine sechs Monate im Voraus. Dann holt er die Maler, Dekorateure, Tapezierer, die Röhrenleger für das Gas sowie die Fabrikanten von Bronze und Leuchtern. Er stattet seine Gasträume und seinen Weinkeller gleichermaßen mit anspruchsvollem Mobiliar aus, alles auf Kredit. Achten wir gleich mal auf folgenden Unterschied: Während die Lieferanten Zahlungsfristen einräumen, wird dem Eigentümer im Voraus bezahlt. Nach einiger Zeit, ein Jahr, 18 Monate, geht der Betreiber dieses Café´s pleite. Bis dahin hat er keinem seiner Lieferanten etwas bezahlt; also kommen sie alle und nehmen, der eine seine Kandelaber und Bleiröhren mit, der andere seine Sofas, Sessel, Tische und Stühle, wieder ein anderer seine Weine, Liköre und Sirups, noch ein anderer seine Speiseeis-Sorten usw., alle nur zu glücklich, damit ihre Verluste zu verringern. Aber - sie haben nicht mit dem *Privileg des Vermieters* gerechnet, Artikel 2100 folgende des Code civil. Der Eigentümer, der dank seinen sechs im voraus bezahlten Monaten nichts verloren hat, schreitet ein und sagt: Ich hatte den Vorteil eines günstigen Mietvertrages, demzufolge noch eine Laufzeit von 19 Jahren bleibt. Ich fürchte, meine Immobilie nicht noch einmal so gut vermieten zu können. Deshalb und, um mir das, was dieser Vertrag einbringt, uneingeschränkt zu sichern, nehme ich mir alle Möbel, Eis - Sorten, Standuhren, Weine, Liköre und überhaupt alle Ausstattungsgegenstände der Räume; es ist mir egal, ob sie bezahlt sind, oder nicht. Ich bin privilegierter Eigentümer, während Sie einfach nur Kaufleute und Fabrikanten sind. Das immobile Eigentum unterliegt dem Bürgerlichen Gesetzbuch, das Eigentum an Fabrikaten und Lebensmitteln dem Handelsgesetzbuch. Es steht Ihnen ja frei, Ihre Waren und Bedarfsartikel als *Eigentum* zu bezeichnen; das ist aber einfach nur eine Bezeichnung ehrenhalber, um nicht zu sagen: eine widerrechtliche Benennung. Das Gesetz hat es zum Glück verstanden, diese unzutreffende Qualifizierung auf ihr rechtes Maß zurückzustutzen.

Haben wir nun etwa mit unserer vorangehenden Annahme dem Sinn der Artikel des Code civil über das Privileg des Eigentümer - Vermieters Gewalt angetan? Hierzu das, was wir in der Wochenübersicht der Presse (11. September 1865) zur aktuellen Rechtsprechung lesen, unterzeichnet von Herrn EUGÈNE PAIGNON:[17]

„...

Eine Frage, die die Welt der Justiz und auch die Geschäftswelt seit einem halben Jahrhundert beschäftigt, hat sich kürzlich mit großer Dringlichkeit erhoben, und wir glauben, daß es nun an der Zeit wäre, den bedauerlichen Kontroversen, zu denen sie Anlaß gibt, ein Ende zu setzen, indem man durch ein Gesetz eine endgültige Entscheidung darüber herbeiführt. Es handelt sich um folgende Frage: Hat der Eigentümer im Falle des Konkurses seines Mieters eine augenblicklich anzumeldende Forderung, die es ihm erlaubt, die sofortige Zahlung aller fällig gewordenen und selbst der noch fällig werdenden Mietzahlungen zu erreichen?

Nachdem diese Frage[18] aufgrund von Verweisung durch den Kassationsgerichtshof dem Kaiserlichen Gerichtshof in Orléans unterbreitet worden war, hat dieser Gerichtshof das Recht des Eigentümers in weitest möglichem Umfang bestätigt. ...

Hierbei handelt es sich nicht nur um ein Vorzugsrecht, das durch Artikel 2102 des Code Napoléon begründet und durch das obige Urteil für alle Mietzahlungen, selbst die noch nicht fällig gewordenen, zugunsten des Eigentümers bestätigt wird. Der Gerichtshof von Orléans erkennt dem Eigentümer auch noch das Recht zu, gegen den Konkursschuldner bzw. seinen Konkursverwalter unmittelbar aktiv zu werden mit dem Ziel, die Zahlung aller fällig gewordenen und aller noch fällig werdenden Mietzahlungen zu erreichen, anderenfalls die sofortige gerichtliche Auflösung des Mietvertrages zu erwirken.

Der dem kaiserlichen Gericht vorgelegte Fall wies Tatumstände auf, auf die sich der Mieter energisch berief, um die wegen Nichtzahlung geforderte Vertragsauflösung zurückzuweisen, eine für die Abwicklung des Konkurses verhängnisvolle Vertragsauflösung.

---

17 s. LA PRESSE, lundi 11 septembre 1865, pp. 1-2. (LA SEMAINE JUDICIAIRE); Standort: Universitätsbibliothek Eichstätt. Die vier Verfasser des 1. Kapitels (s.o. Mitteilung an den Leser) zitieren nur einige Teile des Artikels von Eugène Paignon, der keine Überschrift trägt, sondern dem ein kurzer, auf das Thema bezogener Vorspann vorausgeht.
Jacques Philippe Eugène Paignon (1812 - ?), Verfasser zahlreicher juristischer Bücher und Gesetzeskommentare, Anwalt, zeitweise Bankdirektor und Mitarbeiter der Zeitschriften „La Presse“ und „Liberté“; s. zu ihm auch Internationaler Biographischer Index des Rechts und der Rechtswissenschaften, Bd. 2 (H-S), Saur, München ...1996, S. 824: „Paignon, Philippe Eugène (*1812), homme de loi ...“ (ohne Angabe eines Sterbedatums).

18 Dieser Absatz beginnt in „La Presse“ mit den Worten: „Soumises (sic!) par renvoi de la cour de cassation à la cour impériale d´Orléans , cette cour ...“

Der Eigentümer forderte die sofortige Zahlung von ungefähr 58.000 Francs für die bis Vertragsende fälligen Mietzahlungen. Diese Zahlung hätte, wäre sie ausgeführt worden, mehr, als die Konkursmasse aufgebraucht. Bei Auszahlung an den Eigentümer würde diese Summe ihm bei seinem Jahreszins einen beachtlichen Vorteil bringen.

Andererseits trug der Mieter vor, daß, wenn er auch aufgrund seines Konkurses die Sicherheiten für den Eigentümer gemindert habe, die diesem verbleibenden Sicherheiten doch derart seien, daß er vor jeder ernst zu nehmenden Besorgnis geschützt sei:

1. Der Verkaufs- bzw. Mietwert der seit sechs Jahren und für eine Dauer von 20 Jahren gemieteten Immobilie war durch Renovierungsmaßnahmen beachtlich angestiegen, deren Wert den Betrag von 20.000 Francs überstieg;

2. Der Gesamtwert der vom Konkursverwalter angerechneten Mieteinnahmen stieg auf 5.000 Francs, anstelle von 2.800 Francs, dem Betrag der ursprünglichen Miete.

3. Schließlich, ein Mobiliar, höherwertig, als das Mobiliar des Konkursschuldners, und Waren von einem Wert, der mindestens gleich dem derjenigen Waren war, mit denen die Immobilie während der Nutzung durch den Konkursschuldner ausgestattet war, bildeten für den Eigentümer ausreichende Garantien.

Alle diese Erwägungen scheinen dem Kassationsgerichtshof (cour de renvoi) nicht geeignet gewesen zu sein, die Lösung des vorliegenden Problems zu modifizieren. Der Gerichtshof hat dem Konkursschuldner und dem Konkursverwalter lediglich eine Frist von drei Monaten eingeräumt, um der Zahlungsaufforderung nachzukommen; und es hat bei Ausbleiben dieser Zahlung innerhalb genannter Frist auf Kündigung des Mietvertrages erkannt.

Nach diesem Entscheid, der den Mieter jeglicher Hoffnung auf eine Zukunft als Kaufmann beraubte, hat dieser sich das Leben genommen.

Es ist nicht zu verkennen, wie unerbittlich streng diese Lösung für Mieter und ihre Gläubiger ist.

Hervorragende Geister haben sich dieser Rechtsprechung gebeugt und zum Ausdruck gebracht, daß es allein der Gesetzgebenden Gewalt zukomme, dieser vielleicht exzessiven Ausübung des Rechts des Eigentümers zu steuern, indem sie die Gesetzgebung, diesen Punkt betreffend, ändert.

`Es ist Sache des Gesetzgebers, darüber nachzudenken´, rief Herr Moreau, Stellvertreter des Generalstaatsanwalts, ein scharfsinniger Kopf, der er ja nun einmal ist, 1862 vor dem Pariser Gerichtshof während seiner bemerkenswerten Schlußanträge aus; `was jedoch uns angeht, ein Organ des geltenden Gesetzes, uns bleibt nur, zu sagen: Dura lex, sed lex.´

...

`Unsere Gesetze´, fragt diesbezüglich Herr Mourlon, einer der hervorragendsten Rechtsgelehrten unserer Zeit, vom Verfasser des vorliegenden Artikels hierzu herangezogen, `geben unsere Gesetze[19] den Eigentümern als Vermietern, wenn ihr Mieter in Konkurs gerät, das Recht, sich auf dessen Kosten zu bereichern, oder seinen Ruin heraufzubeschwören, obwohl sie doch überhaupt kein legitimes und erhebliches Interesse daran haben können, dies zu tun? Wenn wir die Frage so formulierten, würde man uns zweifellos vorwerfen, ein solches Paradox sei einzigartig und respektlos.

Aber, wir erfinden hier nichts. Wer bereit ist, die Dinge so zu sehen, wie sie wirklich sind, wird sich gezwungen sehen, zuzugeben, daß die Frage, die wir eingangs gestellt haben, unter ausgeklügelten Verschleierungen immer wieder vor den Gerichten verhandelt wird.

Lassen wir im übrigen Tatsachen sprechen: Große Vorratsspeicher sind z. B. auf 50 Jahre für 50.000 Francs jährlich gemietet worden. Der Mieter hat, um den Eigentümer angemessen abzusichern, Möbel und Waren in ausreichend großer Menge eingebracht. Ja, er hat noch mehr getan: Er hat mit beachtlichen Kosten und, gerade durch den Erfolg seiner kaufmännischen Unternehmungen, den Mietwert der von ihm genutzten Räumlichkeiten sehr gesteigert. Wenn es dem Eigentümer nun gefiele, den Mietvertrag zu kündigen, wozu er vertragsgemäß berechtigt ist, dann wäre es leicht für ihn, einen neuen Mieter zu finden, der jedes Jahr 60.000 Francs zahlen würde. Nach 10 Jahren wirtschaftlichen Gedeihens, während derer die fälligen Mietzahlungen jeweils termingerecht erfolgt sind, treten plötzlich unglückliche Ereignisse auf, von mir aus auch des öfteren unkluges Verhalten, die den Konkurs des Mieters nach sich ziehen. Da entsteht nun zwischen dem Eigentümer einerseits und andererseits dem Konkursschuldner bzw. dessen Gläubigern ein Konflikt, der geregelt werden muß.

``Ich lasse Ihnen die Wahl´´, sagt der Eigentümer: ``Entweder Sie bezahlen mir umgehend alle mir zustehenden Mieten, d.h. 40 x 50.000 Francs, oder wir lösen den Mietvertrag auf.´´

``Ihre Alternative´´, erwidern die anderen Gläubiger, ``läßt uns ja überhaupt keine freie Wahl. Wie sollen wir Ihnen denn aus dem Stand zwei Millionen zahlen? Zwei Millionen, das ist mehr, als die Konkursmasse. Kurz, das

19 „..., fragt diesbezüglich ... unsere Gesetze“ fehlt in dem ursprünglichen Artikel, dessen entsprechender Absatz mit den Worten beginnt: `Geben unsere Gesetze den Eigentümern als Vermietern ...?´ und dessen weitere Absätze Aussagen Mourlons zitieren.

bedeutet den Ruin des Konkursschuldners und zugleich auch unseren Ruin, wenn das Gesetz uns verpflichtet, Ihrem Anspruch nachzukommen. Hätten Sie ein legitimes Interesse, sich so unerbittlich zu zeigen, dann könnte das Gesetz zweifellos im Sinne der Alternative verstanden werden, vor die Sie uns stellen. Aber, zieht man nur die Billigkeit in Erwägung, was können Sie dann beanspruchen? Vernünftige Sicherheiten für die Ihnen etwa zustehenden Mieten? Nun, wir sind ja bereit, Ihnen diese Sicherheiten zu geben. Das Recht auf stillschweigende Erneuerung des Mietvertrages, das gemäß den zwischen Ihnen und dem Konkursschuldner getroffenen Vereinbarungen, Letzterem uneingeschränkt zusteht, wir werden es einem Dritten zedieren, der so viele Möbel und Waren in den gemieteten Räumlichkeiten beläßt, ja sogar noch in sie einbringt, wie erforderlich sind, um Ihr Interesse vor den Gefahren zu schützen, die Sie mit Recht fürchten können.

Machen wir, wenn Sie wollen, doch mal eine andere Rechnung auf: Uns wird ein günstiger Vergleich angeboten; wir sind bereit, ihn anzunehmen. Der Konkursschuldner, den wir wieder in seine Geschäfte einsetzen werden, wird in den gemieteten Räumlichkeiten (lieux loués; im Original: livrés) alle Möbel und alle Waren belassen, die sich zur Zeit seines Konkurses dort befunden haben. Wenn Sie es verlangen, wird er sogar noch neue Sachen einbringen, die Ihrem Pfand einen Umfang geben, den es nie gehabt hat und mit dem Sie nicht einmal rechnen konnten.

Sind unsere Vorschläge etwa nicht gerecht? Was für ein ehrbares Motiv kann Sie veranlassen, sie zurückzuweisen? Wird Ihr Pfand etwa auf´s Spiel gesetzt? Anstatt es zu verringern, erweitern wir es. Wenn also keine ernsthafte Gefahr Sie mehr bedroht, wenn der Konkurs Ihres Mieters Ihnen keinen Nachteil bringt, oder wenn der Schaden, den er Ihnen verursacht, völlig behoben wird, welches Ziel können Sie dann wohl verfolgen, außer es sei, Böses um des Bösen willen zu tun, oder sich auf Kosten eines anderen zu bereichern? Denn, Ihnen sofort und ohne Skonto die Gesamtsumme Ihrer fälligen Mieten zu zahlen, das heißt in Wahrheit, Ihnen mindestens *zweimal* zu zahlen, was Ihnen geschuldet werden mag. Den Mietvertrag auflösen heißt, einen Teil des dem Konkursschuldner zugewachsenen Vermögens aus dessen Händen in Ihre Hände übergehen zu lassen, da diese Vertragsauflösung Ihnen zu seinem Schaden den Mietwert-Zuwachs zukommen läßt, den er geschaffen hat, sei es durch die Beziehungen, die er zwischen dem Publikum und den gemieteten Räumlichkeiten hergestellt hat, sei es durch die Arbeiten, die er in ihnen ausgeführt hat. Sie müssen einfach mal begreifen, daß, was Sie fordern, sich wirklich außerhalb jeder Gerechtigkeit bewegt.´´

``Was geht mich das an?´´ erwidert der Eigentümer, ``was ich beanspruche, gesteht das Gesetz mir zu; richten Sie sich danach.´´

``Es schmerzt, zu sagen´´, antwortet die Rechtsprechung ihrerseits, ``aber, was er behauptet und verfolgt, ist tatsächlich sein Recht.´´

...“

Der Leser muß jetzt ja wohl den Unterschied verstehen, der zwischen *Besitz* und EIGENTUM besteht.[20] Nur von Letzterem habe ich gesagt, daß es Diebstahl ist. Das Eigentum ist die größte Frage der gegenwärtigen Gesellschaft; sie ist Alles. Einige fünfundzwanzig Jahre beschäftige ich mich bereits damit; aber, bevor ich mein letztes Wort zu dieser Einrichtung sage, halte ich es für nützlich, an dieser Stelle meine früheren Studien dazu kurz zusammenzufassen.

§ 2. - Zusammenfassung meiner früheren Arbeiten über das Eigentum.

Im Jahre 1840, als ich meine erste *Denkschrift über das Eigentum*[21] veröffentlicht habe, habe ich darauf geachtet, es vom Besitz bzw. dem bloßen Nutzungsrecht zu unterscheiden. Wenn das Recht, zu mißbrauchen, nicht existiert, wenn die Gesellschaft Personen dieses Recht nicht einräumt, dann, sagte ich damals, gibt es auch kein Eigentumsrecht; dann gibt es lediglich ein Besitzrecht. Was ich in meiner ersten Denkschrift gesagt habe, sage ich auch heute noch: der Eigentümer einer Sache - Land, ein Haus, ein Arbeitsmittel, ein Rohstoff, oder ein Erzeugnis, das ist nicht so wichtig - kann eine Person sein, oder eine Gruppe, ein Familienvater, oder eine Nation; in einem Fall, wie im anderen ist er Eigentümer nur unter einer Bedingung: nämlich, daß er über die Sache absolut souverän verfügt, daß ausschließlich er Herr, *dominus*, über sie ist; daß diese Sache sein Herrschaftsbereich (domaine), *dominium*, ist.

---

20 Siehe zu der gleichen Frage *de la Capacité politique des classes ouvrières*, Seite 136 folgende. (P.) Siehe hierzu Pierre-Joseph *Proudhon*: Von der Befähigung arbeitender Menschen zur Politik (De la Capacité politique des Classes ouvrières), übersetzt und eingeleitet von Lutz *Roemheld*, LIT , Berlin 2008 (Politik: Forschung und Wissenschaft, Bd. 29), S. 141 ff.

21 s. P.- J. *Proudhon*: Qu´est-ce que la propriété? - Premier Mémoire-Recherches sur le principe du Droit et du Gouvernement, A. Lacroix, Verboeckhoven & Cie. Éditeurs, Bruxelles, Leipzig, Livourne, nouvelle édition 1867, pp. 13-225; s. *ders.* dass., nouvelle édition, Éditions TOPS/H. Trinquier, Antony 1997; s. auch P.- J. *Proudhon*: Was ist das Eigentum?, Erste Denkschrift, mit einer Einführung von M. *Kramer*, Verlag Monte Verita, Wien o.J.; veröff. m. Genehmigung des Verlags für Sammler, Graz o.J.; *ders.* dass. Verlag für Sammler, Graz 1971 (Nachdruck der Ausgabe Berlin 1896, neue Einf. v. M. *Kramer*, lt. Katalog des Freihand-Bereiches der Bibliothek der Freien, Berlin, Stand April 2008; http://www.bibliothekderfreien.de).

Nun habe ich 1840 das Eigentumsrecht rundweg verneint. Alle, die meine erste Denkschrift gelesen haben, wissen, daß ich es für die Gruppe verneinte, wie auch für den einzelnen Menschen, für die Nation, wie für den Bürger: was für mich jede Bejahung des Kommunismus bzw. einer Regierung ausschloß. - Ich habe damals das Eigentumsrecht, d. h. das Mißbrauchsrecht in Bezug auf alle Sachen verneint, sogar das über diejenigen, die wir unsere Talente nennen. Der Mensch hat genauso wenig das Recht, seine Talente zu mißbrauchen, wie die Gesellschaft, ihre Gewalt. „Herr Blanqui", sagte ich damals in Beantwortung des Briefes, den dieser hochachtbare Ökonom mir geschrieben hatte, „gibt zu, daß das Eigentum eine Fülle von Mißbräuchen, von widerwärtigen Mißbräuchen in sich trägt; ich meinerseits nenne ausschließlich die Summe dieser Mißbräuche *Eigentum*. Für den einen, wie für den anderen ist Eigentum ein Vieleck, dessen Ecken man abschlagen muß. Nach Durchführung dieser Operation behauptet Herr Blanqui aber, die Figur sei immer noch ein Vieleck (eine in mathematischen Überlegungen zugelassene, obwohl nicht bewiesene Hypothese), während ich jedoch behaupte, daß diese Figur danach ein Kreis sein wird. Ehrenhafte Leute werden sich zumindest noch verständigen können." (Vorwort zur zweiten Ausgabe 1841).[22]

Als arbeitender Mensch (travailleur), sagte ich damals, hat der Mensch unbestreitbar ein persönliches Recht an seinem Erzeugnis. Aber worin besteht dieses Erzeugnis? In der Form bzw. Gestalt, die er dem Stoff gegeben hat. Was den Stoff selbst angeht, den hat er aber in keiner Weise geschaffen. Wenn er also vor seiner Arbeit das Recht gehabt hat, sich diesen Stoff anzueignen, so nicht mit dem Anspruch als arbeitender Mensch, sondern mit einem anderen Anspruch. Das hat Victor Cousin[23] sehr gut verstanden. Für diesen Philosophen wird das Eigentumsrecht nicht einzig und allein durch das Recht der Arbeit begründet; es wird vielmehr sowohl durch dieses Recht, als auch durch das vorhergehende Recht der Besetzung begründet. - Ohne Zweifel! Aber dieses letztere Recht, das noch kein Eigentumsrecht ist, kommt allen Menschen zu; und wenn Herr Cousin dem ersten Besetzer ein Vorzugsrecht einräumt, so unterstellt er, daß die Stoffe allen Menschen angeboten werden, daß sie niemandem fehlen und daß jeder sie sich aneignen kann. Bei dieser Unterstellung zögere ich nicht, anzuerkennen, daß, der Arbeit nachfolgend, das persönliche Besitzrecht an der Form ein persönliches Besitzrecht am gestalteten Stoff nach sich zieht. Aber, steht diese Unterstellung im Einklang mit den Tatsachen?

---

22 s. Pierre-Joseph *Proudhon*: Qu´est-ce que la propriété?, nouvelle édition, Éditions TOPS/H. Trinquier, Antony 1997, pp. 27-28.

23 s. o. Anm. 14.

Da, wo Land Niemandem fehlt, wo jeder Mensch davon unentgeltlich etwas vorfindet, was seinen Vorstellungen entspricht, lasse ich das ausschließliche Recht des ersten Besetzers gelten; aber, ich lasse es nur unter Vorbehalt gelten. Sobald sich die Voraussetzungen ändern, lasse ich nichts anderes gelten, als die Gleichheit der Aufteilung. Wenn es die nicht gibt, sage ich, daß Mißbrauch herrscht. Ich bin wohl damit einverstanden, daß der, der Land urbar gemacht hat, ein Recht auf Entschädigung für seine Arbeit hat. Womit ich jedoch nicht einverstanden bin, ist, daß, was den Boden angeht, die ihm gegebene Gestalt die Aneignung des Grundstücks einbegreift. Und, darauf aufmerksam zu machen ist wichtig, die Eigentümer sind damit genauso wenig einverstanden, wie ich. Oder gestehen sie etwa ihren Pächtern ein Eigentumsrecht an den Ländereien zu, die diese urbar gemacht, oder melioriert haben? ...

Wenn es gerecht zugeht, sagte ich in meiner ersten Denkschrift, darf es eine gleiche Aufteilung des Bodens nicht nur am Anfang geben. Sie muß, damit es keinen Mißbrauch gibt, von Generation zu Generation beibehalten werden. So etwa für die in den Bodenschätze fördernden Industrien tätigen Menschen (travailleurs). Was die in den anderen Gewerben arbeitenden Menschen angeht, deren Löhne bei gleicher Arbeit gleich denen der Ersteren sein müssen, so müssen sie, ohne das Land zu besetzen, unentgeltlich über die Stoffe verfügen, die sie in ihren jeweiligen Gewerben benötigen. Sie dürfen, indem sie mit ihrer eigenen Arbeit, oder, wenn man so will, mit ihren Erzeugnissen die Erzeugnisse der Bodenbesitzer bezahlen, nur die Form bezahlen, die diese dem Stoff gegeben haben; Arbeit darf nur mit Arbeit bezahlt werden, und der Stoff muß unentgeltlich sein. Wenn es anders läuft, wenn die Eigentümer des Bodens eine Rente zu ihrem Vorteil einnehmen, dann herrscht Mißbrauch.[24]

Als Überschuß des Wertes des Bruttoprodukts über den Wert der Produktionskosten hinaus, in die, zusammen mit dem Lohn des Landwirts, auch die Erstattung bzw. Amortisierung der bei der Bodennutzung aufgewendeten Kosten einbezogen werden muß, existiert die Grundrente - ich nannte sie 1840 „Pacht" - ebenso für den Eigentümer, wenn er selbst Landwirtschaft betreibt, wie, wenn ein Pächter es an seiner Stelle tut. Durch die Grundrente werden die Fabrikarbeiter ebenso, wie die eigentumslosen Landwirte von der Aufteilung des Bodens sowie von der unentgeltlichen Verfügung über den Stoff und über die Naturkräfte ausgeschlossen, die ja nicht vom Menschen geschaffen worden sind. Denn sie dürfen diese nur

24 In „Qu´est-ce que la propriété? - Premier mémoire" ist keine diesem Absatz entsprechende Aussage auffindbar.

entgeltlich nutzen, nur mit Erlaubnis der Grundeigentümer, denen sie, um diese Erlaubnis zu erhalten, einen Teil ihrer Erzeugnisse, oder ihrer Löhne abtreten. Ob sie ihnen diesen Teil unmittelbar, oder mittelbar abtreten, hat wenig zu bedeuten; die Grundrente ist eine Abgabe, die die Grundeigentümer auf alle Löhne erheben, einschließlich ihrer eigenen. Und da diese Abgabe nicht die Vergütung einer Arbeit ist, da sie etwas anderes ist, als die Amortisierung der auf den Boden aufgewendeten Kosten, nenne ich sie einen *unverdienten Vorteil (aubaine)*.

„Folgt man Ricardo, Mac-Culloch und Mill[25], dann ist das Pachtgeld eigentlich nichts anderes, als der *Überschuß des Produktes des fruchtbarsten Bodens über das Produkt der Böden von geringerer Qualität*; sodaß die Pacht erst dann auf dem Ersteren zu liegen beginnt, wenn man, aufgrund eines Bevölkerungszuwachses, gezwungen ist, zur Bewirtschaftung der Letzteren seine Zuflucht zu nehmen. ... Wie kann sich aus unterschiedlichen Bodenqualitäten eine Abgabe auf den Boden ergeben? ... Hätte man sich darauf beschränkt, zu sagen, der Unterschied der Böden sei ein *Anlaß* zur Pacht gewesen, nicht jedoch deren *Ursache*, dann hätten wir aus dieser einfachen Bemerkung eine wichtige Lehre gewonnen, nämlich die, daß die Einrichtung der Pacht ihren Ursprung in dem Verlangen nach Gleichheit gehabt habe. In der Tat, wenn das Recht aller Menschen auf den Besitz der guten Böden gleich ist, dann kann kein Mensch dazu gezwungen werden, die schlechten Böden ohne Entschädigung zu bewirtschaften. Die Pacht wäre dann also, Ricardo, Mac-Culloch und Mill zufolge, eine Entschädigung mit dem Ziel gewesen, einen Ausgleich zwischen Gewinnen und Verlusten herzustellen. Was für eine Schlußfolgerung konnten sie daraus zugunsten des Eigentums ableiten? ...“[26]

25 David Ricardo (1772-1823), John Ramsay McCulloch (1789-1864), John Stuart Mill (1806-1873).

26 s. P.-J. *Proudhon*: Qu´est-ce que la propriété? - Premier mémoire: Recherches sur le principe du Droit et du Gouvernement, l.c. (s.o.Anm. 21), pp. 127-128; s. *ders.* dass. Éditions TOPS (s.o Anm. 21), pp. 150-151; s. ders. Was ist das Eigentum? a.a.O. (s.o. Anm. 21), S. 127. Proudhon läßt in seinem Zitat die auf „... Gewinnen und Verlusten herzustellen“ folgende Aussage weg: „Ce système d´égalité pratique est mauvais, il faut en convenir; mais enfin l´intention eût été bonne:“ Statt „Verlusten“, „pertes“-„peines“, „Arbeitslöhnen“, in Éditions TOPS, p. 151, denen die Ausgabe Marcel Rivière, Paris 1926, zugrunde liegt (ibid. p. 18). Deswegen hat er wohl auch aus stilistischen Gründen, Vermeidung einer Wiederholung der drei Namen, „konnten sie“ formuliert, anstatt „quelle conséquence Ricardo, Maccullock (sic!) et Mill pouvaient-ils ...“ zu zitieren. (ibid. p. 151)

Was habe ich also im Jahre 1840 vor allem angegriffen? Das Recht des unverdienten Vorteils (le droit d´aubaine), dieses Recht, das dem Eigentum so sehr innewohnt, ihm so innig verbunden ist, daß da, wo es nicht vorhanden ist, es auch schlicht kein Eigentum gibt.

„Der unverdiente Vorteil (l´aubaine)", sagte ich, „bekommt unterschiedliche Namen, je nach dem, was ihn hervorbringt: *Pacht* für Ländereien; *Miete* für Häuser und bewegliche Güter; *Rente* für auf Lebenszeit angelegtes Kapital; *Zins* für Geld; *Ertrag, Gewinn, Vorteil (bénéfice, gain, profit)* (drei Dinge, die man nicht verwechseln darf mit dem Lohn bzw. legitimen Preis der Arbeit) aus dem Tausch von Produkten ...[27] Die republikanische Verfassung von 1793, die das Eigentum definiert hat: `Das Recht, die Frucht seiner Arbeit zu genießen´, hat sich ganz fürchterlich geirrt; sie mußte eigentlich sagen: Eigentum ist das Recht, völlig ungehindert nach eigenem Gutdünken über Hab und Gut eines anderen Menschen sowie über den Ertrag des Gewerbes und der Arbeit eines anderen Menschen zu verfügen."[28]

„In Frankreich erzeugen 20 Millionen in allen Zweigen der Wissenschaft, der Künste und des Gewerbes arbeitende Menschen alles, was für das Leben der Menschen nützlich ist. Nehmen wir einmal an, die Summe ihrer Arbeitstage sei jedes Jahr gleich 20 Milliarden; aber wegen des Eigentumsrechts und der Masse der unverdienten Vorteile (aubaines), Prämien, Zehnten, Zinsen, Trinkgelder, Profite, Pachten, Mieten, Renten und Vergünstigungen jeder nur vorstellbaren Art schätzen Eigentümer und Arbeitgeber die Erzeugnisse insgesamt auf 25 Milliarden. Was will das heißen? Das heißt, die arbeitenden Menschen (travailleurs), die gezwungen sind, eben diese Erzeugnisse zu kaufen, um zu leben, müssen mit 5 das bezahlen, was sie für 4 erzeugt haben, oder von fünf Tagen einen fasten."[29]

Die erste Konsequenz dieses Vorteils besteht darin, daß man, indem man den allgemeinen Wettbewerb unmöglich macht, die Gleichheit der Löhne zwischen den verschiedenen Berufen bzw. gesellschaftlichen Aufgaben zerstört und dadurch, daß man sie zerstört, eine unvernünftige Aufteilung dieser Aufgaben hervorruft. Die Spaltung der arbeitenden Menschen in zwei Klassen, nämlich in die der Tagelöhner (manoeuvres) und in die der Ingenieure, in die der leitenden und in die der geleiteten Menschen, ist sowohl unvernünftig, als auch ungerecht. Die Ungleichheit der Löhne zwischen den

27 In „Qu´est-ce que la propriété? - premier mémoire", l.c. (s.o. Anm. 21), p. 123, Éditions TOPS l.c. (s.o. Anm. 21), p. 145; s. auch *ders.* Was ist das Eigentum? a.a.O. (s.o. Anm. 21), S. 122.

28 s. ibid. p. 133; Éditions TOPS, p. 157 u. „Was ist das Eigentum?", S. 133.

29 s. ibid. pp. 149-150, Éditions TOPS, p. 175 u. „Was ist das Eigentum?", S. 151.

verschiedenen gesellschaftlichen Aufgaben ist ungerecht, weil diese Aufgaben alle gleichermaßen nützlich sind und weil wir alle, gerade durch deren Aufteilung, in der Produktion vergesellschaftet (associés) sind. Niemand kann sagen, er produziere ganz allein. Der Schmied, der Schneider, der Schuster usw. usf. arbeiten mit dem Pflüger beim Landbau zusammen so, wie dieser an der Erzeugung von deren Produkten beteiligt ist. Der Tagelöhner ist beteiligt an der Arbeit des Ingenieurs, wie dieser an dessen Arbeit beteiligt ist.

Als ich in meiner ersten Denkschrift betont habe, daß bei Gleichheit der Arbeit die Löhne zwischen allen Berufen gleich sein müssen, habe ich vergessen, noch zwei Dinge zu sagen: erstens, daß Arbeit sich in doppelter Hinsicht, nämlich nach ihrer Dauer und nach ihrer Intensität, bemißt, und zweitens, daß man beim Lohn des arbeitenden Menschen weder die Amortisierung seiner Kosten der Erziehung und der Arbeit in Betracht ziehen darf, die er als nicht bezahlter Lehrling an sich vorgenommen hat, noch die Versicherungsprämie gegen die Risiken, die er eingeht und die weit davon entfernt sind, in jedem Beruf gleich hoch zu sein: Risiken der Arbeitslosigkeit und Zurücksetzung, von Krankheit und Tod, letzteres Risiko ist ja besonders hoch, weil der Familienvater selbst über seinen Tod hinaus für die Existenz seiner Frau und seiner unmündigen Kinder vorsorgen muß.

Ich habe diese diversen vergessenen Dinge nachgetragen in meiner zweiten *Denkschrift* (1841), in der *Warnung an die Eigentümer* (1842) und in der *Création de l´ordre* (1843).[30] „Um die Gleichheit unter den Menschen herzustellen", sagte ich Herrn Blanqui in meiner zweiten *Denkschrift*, „genügt es, das Prinzip der Versicherungs-, Wirtschafts- und Handelsgesellschaften zu verallgemeinern."[31] In den Wirtschafts- und Handelsgesellschaften - alle Buchhalter können das doch bestätigen - wird das Recht des unverdienten Vorteils (le droit d´aubaine) nur gegen den Fremden ausgeübt; aber, es

---

30 s. P.-J. *Proudhon*: Qu´est-ce que la propriété? - Deuxième mémoire: Lettre à M. Blanqui sur la propriété (1841), Librairie des sciences politiques et sociales Marcel Rivière, Paris 1938, pp. 1-153; Éditions TOPS l.c. (s. o. Anm. 21) 2006, pp. 7-128; *id.* ibid., Troisième mémoire: Avertissement aux Propriétaires ou Lettre à M. Victor Considérant, Rédacteur de la *Phalange* sur une défense de la propriété (1842), Libr. des sc. pol. et soc. Marcel Rivière, Paris 1938, pp. 155-248; Éditions TOPS l.c. (s. o. Anm. 21), 2006, pp. 129-205; *id.* De la Création de l´Ordre dans l´Humanité ou Principes d´organisation politique (1843), Garnier Frères, Libraires, 2me éd., Paris 1849; Nouvelle édition, Libr. ... Marcel Rivière, Paris 1927; Éditions TOPS l.c. (s. o. Anm. 21), 2 vol., 2000.

31 id.: Qu´est-ce que la propriété? - Deuxième mémoire l.c. (s. o. Anm. 30), Libr. ... Marcel Rivière, Paris 1938, p. 39; Librairie Internationale, nouvelle édition A. Lacroix, Verboeckhoven & Cie. Éditeurs à Bruxelles, à Leipzig et à Livourne, Paris 1867, p. 245; Éditions TOPS l.c. (s.o. Anm. 21) 2006, p. 31.

wird genauso wenig gegen den tatsächlichen, wie gegen die fiktiven Gesellschafter ausgeübt: Kapital, Kassenbestand, Bestand an Wechseln, Rohstoffe, diverse Waren. Wenn ein fiktiver, oder tatsächlicher Gesellschafter einen Verlust erleidet, dann wird dieser Verlust, wie der Gewinn, allen Gesellschaftern in Rechnung gestellt.

Es ist schon eine widersprüchliche Angelegenheit, und ich habe zu wiederholten Malen Sorge getragen, darauf einzugehen: wenn wir uns alle als Fremde behandeln, d. h. als Feinde in unserer Eigenschaft als Eigentümer, so versäumen wir doch nie, uns auch als Gesellschafter zu behandeln in unserer Eigenschaft als auf Austausch angewiesene arbeitende Menschen (travailleurs échangistes). Denn, entschädigen wir etwa nicht, wenn wir unsere Erzeugnisse gegen die seinigen tauschen, den Pächter für die Pacht, die er dem Eigentümer seines Bodens bezahlt; den Darlehensnehmer für die Zinsen, die er seinem Gläubiger bezahlt; den Kaufmann und den Gewerbetreibenden für die Mieten, die sie den Eigentümern ihrer Warenlager und Werkstätten bezahlen? – Lassen wir alle unverdienten Vorteile (toutes les aubaines) verschwinden, durch die wir uns als Eigentümer aufspielen, und *automatisch* sind wir alle Gesellschafter; um den unbegrenzten Fortbestand der Gesellschaft (association) sicherzustellen, müssen wir sie nur organisieren, indem wir eine gewisse Anzahl von Institutionen der Gegenseitigkeit (mutualité) schaffen: Versicherungen auf Gegenseitigkeit, Kredit auf Gegenseitigkeit usw.

Wenn der arbeitende Mensch (travailleur) in seinen tatsächlichen Lohn eine Versicherungsprämie einbezieht gegen die besonderen Risiken, die er eingeht, dann bezahlt derjenige, der das Produkt dieses Menschen verbraucht, eben diese Prämie. Indem sie Produkte gegen Produkte, noch allgemeiner gesagt: Dienstleistungen gegen Dienstleistungen tauschen, versichern sich alle gegen ihre jeweiligen Risiken; und da diejenigen die höchsten Prämien erhalten, die die größten Risiken eingehen, kann man sagen, daß die Gesellschaft bzw. die allgemeine Vereinigung der arbeitenden Menschen zum Ziel hat, die Gleichheit der Löhne zu verwirklichen. Man beseitige die unverdienten Vorteile (les aubaines), man überweise sämtliche Versicherungsprämien an berufsständische Versicherungsgesellschaften auf Gegenseitigkeit - und, ohne daß die Nächstenliebe, die, weil sie unorganisch ist, immer unzureichend ist, einschreiten muß, werden die Löhne zwischen allen Berufszweigen gleich sein. Wenn sie es dann noch nicht sind, so liegt das daran, daß die Prämien falsch berechnet worden sind. Da jedoch die Statistik entsprechend organisiert sein wird, werden die Berichtigungen nicht lange auf sich warten lassen. Ohne Zweifel wird man nie eine absolute Gleichheit bekommen; aber auf dem Wege über eine Reihe von Schwankungen, deren Amplitude immer geringer werden wird, wird man sich der Gleichheit immer mehr nähern; und dann wird die annähernde Gleichheit bald eine Tatsache sein.

Unterstellen wir jetzt einmal, um die Ideen zu konkretisieren, eine Berufsgruppe, die 115 arbeitende Menschen umfaßt, nämlich 100 Gesellen, die alle in der Lage sind, Erzeugnisse gleicher Qualität herzustellen, und 15 Lehrlinge. Sollten diese bei gleicher Arbeit den gleichen Lohn bekommen, wie die Ersteren? Das habe ich niemals behauptet. Und die 100 Gesellen, sollten die bei gleicher Arbeit den gleichen Lohn bekommen, wie diejenigen der anderen Berufszweige, wenn nach der Bevölkerungszahl, nach dem Entwicklungsstand der Bedürfnisse und dem des ganzen Gewerbes 98 dafür genügen würden? Ganz und garnicht. Ich habe immer gesagt, namentlich in der *Création de l'ordre*[32], daß es Sache der Verbraucher selbst sei, die arbeitenden Menschen (travailleurs) jedes Berufszweiges aufmerksam zu machen, wenn deren Zahl das normale Verhältnis überschreitet. Ich habe nur gesagt, daß in einer gut organisierten Gesellschaft dieser Hinweis auf andere Art und Weise gegeben werden könne, als durch eine Senkung der Löhne; und daß diese Lohnsenkung, die eigentlich eine Kriegshandlung ist, nur in dem Fall durchzuführen sei, daß die aufmerksam gemachten arbeitenden Menschen uneinsichtig sein sollten.

Ich habe gesagt, daß es in jedem Falle die arbeitenden Menschen selbst sein müßten, die für die innere Ordnung ihres jeweiligen Berufszweiges sorgen und ihre Zahl auf ein normales Maß reduzieren sollten; - daß eine solche Reduzierung ganz notwendig die Ablehnung geschlossener Innungen impliziere; - daß die innere Ordnung der Berufszweige nur in den Fällen, wo sie nicht gütlich erreichbar ist, durch Kampf, oder, was man heute Konkurrenz nennt, hergestellt werden solle; - und schließlich, daß zu diesem Zweck die arbeitenden Menschen ein und desselben Berufszweiges sich in einer Versicherungsgesellschaft auf Gegenseitigkeit organisieren sollten, um diejenigen unter ihnen zu entschädigen, deren Ausschluß das Interesse der Gesellschaft erfordert.

Ich habe gesagt, daß, wenn die Gesellen, die in der Lage sind, Erzeugnisse gleicher Qualität herzustellen, in jedem Berufszweig in üblicher Zahl vorhanden seien, sie sich nicht mehr um Aufträge streiten müßten, da diese sich dann notwendigerweise gleichmäßig unter ihnen aufteilen ließen; wenn sie z. B. 1000 Leute sind, seien sie auch in der Lage, jeden Einzelnen

32 s. o. Anm. 30, Chapitre IV, § II, § III.

mit einem Tausendstel des entsprechenden Auftrages zu befriedigen. Und schließlich habe ich gesagt, daß, wenn einige unter ihnen, z. B. 100, die Kraft und den Willen hätten, jeder ein Zehntausendstel über das oben genannte Tausendstel hinaus auszuführen, dies ein Beleg dafür sei, daß diese Berufsgruppe 10 Gesellen zuviel zählt und daß dann die Zahl dieser Gesellen von 1000 auf 990 zurückgeführt werden müsse; eine Konsequenz, die aus der oben aufgestellten Hypothese folgt.

Ich habe also das Recht gehabt, zu behaupten, daß die Ungleichheit der Löhne unter den arbeitenden Menschen ein und desselben Berufszweiges nur möglich ist, vorausgesetzt, sie sind in üblicher Zahl vorhanden, wenn einige von ihnen dem gesamten, durch diese Zahl geteilten Auftrag nicht gerecht werden wollen, oder können. Wenn sie es nicht wollen, wenn sie sich mit einem niedrigen Lohn zufrieden geben, dann ist der Gerechtigkeit Genüge getan. Wenn sie es hingegen nicht können, wenn sie unfähig sind, einen Lohn zu verdienen, der in etwa dem der anderen gleich kommt, dann sind sie entweder krank, oder als arbeitende Menschen schlecht aufgestellt.

Kranke, d. h. Menschen, die von Geburt an unfähig, oder im Laufe der Zeit unfähig geworden sind, nicht nur in einem, oder in mehreren Berufszweigen - in welchem Falle sie nur schlecht aufgestellte arbeitende Menschen sind -, sondern in allen, einen Lohn zu verdienen, der dem der anderen annähernd gleich ist, müssen durch die Versicherung auf Gegenseitigkeit gegen Krankheitsrisiko mittels Prämien entschädigt werden, die von Familienvätern für ihre bereits geborenen, oder noch zu erwartenden Kinder und durch die arbeitenden Menschen für sich selbst zu bezahlen sind. Angesichts des Grundsatzes der Gegenseitigkeit, der immer der Meine gewesen ist und allen Angriffen standhält, weil er eine unmittelbare Folge der Gerechtigkeit ist, ist die Nächstenliebe nutzlos bzw., wenn man lieber so sagen will, wieder Gerechtigkeit geworden, weil sie verständig und verständlich organisiert worden ist.

Die schlecht aufgestellten arbeitenden Menschen zeigen nur eines: nämlich die schlechte Organisation der Gesellschaft und der Berufsbildung. Wenn sie sehr zahlreich sind, legen sie vor allem Zeugnis von einer äußersten Ungleichheit der Vermögen ab, die ihrerseits eine Folge des Rechts des unverdienten Vorteils (droit d´aubaine) ist. Dieses Recht erlaubt nämlich dem Sohn des Armen nur selten, den Beruf zu ergreifen, der ihm am meisten gefällt, und läßt den Sohn des Reichen Berufe suchen, die am wenigsten zu ihm passen.

Mögen die Bürger doch endlich aufhören, das Recht des unverdienten Vorteils anzuerkennen; mögen sie das Gemeinwesen doch endlich nach den Vorgaben der Gerechtigkeit und der Wissenschaft organisieren - dann wird es auch keinen einzigen schlecht aufgestellten arbeitenden Menschen mehr geben, und alle werden bei gleicher Arbeit annähernd gleiche Löhne verdienen.

Sie vergessen, hielt man mir entgegen, daß nicht alle arbeitenden Menschen ein und desselben Berufszweiges gleich fähig sind, Erzeugnisse von gleicher Qualität herzustellen. Den Anhängern Saint - Simons und der Phalange Fouriers, die diesen Einspruch gegen mich erhoben hatten, antwortete ich in *Avertissement aux propriétaires*: „Jedes stark ausgeprägte Talent gibt Anlaß zu einer Teilung in der Arbeit, kurz: zu einer besonderen Tätigkeit (fonction). Dieses Talent fällt unter das Gesetz der Gleichheit in den Tauschbeziehungen, das von Adam Smith formuliert worden ist.“[33] So will vielleicht der Schuster, der in ein paar Monaten gelernt hat, Schuhe einfachster Art herzustellen, versuchen, Schuhe höherer Qualität herzustellen: dann wird er weniger verdienen, als der Schuster, der durch eine vollständige und umfassende Lehre gegangen ist; und das ist völlig gerecht, weil Ersterer nur ein Lehrling ist, der sein Handwerk nicht völlig beherrscht. Aber, soll er sich doch dazu entschließen, nur einfachste Schuhe herzustellen, und sein realer Lohn, d. h. sein tatsächlicher Lohn, nur verringert um die Amortisierung der Kosten seiner Lehre, wird der gleiche sein, wie der Reallohn der Schuster *vom Fach*. Man ziehe die unverdienten Vorteile (aubaines) und ihre Folgen ab, und man wird sehen, daß es sich in der gegenwärtigen Gesellschaft dann ganz genau so verhält.

Es gibt, sagt man, gute und schlechte Künstler, die dennoch bei der Ausübung ihrer Kunst, die einen, wie die anderen, genauso viel Zeit und Geld aufwenden: gut und schlecht aufgestellte arbeitende Menschen. Ich hebe mir übrigens die Frage des Lohnes der Künstler auf für die Analyse meiner Arbeiten über das literarische und künstlerische Eigentum, die ich weiter unten vortragen werde.

Bei meinem Angriff auf das Eigentum hatte ich seit 1840 Sorge getragen, im Namen der Freiheit gegen den Gouvernementalismus genau so, wie gegen den Kommunismus Protest zu erheben. Der Abscheu vor Reglementierung ist bei mir immer sehr groß gewesen; von Anfang an habe ich mich von der Allmacht einer monarchischen Zentrale angewidert gefühlt, als ich mich noch einen Anarchisten genannt habe. Im Jahre 1848 habe

33 s. o. Anm. 30, édition Librairie...Marcel Rivière, p. 196; Éditions TOPS, 2006, p. 161.

ich erklärt, daß ich gegen die gouvernementalen Ideen des Luxembourg[34] bin. Die damalige provisorische Regierung habe ich für ihre Zurückhaltung hinsichtlich sozialer Reformen gelobt und seitdem mehr, als einmal erklärt, daß diese so sehr getadelte Zurückhaltung in meinen Augen dieser Regierung zur Ehre gereicht hat. Meine Abneigung gegen das Autoritätsprinzip ist nicht geringer geworden. Seit zehn Jahren hat mir die Beschäftigung mit der Geschichte in meinen kurzen Stunden der Muße gezeigt, daß dieses Prinzip die Plage der Gesellschaften ist. In Frankreich ist das Volk weder 1848, noch ´89, noch ´93, oder ´96 kommunistisch gewesen; damals hat es immer nur eine kleine Handvoll Sektierer gegeben. Der Kommunismus, der ein unerreichbares Ziel der ersten Utopisten, der Schrei nach Abschaffung des Evangeliums gewesen ist, ist bei uns nur Ausdruck einer Verachtung der Gleichheit.

Freiheit ist das dem Menschen gehörende Recht, seine Fähigkeiten zu nutzen und von ihnen Gebrauch zu machen, wie es ihm gefällt. Dieses Recht geht zweifellos nicht bis hin zu dem Recht, Mißbrauch damit zu treiben. Aber, man muß zwischen zwei Arten von Mißbrauch unterscheiden: die erste Art umfaßt alle Fälle von Mißbrauch, deren Folgen allein *derjenige, der Mißbrauch treibt*, zu tragen hat; die zweite Art umfaßt alle Fälle von Mißbrauch, die das Recht anderer Menschen verletzen (das Recht auf Freiheit und das Recht auf unentgeltliche Nutzung des Bodens, oder von Stoffen). Solange der Mensch nur gegen sich selbst Mißbrauch treibt, hat die Gesellschaft kein Recht, einzuschreiten; wenn sie doch einschreitet, handelt sie mißbräuchlich. Der Bürger darf in einem solchen Fall keinen anderen Gesetzgeber haben, als seine Vernunft; ihm würde dann nämlich die Achtung vor sich selbst fehlen, er wäre seiner selbst nicht würdig, würde er hier eine andere Ordnung akzeptieren, als die seiner Freiheit. Ja, ich sage noch mehr: die Gesellschaft muß so organisiert werden, daß Mißbrauch der zweiten Art immer weniger möglich wird und sie folglich immer weniger Anlaß hat, dagegen einzuschreiten. Andernfalls, wenn die Gesellschaft sich immer weiter dem Kommunismus annähert, anstatt der Anarchie bzw. der Regierung des Menschen durch sich selbst (auf englisch: *self-government*) ist ihre Organisation mißbräuchlich.

So habe ich mich nicht darauf beschränkt, mich gegen Mißbräuche zu wenden, die Bürger, einzeln genommen, mit Boden, oder Stoffen treiben können, deren Inhaber sie sind; ich habe genauso energisch Einspruch ge-

34 Anspielung auf das Palais Luxembourg in Paris, den Sitz der provisorischen Regierung nach der Februar-Revolution von 1848.

gen jede Art von Mißbrauch erhoben, die dieselben Bürger, insgesamt genommen, im Namen des Staates, oder im Namen der Gesellschaft damit treiben können.

Also, sagte ich mir im Jahre 1844, kein reglementierter Besitz! Vorausgesetzt, er hat die Löhne derjenigen Menschen bezahlt, die vor ihm den Stoffen, die er besitzt, eine Form, eine Gestalt, eine neue Nützlichkeit gegeben haben, muß der Eigentümer einer Fabrik frei sein, seine Stoffe nach eigenem Gutdünken zu verbrauchen. Mehr noch! er muß frei sein, den Verkauf seiner Erzeugnisse unter dem Preis, der ihm paßt, zu verweigern. Nicht durch Einrichtung des *Höchstpreises* wird die Gesellschaft die Handelsprofite abschaffen können; nicht durch Verbot von Wucherdarlehen wird sie den Zins vernichten: sondern nur dadurch, daß sie in ihrem Schoße Institutionen auf Gegenseitigkeit organisiert.

Wenn diese Institutionen erst einmal geschaffen worden sind, was für einen Unterschied wird es dann noch im Hinblick auf bewegliche Güter zwischen Eigentum und nicht reglementiertem Besitz geben? Keinen.

Wenn, wie der Kapitalzins und die Handelsprofite, auch die Grundrente ein pures Produkt des Egoismus´ der Menschen wäre, wenn sie sich nicht noch immer und vor allem aus der Natur der Dinge ergäbe, etwa aus dem Unterschied der Bodenfruchtbarkeit und der Bevölkerungszahl, dann würde es nicht unmöglich sein, sie durch Institutionen auf Gegenseitigkeit abzuschaffen. In diesem Fall würde ich über das Grundeigentum sagen, was ich schon über das bewegliche Eigentum sage, nämlich, daß es untadelig werden kann, ohne dadurch aufzuhören, der Definition Genüge zu tun, die die Rechtsgelehrten von ihm geben. Aber, was ich vollkommen verstehe und nicht vergessen darf, während ich das Problem des Grundeigentums zu lösen suche, ist, daß die Freiheit der arbeitenden Menschen (travailleurs) in den fördernden genau so groß sein muß, wie in den verarbeitenden Gewerbezweigen.

Muß der Fabrikeigentümer, um als Gewerbetreibender und als Kaufmann frei zu sein, Eigentümer des Hauses, oder der Wohnung sein, in der er mit seiner Familie lebt, der Werkstatt, in der er arbeitet, des Lagerraumes, in dem er seine Rohstoffe aufhebt, des Ladens, in dem er seine Produkte ausstellt, des Geländes schließlich, auf dem Wohnhaus, Werkstatt, Lager und Laden stehen? Keineswegs. Vorausgesetzt er bekommt einen genügend lange gültigen Mietvertrag, um ihm die Zeit zu geben, die gesamte Amortisation der Kapitale zu erreichen, die er in sein Mietverhältnis investiert hat und die er naturgemäß nach Ablauf seines Vertrages ja nicht mitnehmen kann, genießt der Fabrikeigentümer, obwohl er Mieter ist, ein ausreichendes Maß an Freiheit.

Ein Landwirt, der als Pächter eine Fläche bewirtschaftet, genießt der ein gleiches Maß an Freiheit? Offensichtlich nicht, denn er kann ohne ausdrückliche Ermächtigung hierzu seitens des Eigentümers aus einem Weingut keinen Wald machen, keine Weide, kein Weizenfeld, keinen Obstgarten, keinen Gemüsegarten, oder umgekehrt. Wenn der Unterschied der Böden derart wäre, daß solche Umwandlungen immer absurd wären, dann würde der Pächter ein ausreichendes Maß an gewerblicher Freiheit haben: denn die persönliche Aneignung bebaubarer Ackerflächen, von Weiden, Wäldern, Weingütern, Obst - und Gemüsegärten hätte dann ja wohl doch nicht mehr Daseinsberechtigung, als die persönliche Aneignung von Flüssen und Kanälen, von Brücken und Straßen, von Bergwerken und Eisenbahnen.

Wenn man also von der Rente absieht, oder genauer: von denen, die von ihr profitieren, dann rechtfertigt sich das Grundeigentum aufgrund der Notwendigkeit, dem Landwirt eine Freiheit zu lassen, die der des Fabrikeigentümers gleichkommt. Es ist jedoch nicht mehr gerechtfertigt, sobald Besitz ohne Eigentum und Eigentum ohne Besitz existiert, sobald Eigentümer und Landwirt zwei unterschiedliche Personen sind.

Andererseits - und da haben wir eine der Antinomien bzw. Gegen - Gesetze des Grundeigentums vor uns - wenn man von der Freiheit besagten Landwirtes absieht, eine Freiheit, die unvollständig ist, wenn er nur Pächter ist, dann erfüllt der untätige Eigentümer ihm gegenüber eine Aufgabe der Gerechtigkeit (fonction justicière). Wie das? Nun, indem er zunächst dem Pächter während der gesamten Dauer des Pachtvertrages die Rente abnimmt, auf die dieser genauso wenig ein Recht hat, wie die anderen Bürger; indem er ihm des weiteren den Mehrwert abnimmt, den der Pächter dieser Rente gegeben haben mag und den er versucht sein könnte, sich anzumaßen.

Hat der Pächter, der sich verpflichtet, dem Grundeigentümer eine bestimmte jährliche Rente zu zahlen, nicht im voraus die Ausgaben aller Art veranschlagt, die er während der gesamten Dauer seines Vertrages für das gepachtete Land aufwenden muß? Hat er nicht berechnet, daß er im Verkaufspreis seiner Ernten die vollständige Amortisierung sowohl seiner Ausgaben, als auch die gerechte Vergütung seiner Arbeit erwirtschaften sollte? Ich gebe zu, daß der Grundeigentümer, der diese Ausgaben nicht getätigt hat und nach Ablauf des Pachtvertrages wieder in den Besitz eines meliorierten Bodens eintritt, eines Bodens, der ihm ohne Arbeit eine höhere Rente einbringen kann, genauso wenig Recht, wie der Pächter hat, von diesem Mehrwert zu profitieren. Und ich gebe auch zu, daß, wenn ich zu wählen hätte zwischen dem untätigen Eigentümer und dem arbeitenden Pächter, ich mich ohne Zögern für Letzteren aussprechen würde. Aber, der Pächter, der gut gerechnet hat, hat dennoch nicht mehr Recht auf den Mehrwert der Rente, selbst wenn er durch seine Arbeit dazu beigetragen hat, ihn zu schaffen, als die Gesellschaft, selbst wenn sie ihn ihrerseits durch Bevölkerungszuwachs, den Bau einer neuen Straße, einer Brücke, eines Kanals und einer Eisenbahn geschaffen hat. Der untätige Eigentümer hat nun ganz gewiß überhaupt kein Recht, den Mehrwert für sich zu behalten; aber er vollzieht doch einen Akt der Gerechtigkeit, indem er ihn dem Pächter entzieht, dessen Arbeit die Gesellschaft bezahlt hat.

„So", sagte ich 1846 im *Système des Contradictions économiques*, „kommt das Eigentum im Gefolge der Arbeit, um ihr alles wegzunehmen, was in dem Erzeugnis die tatsächlichen Kosten übersteigt. Und da der Eigentümer eine geheimnisvolle Pflicht erfüllt und dem Pächter gegenüber die Gemeinschaft vertritt, ist dieser nach den Plänen der Vorsehung nichts weiter, als ein verantwortlicher Arbeiter, der der Gesellschaft gegenüber über alles Rechenschaft ablegen muß, was er zusätzlich zu seinem rechtmäßigen Lohn bekommt; und die Systeme der Pacht und der Teilpacht, der Viehpacht - und der Erbpachtverträge usw. sind die wandlungsfähigen Formen des Vertrages, der dann immer im Namen der Gesellschaft zwischen dem Eigentümer und dem Pächter abgeschlossen wird. Die Rente ist, wie alle Werte, Angebot und Nachfrage unterworfen; aber, wie alle Werte, hat auch die Rente ihr genaues Maß, das seinen Ausdruck in der Gesamtheit des Produktes, abzüglich der Produktionskosten, findet.[35]

Aufgrund ihres Wesens und ihrer Bestimmung ist die Rente also ein Instrument distributiver Gerechtigkeit, eines der unzähligen Mittel, das wirtschaftliches Denken einsetzt, um zur Gleichheit zu gelangen. Dabei handelt es sich um ein ungeheuer großes Kataster, das im Widerspruch zwischen[36] Eigentümern und Pächtern, ohne daß geheimes Einverständnis zwischen ihnen möglich wäre, in einem übergeordneten Interesse erstellt wird, und

35 s. hierzu Pierre-Joseph *Proudhon*: System der ökonomischen Widersprüche, oder Philosophie des Elends hsg. von Lutz *Roemheld* und Gerhard *Senft*, Karin Kramer Verlag, Berlin 2003, S. 433. Proudhon zitiert ungenau; vgl. *id.* Système des contradictions économiques ou Philosophie de la misère, éd. Libr. Marcel Rivière, t. II, Paris 1923, p. 210, wo es vom „genaue(n) Maß" der Rente heißt: „..., laquelle s´exprime *au bénéfice du propriétaire et au préjudice du laboureur*, par la totalité du produit ... „ (kursiv L. R.). Ebenso auch in *id.* ibid., éd. Garnier Frères, t. II, Paris 1850, p. 204.

36 Théorie de la propriété, éd. Lacroix 1866, p. 34: „...cadastre exécuté contradictoirement entre les propriétaires et les fermiers ... „; in Système des Contradictions économiques, éd. Marcel Rivière, l.c. (s.o. Anm. 35), p. 210: „... par les propriétaires et les fermiers ... „

dessen endgültiges Ergebnis sein muß, den Besitz des Bodens gleichmäßig zwischen denen zu verteilen, die das Land bewirtschaften, und den Gewerbetreibenden. Kurz: die Rente ist jenes so sehr begehrte Ackergesetz, das alle arbeitenden Menschen, überhaupt alle Menschen zu Besitzern des Landes und seiner Erzeugnisse machen soll, die einander gleich sind. Es bedurfte schon der Magie des Eigentums, um dem Pächter den Produktüberschuß[37] zu entreißen, den er nicht umhin kann, als sein Eigen zu betrachten, und für dessen Urheber er ausschließlich sich selbst hält. Die Rente, oder besser gesagt: das Eigentum, hat den landwirtschaftlichen Egoismus gebrochen und eine Solidarität geschaffen, die keine Macht, keine Landaufteilung hervorgebracht hätte. Durch das Eigentum wird die Gleichheit zwischen allen Menschen endgültig möglich; da die Rente zwischen den einzelnen Menschen, wie der Zoll zwischen den Völkern wirkt, verschwinden alle Ursachen, alle Vorwände für Ungleichheit, und die Gesellschaft wartet auf nichts weiter, als den Hebel, der dieser Bewegung den Anstoß geben soll. Auf welche Art und Weise wird aber dem mythologischen der authentische Eigentümer folgen? Wie werden die Menschen, indem sie das Eigentum zerstören, Alle dennoch Eigentümer? Das ist von jetzt an die Frage, die gelöst werden muß, aber eine Frage, die ohne die Rente nicht lösbar ist.

Denn der Geist der Gesellschaft geht überhaupt nicht nach der Art von Ideologen und mittels steriler Abstraktionen vor ... Er verkörpert und verwirklicht immer nur seine Ideen; sein System entwickelt sich in einer Folge von Inkarnationen und Tatsachen, und um die Gesellschaft zu gründen, wendet er sich immer an den einzelnen Menschen ... Der Mensch mußte wieder an den Boden gebunden werden: also richtet der Geist der Gesellschaft das Eigentum ein. Danach handelte es sich darum, das Grundbuch des Globus´ zu erstellen: anstatt nun aber unter Trompetenschall öffentlich eine gesellschaftliche Maßnahme zu verkünden, hetzt er die Interessen einzelner Menschen aufeinander, und aus dem Krieg des Pächters gegen den Rentier ergibt sich für die Gesellschaft der unparteiischste Schiedsspruch. Und jetzt, da die moralische Wirkung des Eigentums erzielt worden ist, bleibt nur noch, die Verteilung der Rente durchzuführen ...Eine bloße Gegenseitigkeit des Tausches, unterstützt durch einige Bankberechnungen, wird dafür genügen....“[38]

37 Théorie de la propriété, l.c. (s.o. Anm. 36), p. 34: „l´excédant du produit“; Système..., éd. M. Rivière, l.c.(s.o. Anm. 35), p. 210: „l´excédant de produit“.

38 s. hierzu Pierre-Joseph *Proudhon*: System der ökonomischen Widersprüche a.a.O. (s.o. Anm. 35) S. 433-434.

Meine damalige Ausdrucksweise war ungeschickt. Ich dachte, noch etwas anderes sei nötig: nämlich, das Gesagte auf das innere Wesen des Prinzips der Handelsbilanz anzuwenden.

„Dieses Prinzip", hatte ich in demselben Werk gesagt, „ergibt sich synthetisch 1. aus der Formel von Say[39]: *Produkte werden nur mit Produkten gekauft*, eine Formel, die Herr Bastiat[40], wie folgt, erläutert hat, auf deren Erstformulierung übrigens Adam Smith[41] den ehrenvollen Anspruch erheben darf: *Die Vergütung steht nicht in einem Verhältnis zur* BRAUCHBARKEIT *der Produkte, die der Produzent auf den Markt bringt, sondern zu der in dieser Brauchbarkeit* VERKÖRPERTEN ARBEIT. - 2. aus Ricardos[42] Theorie der Rente...[43]

Der GLEICHE TAUSCH[44], den das Eigentum und die Volkswirtschaft mit gleichermaßen verbissener Hartnäckigkeit vom privaten Gewerbe fernhalten, den haben alle Völker immer einmütig gewollt, wenn es sich darum gehandelt hat, die Erzeugnisse ihrer Gebiete untereinander zu tauschen. Dann haben sie einander immer als ebenso viele einzelne und völlig unabhängige Persönlichkeiten angesehen, die gemäß der Hypothese Ricardos Böden von ungleicher Qualität bewirtschaften, jedoch untereinander, gemäß der Hypothese der Sozialisten, zwecks Ausbeutung des Globus´ eine große Gesellschaft bilden, deren jedes Mitglied ein Recht auf ungeteiltes Eigentum am Boden insgesamt hat.

Und dabei haben sie folgendermaßen gedacht:

Produkte lassen sich nur mit Produkten kaufen, d. h. das Produkt muß in einem Verhältnis nicht zu seiner Brauchbarkeit stehen, sondern zu der in dieser Brauchbarkeit verkörperten Arbeit. Wenn also aufgrund der ungleichen Qualität des Bodens das Land A 100 an Bruttoprodukt für 50 an Arbeit gibt, während Land B nur 80 gibt, dann muß A dem B 10 Prozent auf alle seine Ernten vergüten.

Diese Vergütung wird allerdings erst im Augenblick des Tausches bzw., wie man so sagt, der Einfuhr gefordert; aber das Prinzip bleibt davon unberührt ... "[45]

Als ich in den letzten Monaten des Jahres 1846 das *Système des Contra-*

---

39 Jean-Baptiste Say (1767-1832).

40 Frédéric Bastiat (1801-1850).

41 (1723-1790).

42 David Ricardo (1772-1823).

43 Pierre-Joseph *Proudhon*: System der ökonomischen Widersprüche a.a.O. (s. o. Anm. 35), S. 333.

44 Im „System", S. 335 beginnt der entsprechende Abschnitt mit den Worten: „Aber das, was das Eigentum und die politische Ökonomie mit..."

45 s. hierzu „System" a.a.O. (s. o. Anm.35), S. 335.

dictions économiques, ou *Philosophie de la misère* veröffentlichte, kündigte ich meinen Lesern ein neues Werk an, nämlich: *Solution progressive du problème social.*[46] Die Ereignisse von 1848 haben es mir jedoch nicht gestattet, es zum Abschluß zu bringen. Erst 1850 habe ich in der *Idée générale de la Revolution au dix-neuvième siècle*[47] erklärt, was ich unter der Liquidierung des Grundeigentums als eines Diebstahl-Eigentums (propriété -vol) verstand; denn der Leser muß ja wohl begriffen haben, daß ich nicht einen Augenblick aufgehört habe, Eigentum als Freiheits-Eigentum (propriété-liberté) zu wollen. Eben das habe ich übrigens 1849 in der folgenden Passage der *Confessions d´un Révolutionnaire* in Erinnerung gerufen:[48]

„In meinen ersten Denkschriften, in denen ich die bestehende Ordnung frontal angriff, sagte ich beispielsweise: *Eigentum ist Diebstahl!* Denn es handelte sich darum, Protest zu erheben, sozusagen die Nichtigkeit unserer Institutionen nachdrücklich hervorzuheben. Damals durfte ich mich um garnichts anderes kümmern. In dieser Denkschrift „Was ist das Eigentum?“, in der ich durch A plus B[49] diesen Schrecken erregenden Satz bewies, habe ich peinlich darauf geachtet, mich gegen jede kommunistische Schlußfolgerung zu verwahren.

Im *Système des Contradictions économiques* füge ich, nachdem ich meine erste Definition in Erinnerung gerufen und bekräftigt habe, eine dieser genau entgegengesetzte, aber auf Überlegungen einer anderen Art gegründete Definition hinzu, Überlegungen, die die erste Argumentation weder widerlegen, noch von ihr widerlegt werden konnten, nämlich: *Eigentum ist Freiheit!* Eigentum ist Diebstahl; Eigentum ist Freiheit: Diese zwei Sätze sind im *Système des Contradictions* ... gleichermaßen bewiesen und bleiben nebeneinander in Kraft. Das Eigentum trat hier also mit seiner Raison d´*être* und mit seiner Raison de *non être* in Erscheinung.“[50]

Gewöhnt an lange Studien, an geduldige Nachforschungen und an reifliches Nachdenken, bin ich durch das Auftreten der Republik und durch die Menge von Problemen, die sich allein aufgrund der Tatsache dieses Auftretens stellten, völlig betäubt worden. Aufgefordert, an der täglichen

46 s. hierzu P.-J. *Proudhon*: Solution du problème social ... (1848), Éditions TOPS/H. Trinquier, Antony 2003.

47 1851; Éditions TOPS/H. Trinquier, Antony 2000.

48 1849; Éditions TOPS/H. Trinquier, Antony 1997.

49 Symbole für Prämisse und Konklusion.

50 Les confessions d´un révolutionnaire (1849), Éditions TOPS/H. Trinquier, Antony 1997, p. 134; s. auch Pierre-Joseph *Proudhon*: Bekenntnisse eines Revolutionärs ... hsg. v. Günther *Hillmann*, Rowohlt, Reinbek b. Hamburg 1969 (rororo Klassiker 243, 244, 245), S. 98-99; *ders.*dass. Verlag Edition AV´88, o. O. (Frankfurt a. M.) 2000, S. 110.

Diskussion teilzunehmen und im Journalismus zu arbeiten, habe ich dieser Aufforderung entgegen gehalten meine Unzuständigkeit, daß es mir unmöglich sei, zu improvisieren, und die Gefahr, zu vorschnell vor einer von Leidenschaften erfaßten Öffentlichkeit über schlecht ausgearbeitete Fragen zu reden. Wie Béranger[51], der das Abgeordnetenmandat aus dem Grunde ablehnte, daß er keine speziellen Studien betrieben hatte, um Volksvertreter zu sein, glaubte auch ich nicht, dem Auftrag gewachsen zu sein, den man mir übertragen wollte, nämlich: das Volk Tag für Tag zu unterrichten. Dennoch habe ich mich schließlich doch dazu entschlossen; und bald bin ich mir der Wahrheit des Sprichwortes bewußt geworden: nur der erste Schritt zählt.

Die damaligen Leser verlangten nicht nach Lösungen, die des langen und breiten durch die Beschäftigung mit Geschichte, Gerechtigkeit und Recht begründet werden; sie wollten vielmehr praktische und tagtäglich zu verwirklichende Lösungen: die Revolution in Gesetzentwürfen, Artikel für Artikel, wie es damals hieß.

Natürlich bin ich aufgrund der Zwänge des politischen Programms dazu gebracht worden, meine Grundlagenstudien zu vernachlässigen und von der Volkswirtschaftslehre einen Ausweg aus der Krise zu fordern. Die großen Fragen, die mich damals aufgefressen haben, finden sich verstreut in den Zeitungen *le Représentant du Peuple*, *le Peuple* und *la Voix du Peuple*, unter den Überschriften *Organisation des Kredits*, *Tauschbank*, *Volksbank*, *Mutualismus* usw.[52] Die Eigentumsfrage tritt dort nicht besonders in Erscheinung; sie spielt da nur in Rücksicht auf das innere Band eine Rolle, das zwischen allen ökonomischen Kategorien existiert.

---

51 Pierre-Jean de Béranger (1780-1857), Verfasser lyrischer und satirischer Chansons.

52 Zu *Représentant du Peuple* (1.4.1848-14.8.1848), siehe Pierre *Haubtmann*: Pierre-Joseph Proudhon-Sa vie et sa pensée (1809-1849), Beauchesne, Paris 1982, pp. 854-909 (passim); zu *le Peuple* (28.12.1848-13.6.1849) s. *ders.* dass. pp. 927, 931 sowie *ders.* Pierre-Joseph Proudhon-Sa vie et sa pensée (1849-1865), t. I: Les grandes années: 1849-1855, Desclée de Brouwer, Paris 1988. pp. 22, 23-24; zu *la Voix du Peuple* (25.9.1849-14.5.1850) s. ibid. p. 31- 36; allg. hierzu: Archives Proudhoniennes 2006: Proudhon et la presse, Actes du colloque du 14 janvier 2006, Bulletin annuel de la Société P.-J. Proudhon, Paris 2006.

Zur *Tauschbank* bzw. *Volksbank* s. Pierre *Haubtmann*: Pierre-Joseph Proudhon-Sa vie et sa pensée (1809-1849) ... (wie oben), pp. 867-871, 987-1014; P.-J.*Proudhon*: Die Tauschbank (Die Volksbank), dt. Übs. nach der Erstausgabe von 1849, Verlag Monte Verita, Wien o. J.; Olivier *Chaïbi*: Histoire sociale de la Banque du Peuple, pp. 3-67 in Archives Proudhoniennes 2001, Bulletin annuel de la Société P.-J. Proudhon, Paris 2001; M. *Ramon de la Sagra*: Banque du Peuple, Bureaux de la Banque du Peuple, Paris 1849, réédité par Société P.-J. Proudhon, Cahiers de la Société P.-J. Proudhon, Paris 2001.

Mein berüchtigter Vorschlag vom 31. Juli 1848 betreffend eine Einkommensteuer von 30 Prozent, ein Sechstel zugunsten des Pächters bzw. des Mieters, ein Sechstel zugunsten der Nation,[53] darf auch nicht im entferntesten als eine praktische Anwendung meiner Grundsätze angesehen werden. Es handelte sich dabei, vergessen wir das nicht, um Sofortlösungen von Tag zu Tag. Von der Krise, in der alle Arten der Produktion steckten, die Landwirtschaft, das produzierende Gewerbe und der Handel, blieb allein die Rente völlig unberührt und unberührbar; die landwirtschaftlichen Erzeugnisse fielen im Preis um die Hälfte, die Pacht jedoch sank nicht; die Mieter standen vor um 50 Prozent sinkenden Einkommen, aber der Eigentümer akzeptierte keine Minderung an der Miete; die Abgaben waren um die berüchtigten 45 centimes erhöht worden, und der Staatsrentner bezog seine ausstehenden Renten in vollem Umfang, ja, er bezog sie sogar im Voraus. Kurz, die Arbeit erzeugte um die Hälfte weniger und bezahlte weiterhin genau so viel an das Recht des unverdienten Vorteils (au droit d´aubaine). Dieses nahm genauso viel ein, wie in der Vergangenheit, und kaufte die Erzeugnisse um die Hälfte billiger. Die Ressourcen der Republik waren knapp. Und da habe ich meinen Steuervorschlag vorgetragen. Selbst wenn der Grundeigentümer auf ein Drittel seines Einkommens verzichtete, war er noch weniger von der Krise betroffen, als der Durchschnitt der arbeitenden Menschen (travailleurs). Wenn die Erhebung der Steuer der Sorge des Schuldners anvertraut würde, so kostete sie den Staat weder Aufwendungen für die Kontrolle, noch solche für die Einnahme. Ein Steuernachlaß von einem Sechstel zugunsten des Mieters und Pächters war ein Ausgleich, der genau dem Berechtigten zugute kam, ohne daß er den Fiskus auch nur einen Sou kostete, und die Regierung fand schließlich eine beachtliche Ressource, die ebenso leicht, wie sicher einzusetzen war.

Ungeachtet der Entrüstung, die man über meinen Vorschlag und die von mir daran geknüpften Ausführungen zum Ausdruck brachte, bestehe ich darauf, zu sagen, daß ich eine untadelige, der damaligen Situation angemessene Lösung gefunden habe, die ohne Einschränkung wirksam ist; und daß alle Einzelmaßnahmen, die man damals und seitdem ersonnen hat, die Einrichtung „Eigentum" mehr, als mein Vorschlag erschüttert haben, ohne uns aus der Krise herauszuführen.

53 s. ausführlich hierzu Pierre *Haubtmann*: Pierre-Joseph Proudhon .. (1809-1849), l.c. (s.o. Anm. 52), pp. 908-986.

Zu sagen, daß ich von dem Erfolg meines Vorschlages die Lösung der Eigentumsfrage erwartete, wäre widersinnig. Ich habe damals eine Gesamtheit von Lösungen ins Auge gefaßt, deren Entwurf sich in der *Idée générale de la Révolution au dix-neuvième siècle* findet.[54]

Da die Freiheit des in der Landwirtschaft arbeitenden Menschen (travailleur agricole), unter einem ökonomischen Gesichtspunkt betrachtet, der einzige Seinsgrund des Grundeigentums ist, mußte ich mir natürlich die folgende Frage stellen: Wie kann die Gesellschaft den in der Landwirtschaft arbeitenden Menschen helfen, an die Stelle der untätigen Eigentümer zu treten? Darauf antwortete ich: Indem sie den Bodenkredit organisiert.

„Ein junger Bauer, im Begriff, einen Hausstand zu gründen, möchte Grund und Boden kaufen: dieses Stück Land ist 15.000 Francs wert.

Unterstellen wir, dieser Bauer kann mit der Mitgift seiner Frau, mit einem kleinen Erbe und mit einigen Ersparnissen ein Drittel der Summe aufbringen; dann wird die Bodenbank, gesichert durch 15.000 Francs, ihm ohne Zögern 10.000 Francs leihen, die in jährlichen Raten zurückzuzahlen sind.

Das ist dann so, als wenn der Landwirt, um Eigentümer eines Eigentums von 10.000 Francs zu werden, davon nur die Rente 15, 20, oder 30 Jahre lang zahlen müßte. Diesmal ist die Pacht nicht mehr unbegrenzt, denn sie wird jährlich auf den Preis der Sache angerechnet; sie ist soviel wert, wie ein Eigentumsanspruch. Und da der Preis der Immobilie nicht unbegrenzt steigen kann, weil er nichts anderes ist, als die Kapitalisierung um das Zwanzigfache, Dreißigfache, oder Vierzigfache desjenigen Teiles des Produkts, der über die Arbeitskosten hinaus geht, ist es offensichtlich, daß das Eigentum dem Bauern nicht mehr durch die Lappen gehen kann. Mit der Bodenbank ist der Pächter freigestellt; es ist der Eigentümer, der haftet. Versteht man jetzt, warum die Konservativen der Gesetzgebenden Versammlung keine Bodenkreditbank wollten? ...“[55]

Ich würde mich zu weit von der speziellen Frage des Eigentums entfernen, wenn ich erklären würde, wie die Bodenbank mit langfristig rückzahlbaren Kapitalien - mit, oder ohne Prämie, die den Zins ersetzt - ausgestattet werden kann. Die Bodenkreditbank, wie sie heute existiert, würde,

---

54 (1851); A. Lacroix, Verboeckhoven & Cie., Éditeurs, à Bruxelles, à Leipzig et à Livourne 1868; Éditions TOPS/H. Trinquier, Antony 2000; Edition du Groupe Fresnes-Antony de la Fédération Anarchiste, s.l. (Antony), s.a. (1979).

55 éd. A. Lacroix ... l.c. (s.o. Anm. 54), p. 207; Éditions TOPS l.c. (s.o. Anm. 54), pp. 214-215; Edition du Groupe Fresnes-Antony l.c. (s.o. Anm. 54), p. 164. In dem Satz mit „die in jährlichen Raten zurückzuzahlen sind“ läßt Proudhon die Worte weg: „comme il a été dit“.

wenn auch zu langsam, in Richtung Revolution wirken - nämlich Ersetzung des untätigen Eigentümers durch den arbeitenden Menschen - wenn sie nur der Arbeit Darlehen gewähren würde.

Die erste Pflicht der Bodenkreditbank besteht darin, dem Landwirt, der kein Eigentümer ist, dabei zu helfen, Eigentümer zu werden, genauso wie die erste Pflicht der Bank von Frankreich darin besteht, die Effekten des Handels zu diskontieren. Wenn dann der Bodenkreditbank noch Kapitalien zur Verfügung stehen, so darf sie diese nur zur Meliorierung derjenigen Flächen landwirtschaftlichen Eigentums ausreichen, auf die sie eine Hypothek aufnimmt.

Heute aber macht die Bodenkreditbank das genaue Gegenteil. Sie handelt, wie ein Pfandhaus. Dem, der ihr ein auf 100.000 Francs geschätztes Pfand anbietet, leiht sie dafür 60.000 Francs, ohne sich um den Verwendungszweck ihres Darlehens zu kümmern. Daraus ergibt sich 1., daß de facto der Landwirt, der Eigentümer ist, als Darlehensnehmer der Bodenkreditbank die Ausnahme ist, wie alle ihre Berichte belegen; und 2., daß die Darlehensnehmer, die der Bank Jahresraten von 6 Prozent bezahlen, keine andere Sorge haben, als an der Börse und mit Ländereien sowie mit Waren zu spekulieren und damit einen höheren Gewinn pro Jahr einzuheimsen. Mit der Bodenkreditbank verhält es sich so, wie mit der Bank von Frankreich, wenn diese Darlehen auf Wertpapierdepots gewährt: Beide Institute dienen hier nur dazu, Spekulanten und Aufkäufer zu begünstigen. Alle Beide müssen revolutioniert, d. h. radikal reformiert werden.

Unterstellen wir jetzt einmal, daß, nachdem der unentgeltliche Kredit bzw. der Kredit ohne Zins sowohl für langfristig, als auch für kurzfristig fällige Darlehen eingerichtet worden ist, schließlich alle in der Landwirtschaft arbeitenden Menschen Eigentum an Grund und Boden erworben haben. Die anderen arbeitenden Menschen, die im Wettbewerb miteinander stehen, werden ihnen ihre Erzeugnisse zum Selbstkostenpreis verkaufen. Einige von ihnen werden Gewinne machen, während andere Verluste erleiden werden. Aber, selbst wenn diese arbeitenden Menschen untereinander keine Versicherung auf Gegenseitigkeit gegen kaufmännische Risiken organisiert haben, wird sich der Handelspreis der von ihnen erzeugten Güter immer nach der Durchschnittshöhe der Gewinne und Verluste richten.

Wird es sich ähnlich mit den Landwirtschaftsprodukten verhalten? Offensichtlich nicht. Ricardo hat es zur Genüge demonstriert: der Preis dieser Erzeugnisse wird durch ihre Produktionskosten auf den am wenigsten fruchtbaren Böden bestimmt.Wenn er darunter sänke und bliebe, würden diese Böden nicht bewirtschaftet. Abgesehen von den Eigentümern dieser

Böden, würden die Landwirte als Eigentümer also gegenüber den in Fabriken arbeitenden Menschen einen mehr, oder weniger großen unverdienten Vorteil (aubaine) erlangen, je nach dem Mehr, oder Weniger an Fruchtbarkeit ihrer Böden. Was würde dann die Gerechtigkeit verlangen? Daß der Handelspreis der landwirtschaftlichen Erzeugnisse durch ihre Produktionskosten auf den Böden durchschnittlicher Qualität bestimmt wird und daß, folgerichtig, die Eigentümer von Flächen minderer Qualität so entschädigt werden, daß sie eine zu rechtfertigende Vergütung erhalten. Durch wen müßten sie entschädigt werden? Die Frage stellen, heißt, sie beantworten: durch die Eigentümer von Böden höherer Qualität. Dann, und nur dann wird die Grundrente gerecht unter alle Bürger verteilt, welchen Beruf sie auch immer ausüben. Dann, und nur dann wird das *Eigentum als Diebstahl (propriété-vol)*, ohne daß das *Eigentum als Freiheit (propriété-liberté)* auch nur im mindesten verletzt sein wird, verschwunden sein. - Ganz ohne Frage würde bei dieser interessanten Hypothese die Grundsteuer eine schreiende Ungerechtigkeit werden. Und so hatte ich denn auch darauf geachtet, in der *Idée générale de la Révolution au dix-neuvième siècle* zu sagen, daß diese Steuer dann abgeschafft werden müßte.[56]

„Alle Sozialisten", sagte ich in eben diesem Werk, „Saint - Simon[57], Fourier[58], Owen[59], Cabet[60], Louis Blanc[61] und die Chartisten[62] haben sich die Organisation der Landwirtschaft auf zweierlei Art vorgestellt: entweder ist der Bauer einfach ein Arbeiter (ouvrier), der Angehöriger einer großen landwirtschaftlichen Werkstatt, nämlich der Kommune, oder des Phalanstère, ist; oder aber das Eigentum an Grund und Boden wird wieder dem Staat übertragen, und jeder Landwirt wird selbst Pächter des Staates, der seinerseits einziger Eigentümer und einziger Rentenempfänger wird. In diesem Fall wird die Grundrente dem Staatshaushalt zugerechnet und kann sogar völlig an dessen Stelle treten.

---

56 éd. Lacroix (s.o. Anm 54), p. 210; éd. TOPS (s.o. Anm. 54), p. 217; Edition du Groupe Fresnes-Antony (s.o. Anm. 54), p. 166.

57 Claude Henri de Rouvroi, Comte de Saint-Simon (1760 -1825).

58 Charles Fourier (1772-1837).

59 Robert Owen (1771-1858).

60 Etienne Cabet (1788-1856).

61 Louis Blanc (1811-1882).

62 Die Anhänger der ersten politischen Arbeiterbewegung in England, des Chartismus´, die in der 1838 von William Lovett (1800-1877) verfaßten „People´s Charter" u.a. forderten: allgemeines, gleiches und geheimes Wahlrecht sowie jährliche Parlamentswahlen. Seit 1850 verloren sie gegenüber den sich entwickelnden Gewerkschaften (Trade Unions) an Einfluß.

Das erste dieser zwei Systeme ist ein staatliches und kommunistisches System; aus diesem zweifachen Grund hat es keinerlei Erfolgschance. Es ist eine utopische, totgeborene Konzeption...

Das zweite System scheint liberaler zu sein ... Was mich angeht, so gebe ich zu, daß ich mich lange bei dieser Idee aufgehalten habe, die ja der Freiheit einen gewissen Spielraum beläßt und bei der ich keinerlei rechtliche Unregelmäßigkeit vorfand, die ich ihr vorwerfen könnte. Dennoch hat sie mich niemals völlig befriedigt. Ich finde in ihr immer noch einen Zug gouvernementaler Autokratie, der mir nicht gefällt; ich sehe, daß in ihr eine Schranke gegen die Freiheit, Verträge abzuschließen und Erbschaften zu machen, aufgerichtet wird; daß die freie Verfügung über den Boden demjenigen weggenommen wird, der ihn bebaut, und diese kostbare Souveränität, dieses, wie die Juristen sagen, *domaine éminent* des Menschen über den Boden dem Bürger verboten wird und ganz und gar jenem fiktiven Wesen ohne Geist, ohne Leidenschaften und ohne Sittlichkeit vorbehalten bleibt, das man „Staat" nennt. Unter dieser Voraussetzung ist der neue Landwirt in seiner Beziehung zum Boden weniger, als der alte; denn er hat mehr verloren, als gewonnen; es scheint so, als bäume sich die Scholle gegen ihn auf und sage: du bist nur ein Knecht des Fiskus', ich kenne dich nicht!

Warum sollte dem das Land bearbeitenden Menschen, der in dieser Eigenschaft der älteste und edelste aller Menschen ist, so die Krone vom Kopf gezogen werden? Der Bauer liebt sein Land grenzenlos, wie Michelet[63] dichterisch sagt: was er braucht, ist kein Kolonat und kein Konkubinat, er braucht eine Ehe."[64]

Selbstverständlich beabsichtigte ich, als ich mich gedanklich in der Hypothese der Organisierung des unentgeltlichen Kredits mit langer Laufzeit bewegte und damals eine Entschädigung für die als Eigentümer Böden minderer Qualität bewirtschaftenden Menschen forderte, nur, die Unterschiede natürlicher Fruchtbarkeit der Böden auszugleichen sowie solche Unterschiede, die sich aus höherer Gewalt ergeben. Wenn etwa durch den Bau einer Straße, oder eines Kanals bestimmte Ländereien einen Vorteil erlangen, ohne daß dieser auch den anderen zufällt, dann haben diese

63 Jules Michelet (1798-1874), liberaler Historiker, Verfasser einer mehrbändigen Geschichte der französischen Revolution von 1789, dt. in fünf Bänden hsg. von Jochen *Köhler*, übs. von Richard *Kühn*, Eichborn Verlag, Frankfurt a. Main 1988 (Sammlung Historica).

64 Idée générale de la Révolution l.c. (s.o. Anm. 54), éd. Lacroix l.c. (s.o. Anm. 54), pp. 218-219; éd. TOPS l.c. (s.o. Anm. 54), pp. 225-226; Édition du Groupe Fresnes-Antony l.c. (s.o. Anm. 54), pp. 173-174.

Letzteren ganz offensichtlich mit dem gleichen Recht einen Anspruch auf Ausgleich, wie Zuckersorten von der Insel Réunion heute von Zöllen befreit sind in Bezug auf solche von den Guadeloupe-Inseln und aus dem Übersee-Departement Martinique.

Darüber hinaus Ausgleichszahlungen zu gewähren, hieße jedoch ganz offensichtlich, Prämien zur Förderung von Unerfahrenheit zu zahlen. Der Bauer als Eigentümer seines Landes muß wissen, wie er diesem seinen Rang bewahrt. Wenn er das nicht kann, wenn er aufgrund seines relativen Unvermögens zuläßt, daß seine Mitbewerber auf den Böden, die sie mit überlegener Intelligenz bewirtschaften, eine neue Rente schaffen, so hat er keinerlei Recht, diese Rente als Entschädigung zu fordern. Der Wettbewerb unter arbeitenden Menschen, die an Fähigkeiten gleich sind und gleichermaßen einen Kredit nutzen können, der zur Meliorierung ihrer Böden genügt, muß diese neuen Renten, diese neuen Formen von Wertzuwachs, die bestimmte Arten von Eigentum erlangen, immer wieder vernichten.

Diesen Gesichtspunkt hatte ich eingenommen, als ich 1850 das *Recht* des Landwirtes *auf den Wertzuwachs* des Eigentums, das er bewirtschaftet, vorbehaltlich der Einschränkungen bekräftigt habe, die ich in den *Contradictions économiques* gemacht habe.[65]

„Ein Stück Land, 40.000 Francs wert, wird einem Bauern für 1.200 Francs, also 3 Prozent, zur Pacht überlassen. Nach Ablauf von 10 Jahren hat dieses Stück Land unter der intelligenten Leitung des Pächters um 50 Prozent an Wert zugenommen: anstelle von 40.000 Fr., ist es jetzt 60.000 wert. Nun, nicht nur nützt diese Wertsteigerung, die ausschließlich das Werk des Pächters ist, ihm garnichts; vielmehr kommt jetzt der Eigentümer, der Untätige, her und erhöht den Pachtpreis auf 1.800 Francs. Also hat der Bauer 20.000 Francs für einen Anderen geschaffen; mehr noch: indem er das Vermögen des Pachtherrn um die Hälfte vermehrt hat, hat er proportional dazu seine eigene Belastung erhöht; er hat, wie man so sagt, die Rute hingereicht, um sich damit auspeitschen zu lassen.

Diese Ungerechtigkeit hat der Bauer erfaßt; und eher wird er früher, oder später Staat und Eigentum zerschmettern, als daß er keine Genugtuung erlangt, wie er ´89 die Archive verbrannt hat.

... Das Recht auf den Wertzuwachs ist eines der ersten Rechte, die der Gesetzgeber wird anerkennen müssen, zumindest im Grundsatz, sonst riskiert er Revolten und vielleicht sogar einen regelrechten Bauernaufstand.

Was mich angeht, so glaube ich überhaupt nicht, daß in dem System

65 s. System der ökonomischen Widersprüche a.a.O. (s.o. Anm. 35), S. 158.

unserer Gesetze und angesichts der bestehenden Eigentumsverhältnisse eine solche Neuerung machbar ist und ich bezweifle, daß die Hoffnung der Bauern über die zahllosen komplizierten Schwierigkeiten dieser Materie siegen wird.

... Es bedürfte keiner geringeren Arbeit, als einer vollständigen Überarbeitung des zweiten und des dritten Buches des Code civil, mit Streichungen, Zusätzen und Änderungen an fast jedem Satz und jedem Wort, *siebzehnhundertundsiebenzig* Artikel müßten durchgesehen, besprochen, untersucht, abgeschafft, ersetzt und fortentwickelt werden; das ist mehr Arbeit, als die Nationalversammlung in zehn Jahren erledigen könnte.

Alles, was die Unterscheidung von Vermögenswerten betrifft, Recht auf Erwerb von Eigentum, Nießbrauch, Servituten, Erbfälle, Verträge, Verjährungen und Hypotheken muß mit dem Recht auf den Wertzuwachs in Einklang gebracht und von Grund auf umgearbeitet werden. Was für guten Willen die Volksvertreter auch immer dafür aufbringen, welche reichen Kenntnisse sie auch immer einbringen mögen, ich zweifle daran, daß sie auch nur so weit kommen werden, ein Gesetz zu verabschieden, das ihre Auftraggeber und ihre Eigenliebe befriedigt. Ein Gesetz, das das Recht auf den Wertzuwachs und die Folgen, die dieses Recht nach sich zieht, unter Berücksichtigung aller nur möglichen Umstände ausarbeitet, bestätigt und regelt, ist ganz einfach ein unmögliches Gesetz. Hier liegt eben einer der Fälle vor, wo das Recht, obwohl es eigentlich klar vor Augen liegt, sich den Definitionen des Gesetzgebers entzieht.

Das Recht auf den Wertzuwachs weist noch einen anderen, sehr viel schwerer wiegenden Mangel auf: nämlich das Fehlen von Logik und Kühnheit.

Wie das Eigentum nur durch die Arbeit des Pächters an Wert gewinnt, so bewahrt es seinen erlangten Wert gleichfalls nur durch eben diese Arbeit. Eigentum, das einfach liegen gelassen, oder schlecht versorgt wird, verliert an Wert und verrottet, genauso, wie es im umgekehrten Fall Nutzen bringt und ansehnlich wird. Ein Stück Eigentum erhalten heißt auch, es schaffen, denn das bedeutet, es jeden Tag neu herzustellen, je nachdem, wie sehr gefährdet es ist. Wenn es also gerecht ist, dem Pächter einen Anteil am Wertzuwachs zuzuerkennen, den er durch seine Arbeit dem Eigentum hinzugefügt hat, dann ist es gleichermaßen gerecht, ihm einen weiteren Anteil für die Unterhaltung des Eigentums zuzusprechen. Nach Anerkennung des Rechts auf den Wertzuwachs des Eigentums wird man auch das Recht der Erhaltung des Eigentums anerkennen müssen. Wer wird diese neue Regelung treffen? Wer wird in der Lage sein, ihr Eingang in die Gesetzgebung zu verschaffen und sie in den Code einzupassen? ...

Solche Fragen aufwerfen heißt, Sonden in Abgründe senken. Das Recht auf den Wertzuwachs, das dem Bauern so sehr am Herzen liegt und von einer großen Zahl loyaler Eigentümer ja auch zugestanden wird, ist nicht praktikabel, weil ihm die Allgemeinverständlichkeit und die notwendige gedankliche Tiefe fehlen; kurz: weil es das Übel einfach nicht richtig an der Wurzel packt. Mit diesem Recht verhält es sich genauso, wie mit dem RECHT AUF ARBEIT: daß dieses rechtlich erforderlich ist, hat niemand in der Verfassunggebenden Versammlung bestritten, aber seine Kodifizierung ist gleichermaßen unmöglich. ...“[66]

Es hat im Mittelalter einmal eine kurze Zeit gegeben, da die Kirche moralische Souveränität gezeigt hat. Damals, wie schon zur Zeit ihrer Väter, hat sie nur Darlehen ohne Zinsen als legitim anerkannt. Warum hat es ihr dann aber an Logik gemangelt? warum hat sie die vom Pächter, oder auch vom Gutsverwalter dem Eigentümer bezahlte Rente denn nicht zu den verschleierten Zinsen hinzugezählt, die sie doch mit dem heiligen Ambrosius geächtet hatte? Warum hat sie nicht eine Verordnung des folgenden Inhaltes erlassen:

„Jede Zahlung eines Grundzinses für die Bewirtschaftung eines Stückes Grund und Boden soll dem Pächter einen Eigentumsanteil an diesem Stück Land verschaffen und für ihn als Hypothek gelten.“

Hätte die Kirche dieses Dekret erlassen, hätte sie ihre Bediensteten beauftragt, es zu veröffentlichen und es in allen Pfarreien der Christenheit zu erläutern, dann hätte das Landvolk es sich schon selbst zur Aufgabe gemacht, es auszuführen. Und in dem sehr wahrscheinlich eintretenden Fall, daß die weltlichen Mächte - Herren, Barone, Grafen, Marquis, Herzöge, Könige und der Kaiser - sich widersetzt hätten, hätte es durch seine Kraft schon bewiesen, daß die geistliche Macht Alles ist, wenn sie sich nur in der Logik der Gerechtigkeit (Justice) bewegt.

Die Kirche wäre nicht besiegt worden, sie wäre nicht dahin gekommen, auch noch die geistliche Macht zu verlieren, nachdem sie die weltliche verloren hatte, wenn sie so gehandelt hätte, wie ich eben gesagt habe. Genau das hatte eine gewisse Zahl von Katholiken vollkommen verstanden. Man braucht sich also nicht über die Zustimmung zu wundern, die ich von 1848 bis 1851 von ihnen bekommen habe.

---

66 Idée générale ... l.c. éd. Lacroix l.c. (s.o. Anm. 54), pp. 210-212; éd. TOPS l.c. (s.o. Anm. 54), pp. 217-219; éd. Groupe Fresnes-Antony l.c. (s.o. Anm. 54), pp. 166-168.

Meine wiederholte Beschäftigung mit wirtschaftlichen Reformen in eben dieser Zeit hat sich vor allem auf die *objektive* Seite dieser Frage erstreckt. Wir wurden damals ja mit fraternitärer und kommunitärer Gefühlsduselei geradezu überschwemmt; es schien so, als ob die Lösung der Frage des Proletariats nur eine Angelegenheit von Predigt und Propaganda sei, als ob Juden und Philister, ausreichend bepredigt und evangelisiert, sich sogleich spontan ihrer Reichtümer entledigen und sich sogar selbst zu unseren Anführern und Beauftragten für die Organisation des gleichen Handels machen würden.

In meinem Buch über die GERECHTIGKEIT, Dritte Studie, Biens[67], habe ich alle diese Fragen von einem höheren Gesichtspunkt aus noch einmal aufgegriffen, die zu entwickeln die brennenden Erfordernisse der Polemik während der Periode des revolutionären Kampfes mir damals keine Zeit gelassen hatten. Ich hatte damals gerade einen großen Grundsatz aufgestellt, nämlich den, daß die Gerechtigkeit (Justice) der Menschheit immanent sei; und eben nach diesem Kriterium wollte ich alle Institutionen beurteilen. Das ist das erste Mal gewesen, daß ich in etwas gründlicherer Art und Weise die Rechtfertigung des Eigentums in Bezug auf seine *subjektive* Seite, die Würde des Eigentümers, gesucht habe.

1852 hatte ich geschrieben (in *la Révolution sociale démontrée par le coup d´État*):

„Die Grundsätze, auf denen seit ´89 die französische Gesellschaft, sagen wir besser: jede freie Gesellschaft, ruht, Grundsätze, die sogar der Vorstellung von Staat vorhergehen und über ihr stehen, sind: 1. das *freie Eigentum*, 2. die *freie Arbeit* und 3. die *naturgemäße, gleichheitliche und freie Unterscheidung* gewerblicher, kaufmännischer, wissenschaftlicher usw. Fachgebiete, gemäß dem Prinzip der Arbeitsteilung und außerhalb jeglichen Kastengeistes.

1. Das *freie Eigentum* ist dasjenige, das man in Rom *quiritisch*[68] und bei den barbarischen Invasoren *allodial*[69] nannte. Es ist das absolute Eigentum, zumindest soweit es bei den Menschen überhaupt etwas Absolutes geben kann: ein Eigentum, das unmittelbar und ausschließlich zum Eigentümer gehört, der es verwaltet, verleiht, verkauft, vergibt bzw. verpfändet, wie es ihm gefällt und ohne jemandem dafür Rechenschaft abzulegen.

---

67 De la Justice dans la Révolution et dans l´Église (Erstausgabe 1858), Troisième Étude: *LES BIENS* , p. p. Rosemarie Férenczi et. al., Fayard s. l. (Paris), t. I, 1988 (1860), pp. 363-567.

68 Abgeleitet von quirites, der Bezeichnung für die altrömischen Vollbürger.

69 Abgeleitet von Allod, althochdeutsch „Ganzbesitz“, der Bezeichnung für lehnsfreies Land bzw. für das lehnsfreie Eigengut eines Fürsten.

Das Eigentum muß ohne Zweifel durch die wirtschaftliche Revolution umgeformt werden, aber nicht, insofern es frei ist: es muß im Gegenteil immer mehr Freiheit gewinnen und immer mehr gewährleistet werden. Die Umformung des Eigentums erstreckt sich auf sein *Gleichgewicht*: das ist etwas dem Prinzip vergleichbares, das von den Westfälischen Verträgen und denen von 1815 in das Völkerrecht eingeführt worden ist."[70]

1858 fügte ich hinzu:

„Durch die Gerechtigkeit (Justice) wird das Eigentum bedingt, gereinigt und achtbar gemacht; durch sie wird es zivilrechtlich bestimmt und wird durch diese Bestimmung, die es nicht etwa bereits seinem eigenen Wesen verdankt, zu einem wirtschaftlichen und sozialen Element.

Solange dem Eigentum kein Recht eingeflößt worden ist, bleibt es, wie ich in meiner ersten *Denkschrift* demonstriert habe, ein unbestimmter und widersprüchlicher Sachverhalt, der ohne Unterschied Gutes und Böses hervorrufen kann, folglich ein Sachverhalt zweideutiger Moralität, den man unmöglich theoretisch von Akten der Ergreifung unterscheiden kann, die die Moral ablehnt.

Der Irrtum derjenigen Leute, die Rache für die Angriffe üben wollten, deren Gegenstand das Eigentum war, hat darin bestanden, nicht zu sehen, daß das Eigentum eine Sache ist, eine ganz andere Sache aber die Legitimierung des Eigentums durch das Recht; mit der römischen Theorie und der spiritualistischen Philosophie geglaubt zu haben, daß das Eigentum, Manifestation des Ich, allein dadurch geheiligt sei, daß es das Ich zum Ausdruck bringt; daß es rechtens sei, weil es notwendig ist; daß ihm das Recht innewohne, wie es der Menschheit selbst innewohnt.

Aber, es ist klar, daß dem nicht so sein kann, da das Ich sonst als gerecht und heilig erachtet werden müßte, bei allen seinen Handlungen und in der Befriedigung immerhin aller seiner Bedürfnisse und aller seiner Launen; da dies, kurz gesagt, heißen würde, die Gerechtigkeit (Justice) auf den Egoismus zurückführen, wie das alte römische Recht es aufgrund seiner einseitigen Auffassung von Würde getan hat. Damit das Recht Eingang in die Gesellschaft findet, ist es notwendig, daß es von ihr seinen Stempel, seine Legalisierung und seine Bestätigung erhält.

70 P.-J. *Proudhon*: La Révolution sociale demontrée par le Coup d´État du 2 Décembre, Garnier Frères, Paris 1852, p. 266; éd. Marcel-Rivière, Paris 1936, p. 287; „1° das *freie Eigentum* ... außerhalb jeglichen Kastengeistes" fehlt in beiden Ausgaben.

Die „Westfälischen Verträge" meinen die Verträge von Münster und Osnabrück 1648 nach Beendigung des Dreißigjährigen Krieges; mit den Verträgen „von 1815" sind die auf dem Wiener Kongreß abgeschlossenen Verträge gemeint sowie das internationalpolitische Prinzip des Gleichgewichts zwischen den europäischen Staaten.

Ich sage also, daß die Bestätigung, die Legalisierung des Eigentums, seine rechtliche Bestimmung, die es allein achtbar machen kann, daß all das nur unter der Voraussetzung eines Gleichgewichtes geleistet werden kann und daß außerhalb dieser notwendigen Wechselseitigkeit weder die Dekrete des Fürsten, noch die Zustimmung der Massen, noch die Genehmigungen der Kirche, noch schließlich die vielen Worte der Philosophen über das Ich und das Nicht - Ich überhaupt zu etwas dienen."[71]

Die Legitimierung des Eigentums durch das Recht und dadurch, daß man ihm die Idee der Gerechtigkeit einflößt, unbeschadet der von mir früher entwickelten ökonomischen Konsequenzen, das ist, zusammen mit der Ersetzung des Prinzips der *Synthese* durch dasjenige der *Balance*, das, was meine Studie über *die Güter (les Biens)* in der Justice von meinen vorangehenden Veröffentlichungen über das Eigentum unterscheidet. Ich hatte bis damals mit Hegel geglaubt, daß die zwei Glieder (termes) der Antinomie, *These* und *Antithese*, sich in einem übergeordneten Glied (terme supérieur), der SYNTHESE, auflösen müßten. Seit dieser Zeit habe ich jedoch eingesehen, daß die antinomischen Glieder genauso wenig aufgelöst werden, wie die entgegengesetzten Pole einer elektrischen Batterie zerstört werden; daß sie nicht nur nicht abgebaut werden, daß sie vielmehr die Ursache sind, die Bewegung, Leben und Fortschritt erzeugt; und schließlich daß das Problem darin besteht, nicht ihre Verschmelzung zu finden, die Tod bedeuten würde, sondern ihr Gleichgewicht, und zwar ein immerwährend instabiles und je nach der Entwicklung der Gesellschaften selbst variables Gleichgewicht.

Ich habe mich freiweg über meinen Irrtum in dem Buch *über die Gerechtigkeit* erklärt.[72]

---

71 Pierre-Joseph *Proudhon*: De la Justice dans la Révolution et dans l´Église l.c. (s.o. Anm. 67), pp. 481-482; statt „achtbar" („respectable") heißt es p. 481 „verantwortlich" („responsable"); „die es nicht seinem eigenen Wesen verdankt" („qu´elle ne tient pas de sa nature") fehlt; statt „heilig (saint) erachtet werden" heißt es p. 481: „gesund (sain) erachtet werden".

72 l.c. (s.o. Anm. 67), p. 567. Hier lautet der Text, vor allem der erste Satz, folgendermaßen: „Im Hinblick auf dieses Werk (sc. die in der Überschrift der Anmerkung 0 genannten CONTRADICTIONS ECONOMIQUES) wiederhole ich hier die bereits Seite 127 des *Programme de Philosophie populaire* (Band I, *De la Justice*) über Hegel gemachte Bemerkung, nach dessen Beispiel ich die Vorstellung übernommen hatte, daß die Antinomie sich in einem übergeordneten Glied, der Synthese, auflösen müsse, die von den zwei ersten, der These und der Antithese, zu unterscheiden sei: ein logisch ebenso, wie durch Erfahrung zu widerlegender Irrtum, von dem ich heute Abstand genommen habe. DIE ANTINOMIE KANN NICHT AUFGELÖST WERDEN; darin liegt der grundlegende Fehler der ganzen Philosophie Hegels. Die zwei Glieder, aus denen sie sich zusammensetzt, HALTEN sich im GLEICHGEWICHT (se BALANCENT), sei es untereinander, sei es mit anderen antinomischen Gliedern: und das führt zu dem gesuchten Ergebnis. Ein Gleichgewicht (une balance) ist aber ganz und gar keine Synthese, wie Hegel sie verstand und wie ich, ihm folgend, unterstellt hatte..."

„Im Hinblick auf das *Sytème des Contradictions économiques*[73], will ich sagen, daß, wenn dieses Werk unter dem Gesichtspunkt der Methode einiges zu wünschen übrig läßt, der Grund dafür in der Vorstellung liegt, die ich mir, darin Hegel folgend, von der Antinomie gemacht hatte, von der ich annahm, sie müsse sich in einem übergeordneten Glied auflösen, der Synthese, die von den zwei ersten, der These und der Antithese, zu unterscheiden sei: ein logisch ebenso sehr, wie aus der Erfahrung zu widerlegender Irrtum, von dem ich heute abgekommen bin. DIE ANTINOMIE LÖST SICH NICHT AUF: darin liegt der Grundirrtum der ganzen hegelschen Philosophie. Die zwei Glieder, aus denen sie sich zusammensetzt, HALTEN SICH vielmehr IN EINEM GLEICHGEWICHT (se BALANCENT), sei es untereinander, sei es mit anderen antinomischen Gliedern: das führt zu dem gesuchten Ergebnis. Aber ein Gleichgewicht (balance) ist keine Synthese, wie Hegel sie verstand und wie ich, ihm darin folgend, unterstellt hatte: unter diesem Vorbehalt, in einem Interesse an reiner Logik gemacht, halte ich all das aufrecht, was ich in meinen *Contradictions* gesagt habe."

Kapitel VI der Studie über die Güter hat zur Überschrift: ÖKONOMISCHE GLEICHGEWICHTE (BALANCES ÉCONOMIQUES): *Arbeiter und Meister (Ouvriers et maîtres), - Verkäufer und Käufer, - Zirkulation und Diskont, - Darlehensgeber und Darlehensnehmer, - Eigentümer und Mieter, - Steuer und Rente, - Bevölkerung und Lebensmittel.*

In Sachen Steuer sagte ich:

„Außerhalb der fiskalischen Reihe (série fiscale)[74] gibt es eine besteuerungsfähige Materie, die besteuerungsfähigste von allen und die nie besteuert worden ist, deren Besteuerung, selbst wenn sie dadurch insgesamt aufgezehrt worden wäre, weder der Arbeit, noch der Landwirtschaft, noch dem Gewerbe, noch dem Handel, noch dem Kredit, dem Kapital, dem Konsum und dem Reichtum der Gesellschaft zum Nachteil gereichen würde; eine Besteuerung, die, ohne das Volk zu belasten, niemanden daran hindern würde, gemäß seinen geistigen Fähigkeiten in Wohlstand, ja sogar

73 s. hierzu o. Anm. 35.

74 s. hierzu Bernard *Voyenne*: Der Föderalismus Pierre-Joseph Proudhons, Verlag Peter Lang, Frankfurt a. M. - Bern 1982 (Demokratie, Ökologie, Föderalismus Bd. 1), S. 54-60; Pierre *Ansart*: Die Soziologie Pierre-Joseph Proudhons, Verlag Peter Lang, Frankfurt a. M. ... 1994 (Demokratie, Ökologie, Föderalismus Bd. 10), S. 27-33; Marion *Schweiker*: Der Mutualismus Pierre-Joseph Proudhons als Grundlage einer föderativ-demokratischen Neuordnung Europas, Cuvillier Verlag, Göttingen 1996, S. 140-148; zu Proudhons Begriff der Reihe (série) s. Proudhon-*Justice et liberté,* Textes choisis par Jacques *Muglioni*, Presses Universitaires de France, s.l. (Paris), 2me éd. 1974, p. 262 („série", „sériel", „sérier").

Luxus zu leben und ohne Einschränkung die Erzeugnisse seines Talents und seiner Kenntnisse zu genießen; eine Steuer, die darüber hinaus sogar Ausdruck der Gleichheit wäre. - Nennen Sie diese Materie: Sie werden sich um die Menschheit verdient machen. - Die Grundrente ...“[75]

„... Dennoch würde es mir nicht gut zu sein scheinen, daß der Staat jedes Jahr für seine Ausgaben die Gesamtheit der Rente aufsauge, und das aus mehreren Gründen: zunächst, weil es wichtig ist, die Ausgaben des Staates immer so weit, wie möglich, zu beschränken; zum zweiten, weil das hieße, im Staat, der dann einziger Rentner und Eigentümer ist, eine transzendentale Souveränität anzuerkennen, die nicht mit der revolutionären Vorstellung von Gerechtigkeit (Justice) in Übereinstimmung gebracht werden kann, und weil es besser für die öffentliche Freiheit ist, die Rente einer gewissen Zahl von Bürgern zu überlassen, die wirtschaften bzw. gewirtschaftet haben, als sie ganz und gar Beamten zu überlassen; und schließlich weil es für die wirtschaftliche Ordnung von Nutzen ist, diesen Antrieb zum Handeln zu erhalten, der, in bestimmten Grenzen und unter bestimmten Bedingungen, keinen Mißbrauch zu ermöglichen scheint, sondern im Gegenteil das stärkste Gegengewicht gegen die Zumutungen des Fiskus bereit hält.“[76]

Ich war damals schon auf dem Weg, der mich zu der Theorie führen sollte, die ich jetzt veröffentliche. Indem er die Frage der Steuer zur Behandlung ausschrieb, hat der Staatsrat des Kantons Waadt mich vollends auf diesen Weg gebracht. Hierfür danke ich ihm sogar noch mehr, als für den Preis, den er mir dafür zuerkannt hat.[77]

Die angeblich demokratischen Zeitungen haben nichts über meine *Théorie de l´Impôt* gesagt, die 1861 in Frankreich herausgekommen ist. Die Verschwörung des Schweigens herrschte damals schon. Man hat mir anläßlich dieses Werkes noch nicht einmal die Ehre angetan, es zu verreißen.

75 s. hierzu De la Justice ... l.c. (s.o. Anm. 67), p. 490.

76 Ebd. p. 497; auf Z. 6/7 v. u. des entsprechenden Absatzes heißt es: „... als sie (sc. die Rente) Beamten (fonctionnaires) zu überlassen;“.

77 Es handelt sich um Proudhons Théorie de l´Impôt (1861), nouvelle édition A. Lacroix, Verboeckhoven & Cie. Éditeurs, à Bruxelles, à Leipzig et à Livourne 1868, neu hsg. v. Thierry *Lambert*, L´Harmattan, Paris 1995, für die der Staatsrat des Kantons Waadt Proudhon den „ersten Platz“ mit einem Preisgeld von 1.000 Francs zuerkannt hat. Siehe hierzu Pierre *Haubtmann*: Pierre-Joseph Proudhon-Sa vie et sa pensée, t. II: 1855-1865, Desclée de Brouwer, Paris 1988, p. 227. Die Paginierung ist in beiden Ausgaben identisch.

Ich muß an dieser Stelle keine Analyse meiner *Théorie de l´Impôt* liefern. Ich nehme aus dem Buch nur das heraus, was das Eigentum und die Rente betrifft.

Ich habe nicht versäumt, in ihm auf die Idee zurückzukommen, daß die Rente vor allem dazu dienen muß, die Unterschiede der Bodenqualitäten auszugleichen. Aber sie kann auch noch einem anderen Zweck dienen, z. B. die Staatsausgaben zu bezahlen. Und, da es erwiesen ist, daß, abgesehen von demjenigen, der sie in ganz besonderem Maße zu spüren bekommt, alle Steuern auf ein Kopfgeld hinauslaufen, das letztendlich von den arbeitenden Menschen (travailleurs) bezahlt wird, schließe ich, im gegenwärtigen Zustand der Gesellschaft, auf die Notwendigkeit, zur Entlastung eben dieser Menschen den größten Teil der Staatsausgaben mit Hilfe einer Steuer auf die Grundrente - die man nicht mit unserer Grundsteuer verwechseln darf - zu begleichen. Bis hierhin stimme ich mit den Physiokraten überein, also mit Quesnay[78], Turgot[79], Mirabeau sen.[80] und Dupont de Nemours[81], aber auch mit Adam Smith[82] und mit Rossi[83]. Hier jetzt das, worin die Originalität meiner Idee besteht:

„In einem Land, wie Frankreich, beträgt die Grundrente nach Schätzungen, die am meisten wahrscheinlich[84] zu sein scheinen, 1.800 Millionen, also etwa ein Sechstel der nationalen Produktion. Wenn man für den Anteil des Staates den dritten Teil dieser Rente, 600 Millionen, zugesteht, so ist, wenn das Ausgabenbudget auf eine solche Summe eingestellt würde, klar, daß der Staat von den Bürgern nichts mehr zu fordern hätte; wenn sein Rechtsanspruch hierauf anerkannt wäre, dann hätte man endlich jenen glücklichen Phönix einer *Regierung ohne Steuer* entdeckt.

Wenn der Staat sich jedoch, aufgrund außerordentlicher Umstände, vor die Notwendigkeit gestellt sähe, seine Ausgaben zu steigern, dann wäre es leicht für ihn, diese zu bestreiten, entweder indem er den keine Landwirtschaft betreibenden Bürgern bzw. den Grundeigentümern eine auf ihre Person bezogene Abgabe auf bewegliche Habe, oder irgendeine andere auferlegt; oder indem er seinen Rentenanteil proportional erhöht, sodaß er anstelle eines Drittels 2/5, 1/2, 3/5, 2/3, 4/5, 5/6, 7/8 usw. einzuziehen hätte.“[85]

78 François Quesnay (1694-1774).

79 Anne-Robert-Jacques Turgot (1727-1781).

80 Victor Riquetti, Marquis de Mirabeau (1715-1789).

81 Pierre Dupont de Nemours (1739-1817).

82 (1723-1790).

83 Pellegrino Rossi (1787-1848).

84 „les plus probables“, in Théorie de l´Impôt, éd. L´Harmattan, l. c. (s. o. Anm. 77), p. 215: „les plus plausibles“.

85 s. hierzu Pierre-Joseph *Proudhon*: Théorie de l´Impôt l.c. (s. o. Anm. 77), pp. 215-216.

Nehmt dieses System in die Charta bzw. in die politische Verfassung des Landes auf; fügt folgenden einfachen Artikel ein:

Die Steuer auf die Grundrente soll immer gleich drei Fünfteln des Haushalts sein, egal, ob es ein ordentlicher, ein außerordentlicher, ein Nachtrags - bzw. Ergänzungshaushalt ist; und *automatisch* wird die Regierung, die nur von der Steuer lebt, wieder ganz klein sein.

„Vor allem, wenn sehr umfangreiche Haushalte absehbar sind, ist die Steuer auf die Grundrente was ganz Tolles. Je höher die Ausgaben steigen, desto schlechter geht´s der Rente. Wenn das Land dem Staat z. B., anstelle einer Steuer von 500 Millionen, auf eine gesellschaftliche Produktion von 10 Milliarden, ein Zehntel, *den Zehnten*, also eine Milliarde zur Verfügung stellen müßte, dann müßte die Rente 600 Millionen aufbringen: wenn der Haushalt einundeinehalbe Milliarde umfassen würde, dann müßte die Rente 900 Millionen aufbringen; und wenn dieser selbe Haushalt schließlich, wie es Frankreich ja droht, zwei Milliarden erreichen würde, den fünften Teil des Bruttoprodukts der Nation, dann würde die Rente 1.200 Millionen aufbringen müssen. Sodaß ein Stück Land, das in der gegenwärtigen Wirtschaftsordnung dem Eigentümer 3.000 Francs netto einbringt, ihm, wenn der Haushalt gleich bleibt, nicht mehr, als 1.000 Francs einträgt. Dann aber wird man sehen, wie die Rentiers, die Eigentümer und das ganze große und mittlere Bürgertum sich dem Proletariat anschließt, um gemeinsam mit ihm die Verringerung der Steuer zu fordern, wie der Fiskus seine Zumutungen einstellt und die Regierung zur Vernunft gebracht wird.“[86]

Noch ein letztes Zitat, und der kluge Leser wird bereits im voraus den politischen Geist des Buches erfassen, das ich jetzt seiner Wertschätzung unterbreite.

„Es ist nun an den Grundeigentümern, über ihre Stellung nachzudenken und die ungeheure Gefahr zu ermessen, die ihr törichtes Bündnis mit der Staatsmacht sie laufen läßt, ich hätte beinahe gesagt: ihre Komplizenschaft mit dem Fiskus ...Nur wenn sie den Auftrag, der ihnen durch die Vernunft, durch das Recht und ihr wohlverstandenes Interesse erteilt wird, annehmen, ja: in Anspruch nehmen, nur wenn sie sich zu Gefängniswärtern des Fiskus machen, anstatt seine Tischgenossen zu sein, werden die Eigentümer erreichen, daß die Erregung der Massen aufhört, und sie der letztendlichen Enteignung entgehen können ... “[87]

86 s. ibid. p. 243.
87 s. ibid. p. 246.

Inzwischen habe ich, durch die Güte einer unbekannten Person auf den Unterschied zwischen den zwei Eigentumsformen *Allod* und *Lehen* aufmerksam gemacht, sofort erkannt, daß es da einen Gegensatz ganz neuer Art gibt, der in der allgemeinen Wirtschaftswissenschaft Anwendung finden muß. Da habe ich in einem einzigen Band alle meine Beobachtungen, alle festgestellten Tatsachen zusammengefaßt, und die *Theorie des Eigentums*, so, wie ich sie heute unterbreite, war fertig.

Nach dieser Zusammenfassung hätte ich eigentlich nichts anderes mehr zu tun, als in den Stoff einzusteigen und meine endgültigen Schlußfolgerungen vorzustellen, wären da nicht Unkenntnis und Dummheit hergekommen und hätten mit der Frage des Eigentums ganz und gar ohne Grund ein Nebenthema unter dem Titel *künstlerisches und literarisches Eigentum* vermengt. Alle Literaten, Poeten, Phantasten, Romanciers, Verfasser von Gassenhauern und Historiker wollten ihren Senf dazu geben. Keiner von ihnen kannte auch nur den Unterschied, der zwischen EIGENTUM und *Besitz* besteht, ein Unterschied, den klarzustellen wir uns bemüht haben. Man verwechselte Rechte der Arbeit mit Rente; Aneignung der IDEE mit Aneignung der *Form* und die käufliche, gewerbliche Seite des Werkes mit seiner ästhetischen Seite. Nie hat Sprachverwirrung ein solches Tohuwabohu hervorgebracht.

Im Jahre 1858, anläßlich des Kongresses von Brüssel[88], habe ich mich veranlaßt gesehen, im besonderen das literarische Eigentum abzuhandeln. Die Grundsätze, die ich bezüglich dieser Materie aufgestellt habe, nämlich daß man sich die Domäne des Wahren, des Gerechten und des Schönen nicht aneignen kann; daß sie weder aufgeteilt, noch zerstückelt, noch veräußert werden kann; daß ihre Erzeugnisse nicht unter die Kategorie verkäuflicher Sachen fallen - diese Grundsätze, sage ich, sind in meinem Buch über die *Literarischen Majorate*[89] zusammengefaßt worden.

„Die Dinge, die aufgrund ihres herausragenden Charakters aus dem Bereich der Nützlichkeit herausfallen, gehören mehreren Kategorien an: die Religion, das Recht, die Wissenschaft, die Philosophie, Künste und Literatur sowie der Staat."[90] Warum? Weil sie die moralische Substanz der Menschheit sind und die Menschheit sich nicht selbst aneignet; wohingegen der Boden und gewerbliche Erzeugnisse vertretbare Sachen (choses fongibles)

88 Internationaler Kongreß vom 25. September 1858 zu Problemen des geistigen Eigentums.

89 Les Majorats littéraires, A. Lacroix, Verboeckhoven & Cie., Éditeurs, à Bruxelles, à Leipzig et à Livourne (1858-1863) 1868.

90 s. hierzu ibid. p. 58.

sind, dienender Stoff, der, ob der Mensch ihn nun hergestellt, oder lediglich gestaltet hat, käuflich und dem Menschen äußerlich ist. Um den vollständigen Sieg der Freiheit zu sichern, mußte man die Aneignung der Ideen, der Wahrheit und des Rechts untersagen, während man zugleich die Aneignung des Bodens erlaubte. Die Souveränität des Bürgers existiert nicht, wenn der Boden gemeinschaftliches Eigentum ist; mit der Aneignung geistiger Güter würde sie aber definitiv untergehen. Diese zwei Wahrheiten, die in einem umgekehrten Verhältnis zueinander stehen, werden durch die Unterscheidung bekräftigt, die ich zwischen *käuflichen* und *nicht - käuflichen* Sachen getroffen habe. In der Tat kann man Boden verkaufen und über ihn verfügen, ohne daß man deswegen Schuld auf sich lädt; den Menschen darf man nicht verkaufen, und mit bestimmten Ideen Handel zu treiben, heißt, mit dem Menschengeschlecht zu handeln, es wieder zum Sklaven zu machen.

Das französische Gesetz über Erfindungspatente hat ausdrücklich erklärt, daß die philosophischen bzw. wissenschaftlichen *Grundsätze*, d. h. die Kenntnis der Naturgesetze und der Gesetze der Gesellschaft, nicht angeeignet werden dürfen. Der Verkauf der Wahrheit, wie des Rechts ist etwas Abstoßendes, sagt der Gesetzgeber....Der unbekannte nachdenkende Mensch, der die arabisch genannten Ziffern erfunden hat; Viète[91], der die Algebra geschaffen hat; Descartes, der die Algebra auf die Geometrie angewandt hat; Leibniz, Autor der Differentialrechnung; Neper[92], der die Logarithmen entdeckt hat; Papin[93], der die elastische Eigenschaft des Dampfes und die Möglichkeit, ihn als mechanische Kraft zu verwenden, erkannt hat; Volta, der die berühmte Batterie konstruiert hat; Arago[94], der im Elektromagnetismus die elektrische Telegraphie ankündigte, 15, 20 Jahre, bevor es sie dann wirklich gab; kein einziger dieser Männer, deren Entdeckungen heute Wissenschaft und Gewerbe beherrschen, hätte ein Patent bekommen können. Für diese Köpfe ersten Ranges ist absolute Uneigennützigkeit oberstes Gebot. Das Gesetz, das die merkwürdige Einteilung vorgenommen

91 François Viète (latinisiert: Franciscus Vieta) (1540-1603) führte u.a. die Buchstabensymbolik in die Algebra ein; in Les Majorats littéraires l.c. (s.o. Anm. 89), p. 61 schreibt Proudhon: Viette.

92 Gemeint ist John Napier, eigth Laird of Merchistoun (1550-1617), Astronom und Astrolog, veröffentlichte 1614 die erste Logarithmentafel; in Les Majorats littéraires l.c. (s.o. Anm. 89), p. 61 schreibt Proudhon: Napier.

93 Denis Papin (1647-nach 1712) konstruierte u.a. 1690 eine Versuchsdampfmaschine und 1707 ein mit Dampf angetriebenes Schaufelradboot.

94 Dominique François Jean Arago (1786-1853), Physiker und Astronom, der u.a. Untersuchungen zur magnetischen Wirkung elektrischer Ströme anstellte.

hat zwischen dem Gelehrten, der ein Prinzip gefunden hat und dem es nichts zugesteht, und dem Gewerbetreibenden, der dieses Prinzip anwendet und den es privilegiert, könnte es nicht vielleicht ungerecht sein? Nein, vielmehr ist es unser Gewissen, das schwächelt, unsere Dialektik, die uns in die Irre führt. ... Die Wahrheit an sich ist ja nicht Gegenstand des Handels; sie darf also nicht Stoff für eine Aneignung sein. ... Die Wahrheit auf den Markt zu bringen, ist unsittlich und ruft Widerspruch hervor."[95]

Wir können nicht genug immer wieder auf den Unterschied zwischen der *stofflichen*, aneignungsfähigen, Welt und der *geistigen*, nicht aneignungsfähigen, Welt hinweisen. Diese letztere ist nichts anderes, als der Mensch selbst: Ideen, Ideal, Gewissen, Wissenschaft, Recht, Gerechtigkeit, Tugend, schöne Künste - all´ das ist die Menschheit.

„Der[96] Soldat gibt sein Leben für sein Land, ohne dafür etwas anderes, als seinen Sold zu bekommen, d. h. nur genau das, was lebensnotwendig ist. Der Sänger aber, der, wenn man so will, in Worte, in Musik faßt, was jener in Handlung umgesetzt hat, nämlich *für´s Vaterland zu sterben*, fordert mehr, als nur den Lebensunterhalt: er verlangt einen Kranz, Felder, Wiesen, Weingärten, Eigentum aller Art!

Lucia di Lammermoor[97] haucht ihre Seele aus, als sie von der Rückkehr ihres Verlobten erfährt: sie gibt ihr Leben und ihre Liebe dem Manne hin, von dem sie, da sie ihn tot glaubt, durch Gehorsam (ihrem Bruder gegenüber - L. R.) veranlaßt, abgelassen hat und der ihr nichts mehr geben kann. Der *Maestro*, der zu diesem Thema eine Oper komponiert, beansprucht für seine Noten auf ewig ein Privileg; die Sängerin, die sie singt, will ihrerseits Gold dafür, Gold, Gold. Laïs, die von Aristipp[98] tausend Drachmen für eine Nacht verlangte, faßte die Liebe auf, wie die Sängerin ihre Kunst versteht. Familienväter, was werdet ihr euren Töchtern zu tun empfehlen: das, was Laïs, oder das, was Lucia di Lammermoor getan hat?

In der Bibel gibt es eine Geschichte, nicht rührender, aber unvergleichlich informativer, als die von Joseph, nämlich die Geschichte von Tobias:[99] Tobias, der Vater, ist erblindet, hat all´ seinen Besitz verloren, und seine Frau ist alt und mißmutig. Da faßt er den Entschluß, seinen einzigen Sohn

95 Les Majorats littéraires l.c. (s.o. Anm. 89), pp. 61-62.

96 Für die drei folgenden Absätze war keine Quelle zu finden.

97 Hauptheldin der gleichnamigen Oper von Gaetano Donizetti (1797-1848).

98 Zwei Briefpartner aus dem Roman „Aristipp und einige seiner Zeitgenossen" von Christoph Martin *Wieland* (1733-1813), erschienen in vier Bänden bei Göschen, Leipzig, 1800-1801).

99 In dem apokryphen „Buch Tobias", entstanden um 200 v. Chr., das als Beispielerzählung für das Festhalten an den Geboten Gottes allen Anfechtungen zum Trotz gilt.

zu seinem ehemaligen Teilhaber, Gabael (Gabelus), zu schicken und von diesem die Rückzahlung eines Darlehens zu fordern, seines letzten finanziellen Rückhaltes. Der Reiseweg ist dreihundert Meilen lang, führt durch Barbarenland ohne Wege, ohne öffentliche Ordnung, voll von Halsabschneidern und verpestet von Übeltätern. Wenn Tobias, der Sohn, mit seinem Stab als *letztem Trost (viaticum)* zwar gut hinkommt, so kann er ziemlich sicher damit rechnen, mit seinem Geld nicht mehr zurück zu kommen. Die Mutter wehrt sich verzweifelt dagegen. Aber, geschieden muß sein. Der Zufall will, daß der junge Mann auf einen Reisegefährten trifft. Raphael hat schon alle Länder bereist, kennt alle Wege, spricht alle Sprachen, hat alles gelernt, was man wissen muß, hat sich mit ganz Israel unterhalten. Er nimmt Tobias unter seine Fittiche, rettet ihm beim Überqueren des Euphrats das Leben, veranlaßt ihn, eine schöne reiche Erbin zu heiraten, erbietet sich, den Wechsel selber einzulösen; dann führt er das junge steinreiche Paar heil zurück, gibt dem Alten das Augenlicht wieder und der Mutter den Sohn. Und als die guten Leute, die dem Unbekannten alles schulden, Leben und Augenlicht, Liebe und Reichtum, ihn nun einladen, an ihrem Glück teilzunehmen, erwidert der: *Von diesem Fleisch ernähre ich mich nicht*. Scheint man da nicht einen von jenen Arbeitern zu hören, der sich auf dem Weg zur Arbeit unterwegs in die Eis führende Seine stürzt und das Leben eines ungeschickten Kindes und einer völlig verstörten Frau rettet und nicht duldet, daß man ihm wenigstens das Viertel erstattet, das ihm der Arbeitgeber von seinem Lohn abziehen wird? Raphael, den die Bibel einen *Engel* nennt, ist der gute Geist, der sich verausgabt und als Entlohnung nur die Gabe des Herzens akzeptiert, die ihm gemäß ist und ihn als einzige bezahlen kann. Nun soll mal ein heutiger Literat nach so einem Plan eine Novelle schreiben - der wird zu allererst an ein Abdruckverbot denken. - Ich bin eben kein Engel, bemerkt er. - Bei Gott, du Widerling, man weiß schon: du bist ein Scheusal."

Habe ich es nötig, dafür um Entschuldigung zu bitten, daß ich die Beraubung des Geistes gepredigt habe? Worum handelt es sich hier eigentlich? Den Schriftsteller, Künstler, Gelehrten und Richter zu entlohnen? Ganz und gar nicht. Es handelt sich vielmehr um *Eigentum*, um *Zuständigkeit (domaine)*: daß man jetzt ja nicht die Frage aus dem Auge verliert, um die es geht. Also, das Eigentum, sogar das Grundeigentum ist *unentgeltlich*; denn es ist eine Einrichtung politischer, nicht ökonomischer Natur; es hat zum Ziel, die Regierung im Zaum zu halten, nicht, den Eigentümer für irgend einen geleisteten Dienst zu entschädigen. Die Vergütung der von der klassischen Wirtschaftswissenschaft früher als immateriell bezeichneten

Erzeugnisse unterliegt den gleichen Gesetzen, wie diejenige der landwirtschaftlichen bzw. gewerblichen Produktion.

„Das Werk des Schriftstellers ist, wie die Ernte des Bauern, ein *Erzeugnis*. Wenn wir bis zu den Grundlagen dieser Erzeugung zurückgehen, dann kommen wir zu zwei Gliedern (termes), aus deren Kombination sich das Erzeugnis ergeben hat: auf der einen Seite die Arbeit; auf der anderen ein Kapital, das für den Landwirt die natürliche Welt, der Boden, ist und für den Mann der Literatur die begriffliche Welt, der Geist."[100] ... „... Ich greife auf die so eindeutig formulierte Unterscheidung zwischen landwirtschaftlichem *Erzeugnis* und GrundEIGENTUM zu und sage: Ich sehe, was den Schriftsteller angeht, sehr wohl das Erzeugnis; aber, wo ist das Eigentum? wo kann es sein? auf was für einem Kapital wollen wir es denn nun errichten? sollen wir die Welt des Geistes etwa nach dem Beispiel der irdischen Welt aufteilen?"[101]

Wenn die Frage des Eigentums, die außerhalb jeder Vorstellung von Vergütung steht, einmal aus der Debatte herausgehalten wird, was bleibt dann? Die viel bescheidenere Frage der *Autorenrechte*. Das französische Gesetz hat, indem es den Schriftstellern und Künstlern ein Herausgeberprivileg auf Lebenszeit eingeräumt hat und, nach deren Tod, das Monopol zugunsten ihrer Erben auf 30 Jahre ausgedehnt hat, wie uns scheint, ihren Interessen vollauf Genüge getan. Was für ein Werk gibt es, das, 50 Jahre nach seinem Erscheinen, wenn man dann überhaupt noch von ihm spricht, es nicht nötig hätte, von Grund auf überarbeitet, aktualisiert und überhaupt auf den Prüfstand gestellt zu werden?

Der Leser kann sich aufgrund dieser Zusammenfassung aller meiner Veröffentlichungen über das Eigentum selbst ein Urteil darüber bilden, daß meine Vorstellungen, die von einer förmlichen, aber in gewisser Weise unorganischen, Verneinung ausgegangen sind, sich, während sie sich entwikkelt und einen immer positiveren Charakter angenommen haben, dennoch nicht von meiner ursprünglichen These von 1840 entfernt haben. Jede Veröffentlichung enthält im Keim den Gegenstand, den neuen Gesichtspunkt, der in der jeweils folgenden Veröffentlichung verdeutlicht werden soll. Und diese fortschreitende Evolution meines Denkens ist nicht der geringste Be-

---

100 S. hierzu Pierre-Joseph *Proudhon*: Les Majorats littéraires l.c. (s.o. Anm. 89), p. 15; hier beginnt diese Aussage mit den Worten: „En deux mots, et pour revenir à notre comparaison, l´oeuvre de l´écrvain...."

101 ibid. p. 16; hier beginnt der erste Satz mit den Worten: „Je m´empare seulement de la distinction ..."

leg für meinen festen Glauben, daß ich einmal dahin komme, die Erklärung der Einrichtung des Eigentums zu liefern, die die Herren Thiers, Laboulaye, Cousin, Sudre und Troplong[102] sowie die Anhänger des Phalanstère[103] und schließlich alle meine Gegner und Verleumder vergeblich gesucht haben.

Meine Kritik ist an sich nicht weg zu fegen, ausgenommen eine einzige Hypothese, die ich gleich zur Kenntnis geben werde. Daraus ergibt sich:

Daß das Eigentum unter dem Gesichtspunkt des kommunalen, slavischen, germanischen und arabischen Rechts unzulässig ist und daß es in der Tat dort auch verworfen worden ist;

Daß es gleichermaßen in der christlichen bzw. kirchlichen Anschauung unzulässig ist, die es ja auch verwirft;

Daß es dies auch im Feudalsystem ist, das allen Arten von Besitz eine untergeordnete Stellung zuweist und ihm das Lehen entgegenstellt;

Daß es von den lateinischen Autoren als der Freiheit und Nationalität Roms zuwider verworfen worden ist, *latifundia perdidere Italiam*;

Daß es schließlich auch im System politischer Zentralisierung unzulässig ist; daß es auch unter diesem Gesichtspunkt von Robespierre nur geduldet worden ist und von den Jacobinern mit Recht noch heute abgelehnt wird.

Es gibt nur einen Gesichtspunkt, unter dem das Eigentum zugelassen werden kann: und zwar ist das derjenige, der anerkennt, daß der Mensch als Grundausstattung die GERECHTIGKEIT (JUSTICE) besitzt, der ihn zum *Souverän* und zum *Pfleger der Gerechtigkeit (justicier)* macht, ihm folgerichtig Eigentum zuspricht und keine andere mögliche politische Ordnung kennt, als die *Föderation*.

So werde ich also meine ganze vorangehende Kritik durch historische und politische Überlegungen begründen und am Ende darlegen, daß, wenn das Eigentum eine unbestreitbare Tatsache ist, dies nur unter einer Bedingung der Fall sein kann: nämlich daß die Grundsätze einer *immanenten Gerechtigkeit (Justice immanente)*, einer *individuellen Souveränität* und einer *Föderation* zugelassen werden.

Sancta sanctis.

Für den gerechten Menschen wird alles gerecht; unter den Gerechten kann alles gerechtfertigt werden. – So wird das Tun des Fleisches in der Ehe erlaubt und geheiligt; aber wehe dem Mann, der sich mit einer Ehefrau so benimmt, wie mit einer Kurtisane.

102 zu Allen s.o. Anm. 14.
103 s. hierzu oben Anm. 1.

Beati pacifici, quoniam ipsi possidebunt terram.[104]

Diese Maxime (*sancta sanctis*) enthält das ganze Geheimnis der Lösung der Eigentumsfrage. Der Akt der Aneignung an sich ist, objektiv betrachtet, *unrecht*. Er ist durch *Nichts* zu rechtfertigen. Mit ihm verhält es sich nicht so, wie mit dem *Lohn*, der durch ARBEIT gerechtfertigt wird, nicht so, wie mit dem *Besitz*, der durch die Notwendigkeit und Gleichheit der Anteile an ihm gerechtfertigt ist; denn das Eigentum bleibt absolutistisch und willkürlich, dringt überall ein und ist vollkommen Ich-bezogen. - Es wird allein durch das gerechte Handeln der Person selbst legitimiert. Aber, wie soll man nun den Menschen gerecht machen? Das ist das Ziel der Erziehung, der Zivilisierung, der Sitten, Künste usw.; das ist auch der Zweck der politischen und ökonomischen Institutionen, von denen das Eigentum die hauptsächliche Einrichtung ist.

Damit das Eigentum legitimiert sei, muß der Mensch sich also selbst legitim machen; möge er gerecht sein wollen; setze er sich die Gerechtigkeit (Justice) zum Ziel, in Allem und überall. Er muß sich z. B. sagen: Da das Eigentum an sich nicht gerecht ist, wie kann ich es gerecht machen?

Zunächst dadurch, daß ich allen Menschen das gleiche Recht auf Aneignung, auf die Ergreifung einer Sache zuerkenne; 2. *indem ich diesen Zugriff reglementiere*, wie der Korsar, der die Beute unter seine Genossen aufteilt; sodaß das Eigentum spontan überall gleiches Maß erlangt.

Wenn ich das nicht tue, folgt das Eigentum seiner Natur: für den Einen steigert es sich maßlos, für den Anderen wird es zu einem Nichts; denn es ist völlig ohne Sittlichkeit.

Noch ein Wort politischer Art zum Abschluß dieser Präambel.

Man arbeitet daran, der ökonomischen Frage aus dem Wege zu gehen.

Unter diesem Gesichtspunkt beurteile ich die gegenwärtige Politik.

Man glaubt, man könne den Erfordernissen der heutigen Lage mit Freihandel Genüge tun, mit Pensionskassen, Arbeiterstädten, Börsenwucher, Fischzucht und dem Jockey-Club! - man täuscht sich ...

104 Proudhon vermischt hier zwei Aussagen der Bergpredigt nach Matthäus, nämlich Matth. 5, 4: Beati mites: quoniam ipsi possidebunt terram (Selig sind die Sanftmütigen, denn sie werden das Erdreich besitzen) und Matth. 5, 9: Beati pacifici: quoniam filii Dei vocabuntur (Selig sind die Friedfertigen, denn sie werden Gottes Kinder heißen); latein. Wortlaut nach Novum Testamentum Graece et Latine, ... repetiit Henr. Jos. Vogels, editio quarta, Herder (Freiburg im Beisgau), 1955; deutsche Übersetzung nach Stuttgarter Erklärungsbibel-die Heilige Schrift nach der Übersetzung Martin Luthers mit Einführungen und Erklärungen, Deutsche Bibelgesellschaft, Stuttgart, 2. Aufl. 1992.

Man stachelt überall den Haß der Bevölkerung gegen die alten Dynastien an; man hofft, mit diesem Opfer die ARISTOKRATIEN zu retten. Die Romanows, Habsburger, Hohenzollern, Bourbonen usw., das ist es, was man der Hydra zum Fraß vorwirft.

Aber, man arbeitet in Wirklichkeit daran, die überkommenen Adelsfamilien zu erhalten und die Aristokratien wieder herzustellen.

Ich fordere das genaue Gegenteil.

Die Einheit Italiens, die Wiederherstellung Polens und Ungarns, Annexionen und Krieg: Alles rückwärts blickende Phantasien, die für die Zukunft bar jeden Sinnes sind.

Der Papst - auf das Geistliche zurückgeführt; Restaurierung des Katholizismus; eine Neuauflage des Konkordates: rückwärts blickende Phantasie.

Man muß den polnischen, ungarischen wie auch den russischen Adel vernichten. Man muß dem Bauern, dem Arbeiter (ouvrier) und dem Proletarier Besitz geben, in Frankreich, Italien, Belgien, Deutschland, Österreich und überall.

Man muß der Unterscheidung zwischen Bürgertum und einfachem Volk (plèbe), zwischen Kapitalist und Lohnempfänger, zwischen Arbeiter (ouvrier) und Herr ein Ende bereiten.

Das *Recht der Person (droit personnel)*, das zu gleichem Tausch führt, das die Anordnung des allgemeinen Wahlrechts veranlaßt hat, ein wenig zu früh vielleicht, führt uns dahin.

ZWEITES KAPITEL

Darüber, daß das Eigentum absolut ist: ein dem Absolutismus ungünstiges Vorurteil.

Die Anerkennung bzw. Einrichtung des Eigentums ist der außergewöhnlichste, wenn nicht gar der geheimnisvollste Akt der Vernunft der Gruppe (Raison collective), ein Akt, der umso außerordentlicher und geheimnisvoller ist, als das Eigentum aufgrund seines Ursprungs der Gruppe (collectivité) ebenso widerspricht wie der Vernunft. Nichts ist einfacher und leichter zu verstehen, als der materielle Tatbestand der Aneignung: ein Fleckchen Erde ist nicht besetzt; da kommt ein Mensch und läßt sich auf ihm nieder, genauso wie es der Adler in seinem Jagdgebiet tut, der Fuchs in seinem Bau, der Vogel auf dem Zweig, der Schmetterling auf der Blüte und die Biene in der Spalte eines Baumes, oder einer Felswand. Dies alles ist, ich sage es noch einmal, nur eine ganz einfache Handlung, hervorgerufen durch ein Bedürfnis, triebhaft vollzogen, dann durch den Egoismus bejaht und mit Gewalt verteidigt. Voilà - der Anfang allen Eigentums. Danach kommt die Gesellschaft, das Gesetz, die allgemeine Vernunft, die Zustimmung aller Menschen, alle göttlichen und menschlichen Autoritäten und erkennen diese Ersitzung, man sage ruhig - das kann man ganz ohne Furcht tun - diese Besitzergreifung, an. Und warum? Da tut sich die Rechtswissenschaft schwer, senkt den Kopf und bittet inständig, sie doch besser nicht danach zu fragen.

„Der Besitz des Bodens ist eine *Tatsache*, der allein Gewalt Achtung verschafft, und zwar solange bis die Gesellschaft die Sache des Besitzers in die Hand nimmt und bestätigt; dann, unter der Herrschaft dieser gesellschaftlichen Garantie, wird diese *Tatsache* ein RECHT; und dieses Recht, das ist das Eigentum. Das Eigentumsrecht ist eine Schöpfung der Gesellschaft: die Gesetze schützen nicht nur das Eigentum; sie sind es sogar, die es erst entstehen lassen, die es bestimmen, die ihm den Rang und den Geltungsbereich verschaffen, den es im Rahmen der Rechte des Bürgers einnimmt." (E. LABOULAYE [105]: *Histoire du droit de propriété*, ein von der Académie des Inscriptions et Belles-Lettres am 10. August 1838 preisgekröntes Werk).

Hier muß man anmerken, daß die *Bestätigung der Tatsache* noch nicht Eigentum ist, da der tatsächliche Besitz des Bodens nicht die gleichen kennzeichnenden Merkmale beim Pächter, beim Lehnsmann, beim slavischen

105 s.o. Anm. 14.

Besitzer, beim Erbpächter, oder beim Eigentümer aufweist. Wenn man also den Besitz so herrlich leicht sowohl als Tatsache, wie auch als Recht begreift, so gilt das Gleiche nicht für das Eigentum, dessen Beweggründe Herr Laboulaye genauso wenig kennt wie die anderen Autoren.

So frage man ihn auch bloß nicht, aus was für einem Grund das gnädige Wohlwollen des Gesetzgebers bzw. der Gesellschaft, deren Bevollmächtigter er ist, die *Tatsache* in RECHT hat umwandeln können: Herr Laboulaye weiß nichts davon und sagt euch das auch klipp und klar. Die Tatsache wird festgestellt, das Recht wird unterstellt, das Ganze in zehn Zeilen, und dann fängt er an, seine im übrigen sehr interessante *Histoire du droit de propriété* zu erzählen; da führt er nun alle Mißgeschicke des Eigentums an, alle seine Widersprüchlichkeiten, alle mögliche Arten, es zu veruntreuen und zu mißbrauchen, alle seine Gewalttaten, all´ seine Ungerechtigkeit, Entartung, Erniedrigung und Umwandlungen. Über den Grund all´ dessen sagt er aber nicht eine Silbe, ja sucht sogar nicht einmal nach ihm. Als kluger Jurist hüllt er sich in bedeutsames Schweigen: „Die Aneignung des Bodens", sagt er euch, „ist eine jener Tatsachen, die zugleich mit der ersten Gesellschaft auftreten, die die Wissenschaft ganz einfach als Ausgangspunkt anerkennen muß, über die sie aber NICHT DISKUTIEREN DARF, *weil sie sonst Gefahr laufen würde, die Gesellschaft selbst in Frage zu stellen.*"

Was für ein großmächtiger Philosoph, der nicht will, daß man sei es über die Tatsache, sei es über das Gesetz diskutiert, und der es wagt, pure Willkür eine Schöpfung der Gesellschaft zu nennen, bei der Mißbrauch, Widersprüchlichkeit und Gewalt im Übermaß vorhanden sind, und der es dabei beläßt, die Verantwortung für alle Mißgeschicke bald der angeblichen Zustimmung der Völker zuzuschanzen, bald den Beschlüssen der Vorsehung, bald schließlich dem unwiderstehlichen Ablauf der Revolutionen und den Sachzwängen! Schweigen über das, was sie überhaupt nicht begreifen und was zu vertiefen ihnen gefährlich zu sein scheint - das ist im allgemeinen das Losungswort der Herren Preisträger des Instituts.[106]

Was Sie, verehrter Leser, angeht, dem diese akademische Heuchelei doch wohl kaum gefallen dürfte, Sie, sehr geehrter Herr Eigentümer, der Sie zweifellos für die Gesellschaft und für sich selbst Garantien suchen, die etwas seriöser sind, als die Eleganz von Phrasen und die Gewalt von Bajonetten, Sie wollen doch wohl sicher, daß man diskutiert, und sollte auch die Gesellschaft selbst in Frage gestellt werden und müßten Sie auch der Masse des Volkes das zurück erstatten, was eine Laune des Gesetzgebers

106 s.o. Anm. 6.

Ihnen ungeschickterweise zugewiesen haben sollte. Hören Sie, hören Sie mir furchtlos zu und seien Sie im voraus davon überzeugt, daß die Wahrheit (Vérité) und die Gerechtigkeit (Justice) Ihren guten Willen belohnen werden.

Das Recht ist eindeutig, das Gesetz ist ungewiß, manchmal ist es dunkel und geheimnisvoll; und es ist keine geringe Angelegenheit, zeigen zu können, daß es dem Anschein zum Trotz unter Umständen gerecht, oder ungerecht ist. Die Rechtswissenschaft ist doch nichts anderes, als die Philosophie des Rechts (du Droit). Man ist nicht schon ein Jurist, nur weil man an Texten geschult worden ist und den Jargon der verschiedenen Schulen beherrscht; man ist es nicht einmal schon, nur weil man Ursprung und Verwandtschaft von Bräuchen, ungeschriebenen und geschriebenen Gesetzen, Analogien zwischen ihnen sowie ihr Verhältnis zueinander und schließlich die entsprechenden Texte kennt. Man ist vielmehr erst dann Jurist, wenn man den Sinn von Gesetzen, ihre Tragweite und ihren Zweck von Grund auf kennt; wenn man um das übergeordnete, organische, politische Denken weiß, das über Allem waltet; wenn man schließlich beweisen kann, daß ein bestimmtes Gesetz fehlerhaft, unzureichend und unvollständig ist. Und dafür ist es ganz und gar nicht notwendig, Preisträger der Akademie[107] zu sein.

Jeder Mensch, der über das Gesetz (la Loi) vernünftig nachdenkt, ist Jurist, ebenso wie derjenige ein Theologe ist, der vernünftig über seinen Glauben nachdenkt, und Philosoph, der über die Erscheinungen der Natur und des Geistes vernünftig nachdenkt. Man ist umso mehr, oder weniger Philosoph, Theologe und Jurist, je nachdem, wieviel, oder wie wenig Ausdauer, Weite und Tiefe man dabei in die Suche nach Ursachen, Gründen und Zielen einbringt. Herr Laboulaye hat sehr Unrecht, wenn er den Herren Michelet und Guizot[108] vorwirft, keine Juristen zu sein, wie er; sie sind es genauso, wie er und sogar noch mehr, als er.

Das Eigentum ist aufgrund seiner psychologischen Natur, aufgrund seiner Einrichtung durch das Gesetz (Loi) und, so will ich gleich noch hinzufügen, aufgrund seines gesellschaftlichen Zweckes, ABSOLUT: und es ist auch gar nicht möglich, daß es das nicht ist. Nun, bevor wir in die Untersuchung

---

107 Kurzbezeichnung für die 1735 gegründete Académie française, die seit 1795 zum Institut de France (s.o. Anm. 6) gehört.

108 Zu Michelet s.o. Anm. 63. François-Pierre Guizot (1787-1874), als Politiker u.a. französischer Ministerpräsident 1847-1848, dessen Ablehnung einer Wahlrechtsreform ein Anlaß für den Ausbruch der Februarrevolution von 1848 war; als Historiker Verfasser einer Histoire de la civilisation en France, 5 Bände 1828-1830.

seiner Ursachen eintreten, müssen wir sehr gewissenhaft eines feststellen: nämlich daß dieser Absolutismus gegen das Eigentum ein *Vorurteil* nährt - man lasse mir dieses Wort einmal durchgehen - das sich bis zum heutigen Zeitpunkt als unüberwindlich erwiesen hat.

Das Absolute ist ein Begriff (conception) des Geistes, der für den Verlauf des Denkens und für die Klarheit der Ideen unverzichtbar ist; es ist eine Annahme, die für die theoretische Vernunft notwendig ist, die jedoch von der praktischen Vernunft als gefährliche Chimäre, als logische Widersinnigkeit und als unsittlicher Gedanke zurückgewiesen wird.

Allen voran sagt die Religion uns das ganz deutlich: Souveränität, Eigentum, Heiligkeit, Ruhm, Macht, kurz: das Absolute ist Gottes allein; ein Mensch, der danach strebt, ist unfromm, ja gottlos. Der Psalmist sagt das auch, und zwar genau bezogen auf das Eigentum: „Dem Herrn gehört die Erde und Alles, was sie enthält: *Domini est terra et plenitudo ejus.*“[109] Ein Hinweis an die Oberhäupter der Stämme und an die Eigentümer, sich dem Volk gegenüber als Wohltäter, nicht als Geizhälse zu erweisen. Als wenn der Psalmist gesagt hätte: Der wahre Eigentümer des Landes Kanaan ist Jehova; ihr seid nur seine Verwalter. Diese Vorstellung findet sich ursprünglich bei allen Völkern: Herr Laboulaye befindet sich in einem Irrtum, wenn er sagt, daß *das Eigentum ein Tatbestand sei, der zugleich mit der ersten Gesellschaft auftrete.*[110] Was zugleich mit der ersten Gesellschaft auftritt, ist die zeitlich begrenzte Besetzung des Bodens bzw. der Gemeinschaftsbesitz: das Eigentum kommt erst später aufgrund des Fortschritts der Freiheiten und der langsamen Erarbeitung der Gesetze.

Das Absolute darf genauso wenig in der Politik zugelassen werden. Diese Fülle von Autokratie, die dem Theologen so gefällt, weil sie ein Abbild der Herrschaft Gottes vermittelt; die das Volk mit einer solchen Leichtigkeit auffaßt und annimmt, weil das Absolute wesentlich religiös und von göttlichem Recht ist, ist genau das, was heute alle Menschen verurteilen und was die Theorie der Trennung der und des Gleichgewichts zwischen den Gewalten für falsch erklärt.

Die Volkswirtschaft befindet sich in der gleichen Lage, wie die Politik: So, wie die Theorie der Regierung zum Ziel hat, den Staat aus der Herrschaft des Absoluten heraustreten zu lassen, verfolgt auch die Wirtschaftswissenschaft mit ihrer Theorie der Werte, des Kredits, des Tausches, der Steuer, der Arbeitsteilung usw. das Ziel, die Verfahrensweisen des Gewerbes und

109 Psalm 24, 1; in der Stuttgarter Erklärungsbibel a.a.O. (s.o. Anm. 104), S. 682 wird übersetzt: „Die Erde ist des HERRN und was darinnen ist.“

110 ohne Quellenangabe.

des Tausches sowie die Tatbestände Zirkulation, Produktion und Distribution aus dem Absoluten herauszuführen. Was gibt es z. B., das in größerem Gegensatz zum Absoluten steht, als die Statistik, die kaufmännische Buchführung, das Bevölkerungsgesetz und die Debatte zwischen Angebot und Nachfrage? ...

Und muß ich noch sagen, daß die Philosophie bzw. die Suche nach dem Sinn der Dinge, der Krieg der Vernunft gegen das Absolute ist? Und schließlich die Wissenschaft, die den Vornamen *Analyse* trägt, die Wissenschaft ist der Ausschluß all dessen, was absolut ist, weil sie beständig mit Hilfe von Dekomposition, Definition, Klassifizierung, Koordinierung, Übereinstimmung, Aufzählung usw. vorgeht, und weil da, wo Dekomposition unmöglich wird, wo Unterscheidung aufhört, wo Definition unverständlich, widersprüchlich und unmöglich wird, wo also wieder Absolutes entsteht, da auch Wissenschaft endet. Die Metaphysik, die uns die Vorstellung von einem Absoluten vermittelt, verbindet ihr Zeugnis mit dem der anderen Wissenschaften, sobald es sich darum handelt, das Absolute in die Praxis eintreten zu lassen, es zu verwirklichen. Das ICH mag tun, was es will: es kann sich das *Nicht-Ich* nicht aneignen, es sich nicht einverleiben und es in seine eigene Substanz einmischen; Beide sind von Grund auf voneinander getrennt. Man versuche, sie miteinander zu verschmelzen, oder Eines von Beiden zu unterdrücken, dann stürzt das Eine, wie das Andere in einen Abgrund, und man sieht von Beiden nichts mehr.

Wie könnte sich also der Absolutismus des Eigentums noch rechtfertigen und selbst ein *Gesetz* werden? Zweifellos bedarf das Ich eines Nicht - Ichs, um sich zu fühlen; zweifellos braucht der Bürger, wie wir eingangs gesagt haben, eine Wirklichkeit, die ihn ausfüllt und ihn aufstellt, will er nicht selbst, wie eine Fiktion verschwinden. Aber, beweist das etwa, daß das *Nicht - Ich* dem *Ich* angehört und dessen Erzeugnis ist; daß der Boden dem Bürger zu Eigentum und absoluter Herrschaft gegeben werden kann? Genügt es nicht, daß er, unter der Bedingung einer guten und verantwortungsbewußten Verwaltung, Besitz, Nießbrauch und Pacht erhält? So haben es in den Anfängen die Germanen, Slaven usw. verstanden, und so praktizieren es noch heute die Araber.

Was dieses Vorurteil noch befestigt, ist, daß der Gesetzgeber es teilt.

Denn das Eigentum wird gemäß römischem Recht folgendermaßen definiert: „*Dominium est jus utendi et abutendi re sua, quatenus juris ratio patitur*; das Eigentum ist das Recht, seine Sache zu gebrauchen und zu mißbrauchen, soweit es nach Maßgabe des Rechts (Droit) zulässig ist." - Die französische Definition geht auf jene alte zurück: „Eigentum ist das Recht, in völlig uneingeschränkter Art und Weise Sachen zu genießen und über sie zu verfügen, vorausgesetzt, man macht von ihnen keinen durch Gesetze und Verordnungen verbotenen Gebrauch." (Code civil, Artikel 544). - Die lateinische Sprache ist energischer, geht vielleicht auch tiefer auf den Grund, als die französische Sprache. Aber, man achte auf etwas, was ganz verwunderlich ist, und was die Rechtsgelehrten noch niemals herausgearbeitet haben, nämlich daß diese zwei Definitionen, die eine wie die andere, widersprüchlich sind; denn jede von ihnen schreibt einen doppelten Absolutismus fest, den des Eigentümers und den des Staates nämlich, zwei Absolutismen, die ganz offensichtlich unvereinbar sind. Aber, so muß es sein, und gerade darin liegt die Weisheit des Gesetzgebers (Législateur), eine Weisheit, von der ganz sicher nur sehr wenige Juristen bis jetzt etwas geahnt haben.

Ich habe eingangs gesagt, daß das Eigentum seinem Wesen nach absolut und in allen seinen Bestrebungen absolutistisch ist; d. h. daß nichts das Handeln und den Genuß des Eigentümers behindern, begrenzen, zurückhalten und irgendwelchen Bedingungen unterwerfen darf. Wenn das nicht gegeben ist, dann gibt es auch kein Eigentum. Jedermann versteht das. Das ist das, was die lateinische Sprache mit den Worten *ius utendi et abutendi* zum Ausdruck bringt. Wie kann, wenn das Eigentum absolut ist, dann aber der Gesetzgeber Vorbehalte formulieren im Namen der *Raison des Rechts (raison du Droit)*, die offensichtlich nichts anderes ist, als die Staatsraison, Organ und Interpretin des Rechts (Droit)? Wer wird sagen, wie weit diese Vorbehalte gehen? Wo werden, angesichts des Eigentums, die Raison des Rechts und die Staatsraison stehen bleiben? Was kann man nicht alles an kritischen Vorwürfen gegen das Eigentum erheben? was an Schlüssen ziehen, die seinen Absolutismus auf ein Nichts reduzieren? Der französische Code hält sich bei der Formulierung seiner Einschränkungen eher zurück; er sagt: „Vorausgesetzt, man macht von dem Eigentum keinen durch Gesetze und Verordnungen verbotenen Gebrauch." Aber, man kann Gesetze und Verordnungen bis ins Unendliche erlassen, Gesetze und Verordnungen, die, ganz und gar durch Eigentumsmißbrauch veranlaßt, dem Eigentümer die Hände binden und seine egoistische, skandalöse und schuldhafte Souveränität zunichte machen.

Diese *a priori* angestellten Überlegungen gegen jeden Anspruch der Menschheit auf den Absolutismus sind der Stolperstein, an dem alle die gescheitert sind, die es unternommen haben, das Problem des Ursprungs und der Grundlage des Eigentums zu lösen. Sie haben den Gegnern dieser Einrichtung beachtliche Argumente geliefert, auf die man aber nur mit Verfolgung, oder, wie Herr Laboulaye, mit Schweigen geantwortet hat.

Und dennoch ist das Eigentum eine universale Tatsache, wenn auch nicht aktuell, so doch tendenziell; ein überhaupt nicht mehr zu beseitigender Sachverhalt, dem der Gesetzgeber früher, oder später einmal Gesetzeskraft verleihen muß; etwas, das sich immer wieder neu geboren, wie der Vogel Phönix, aus der Asche erhebt, wenn Revolutionen es vernichtet haben; und das sich, wie die Welt gesehen hat, zu allen Zeiten als Antithese gegen feudale Kasten gestellt hat, als Garantie der Freiheit, ja, ich möchte fast sagen, als Verkörperung der Gerechtigkeit (Justice).

Das ist das Geheimnis, das wir jetzt endlich erklären werden.

DRITTES KAPITEL

Verschiedene Arten, den Boden zu besitzen: in Gemeinschaft, im feudalen System, unabhängig bzw. als Eigentum. - Untersuchung der beiden ersten Arten: Ablehnung.

Man kann den Boden auf drei verschiedene Arten besitzen: in Gemeinschaft, im feudalen System und als Eigentum. Diese drei Arten, miteinander kombiniert, ergeben eine große Vielfalt von Anwendungsmöglichkeiten: wir werden uns darauf beschränken, ihre allgemeinen Wesensmerkmale aufzuzeigen.

I. - Die Gemeinschaft hat im Grunde genommen nichts unrechtes an sich. Sie beruht auf dem gleichen Grundsatz, wie die Familie, nämlich auf dem Grundsatz der Brüderlichkeit. In ihr lebt der Geist des Patriarchats, des Stammes, des Klans, also all´ jener Gruppen, die dem Boden entstammen, den sie bewirtschaften und deren größte Staaten nur die Entwicklungsformen dieses Geistes sind. Die ursprüngliche christliche Kirche hat aus der Gemeinschaft fast ein Dogma gemacht und ist dabei den Ideen Platons und des Pythagoras gefolgt, die ihrerseits Ideen des Lykurg und des Minos[111], aufgegriffen hatten, Ideen, die damals große Aufmerksamkeit fanden. Bald jedoch entglitt ihr die Welt der Laien: die gemeinschaftliche Ordnung findet man heute nur noch in den Klöstern und bei den Mährischen Brüdern[112] vor. In jüngster Vergangenheit war die Gemeinschaft als eine Form des Ackerbaus in bestimmten Provinzen Frankreichs noch ziemlich verbreitet: der Code civil hat sie unter der Bezeichnung *Allgemeine Güter- und Gewinngemeinschaft (Société universelle de biens et de gains)*[113] bestätigt und ihr Regeln gegeben. Auf der Grundlage dieser Gemeinschaft

111 Lykurgos, legendärer Gesetzgeber im Sparta des 9. Jahrhunderts v. Chr.; Minos, mythischer König auf Kreta, der wegen seiner gerechten Regierung berühmt war und von dem man nach seinem Tod glaubte, daß er als Richter in der Unterwelt tätig sei.

112 Mährische, auch Böhmische Brüder genannt, eine Religionsgemeinschaft, die sich, im 15. Jahrhundert in Böhmen entstanden, dem Geist des Urchristentums verpflichtet fühlt und noch heute als evangelische Minderheit in der Tschechischen Republik besteht.

113 Artikel 1836; in Napoleons I. ... bürgerliches Gesetzbuch nach der neuesten officiellen Ausgabe verdeutscht und ... herausgegeben von D. Christian Daniel Erhard ... Dessau und Leipzig bey Georg Voß 1808, S. 502-503: „Man hat zwei Arten der allgemeinen Gesellschaften zu unterscheiden; die Gemeinschaft des ganzen dermaligen Vermögens, und die Gemeinschaft des gesammten Gewinns."

hat Cabet[114] versucht, in Texas seine ikarische Utopie zu verwirklichen. Gegenwärtig gibt es die Gemeinschaft nur noch selten; ich weiß nicht einmal, ob man überhaupt noch ein einziges Beispiel nennen könnte.

Gemeinschaftlicher Besitz und gemeinschaftliche Bewirtschaftung des Bodens, die vernünftig, gerecht, ertragreich, ja sogar notwendig sind, solange die so wirtschaftende Gesellschaft die Grenzen naher Verwandtschaft nicht überschreitet - Vater, Mutter, Großvater, Großmutter, Kinder, Schwiegersöhne, Schwiegertöchter, Hausangestellte, Onkel und Tanten - sind genauso stark, wie die Familie selbst. Während so eine Gesellschaft für jedes Familienmitglied eine Gemeinschaft ist, kann sie - und ist es fast immer - gegenüber Fremden sei es eine Form des Eigentums, sei es eine Form des Lehens sein. Dieser doppelte Charakter ist, in Verbindung mit der Bewirtschaftung durch die Familie, das, was dieser Einrichtung den höchsten Grad von Sittlichkeit und Kraft verleiht. Eine Wirkung der Gegensätze, die der Geist der Gesellschaft zu vereinen Gefallen findet, während die individualistische Vernunft sie meistens nur in Zwietracht gegeneinander aufbringen kann! Sobald die Familien jedoch an Zahl zunehmen, treten Meinungsverschiedenheiten zwischen ihnen auf, läßt der Eifer der Gemeinschaft und infolgedessen auch ihre Arbeitskraft nach, und die Allgemeine Güter- und Gewinngemeinschaft verwandelt sich in eine bloße Gütergemeinschaft und tendiert dahin, sich von Tag zu Tag dem Typ der Handelsgesellschaft anzunähern, dem Typ der Versicherungsgesellschaft auf Gegenseitigkeit, oder dem Wohltätigkeitsverein sowie schließlich der bloßen Teilhabe; d. h. die Gemeinschaft verflüchtigt sich.

Diese Erscheinung eines unausweichlichen Niedergangs, den man zu allen Zeiten und in allen Ländern, in denen die Gemeinschaft eingerichtet worden ist, beobachtet hat, bringt uns auf die Spur der Nachteile, der Mißbräuche und der Mängel, die dieser Ordnung eigentümlich sind.

Der Mensch strebt aufgrund seiner Persönlichkeit nach Unabhängigkeit: ist das nun, auf seiner Seite, eine schlechte Neigung, die man bekämpfen muß, eine Entartung der Freiheit, ein ausufernder Egoismus, der die gesellschaftliche Ordnung gefährdet und die der Gesetzgeber um jeden Preis

114 Etienne Cabet (1788-1856), Verfasser des utopischen Romans „Reise nach Ikarien" (1840), erschienen im Karin Kramer Verlag, Berlin 1979, in dem er eine Güter-, Arbeits- und Erziehungsgemeinschaft vorstellte. 1848-1856 gab es von ihm gegründete Mustergemeinden in Texas und Illinois; s. Joachim *Höppner*-Waltraud *Seidel-Höppner*: Etienne Cabet und seine ikarische Kolonie- Sein Weg vom Linksliberalen zum Kommunisten und seine Kolonie in Darstellung und Dokumentation, Peter Lang Verlag, Frankfurt a. M. ... 2002 (Schriftenreihe der Internationalen Forschungsstelle „Demokratische Bewegungen in Mitteleuropa 1770-1850", Bd. 33).

unterdrücken muß? Manche Leute haben das geglaubt, und man kann ja auch kaum bezweifeln, daß dies im Grunde genommen der wahren christlichen Lehre entspricht. Der Geist der Unterordnung, des Gehorsams und der Demut kann eine christliche Kardinaltugend genannt werden, ebenso wie die Nächstenliebe und der Glaube. In diesem System, das in der einen, oder anderen Form noch immer die größte Zustimmung auf sich vereint, drängt sich die AUTORITÄT als Gesetz auf. Ihr Ideal ist in der politischen Ordnung die absolute Staatsmacht und in der Wirtschaftsordnung die Gemeinschaft. Vor der Staatsmacht ist das Individuum eine Null; in der Gemeinschaft darf es keinerlei Eigentum besitzen; Alles gehört Allen, Keinem gehört Etwas. Der Untertan gehört dem Staat und der Gemeinschaft, bevor er der Familie gehört, bevor er sich selbst gehört. Das ist das Prinzip, sagen wir besser: das ist das Dogma.

Nun achte man einmal auf Folgendes: obwohl man vom Menschen vermutet, daß er wider den Gehorsam löckt, wie er das ja in der Tat auch tut, ergibt sich daraus doch, daß die Staatsmacht, daß die Gemeinschaft, die ihn in sich aufsaugt, überhaupt nicht aus sich selbst heraus bestehen können; sie brauchen, um sich annehmbar zu machen, logische und emotionale Beweggründe, die auf den Willen des Untertans einwirken und ihn bestimmen. Beim Kind sind das z. B. die Liebe der Eltern, das Vertrauen zu ihnen, die Lernfähigkeit und Unerfahrenheit der jungen Jahre und der Familiensinn; später, beim Erwachsenen, wird es der Sinn für Religion sein, die Hoffnung auf Belohnungen bzw. die Furcht vor Strafen.

Aber die kindliche Ergebenheit schwächt sich mit zunehmendem Alter ab. Und an dem Tag, da der junge Mann daran denkt, selbst eine Familie zu gründen, verschwindet diese Ergebenheit. Bei allen Völkern ist die Eheschließung gleichbedeutend mit Emanzipation; die Eltern selbst fordern ihre Kinder dazu auf. Beim Bürger (citoyen), sei er gläubig, oder ungläubig, schwächt sich die Religion auch ab, zumindest sucht sie nach Vernunftgründen für sich. Jede Religion trägt in sich ihren protestantischen Sauerteig, aufgrund dessen sich auch der frömmste Mensch früher, oder später erhebt und mit treuherzigster Stimme und ganz und gar guten Glaubens sagt: In mir ist der Geist Gottes; wer im wahren Geiste anbetet, braucht weder Priester, noch Kirchen, noch Sakramente ... Was nun Überlegungen angeht, die aus der Gewalt, oder aus dem Lohn abgeleitet werden, so beinhalten sie immer, daß die Autorität, die sie anwendet, eine Autorität ohne Grundsätze ist und daß die Gemeinschaft eigentlich garnicht existiert.

Man halte also von der Rebellion des Menschen, was man wolle, man mache aus ihr ein seinem Wesen innewohnendes Übel, oder eine Einflüsterung des Teufels, es bleibt immer nur, festzustellen, daß gegen diese schwere Krankheit unserer menschlichen Natur kein Kraut gewachsen ist; daß die Autorität und die Gemeinschaft nichts zugunsten ihrer Rechte anführen können; daß sie nur für besondere Gelegenheiten am Platze und dann von Bedingungen gestützt sind, die, wenn sie zu bestehen aufhören, die Autorität illegitim werden lassen und die Gemeinschaft zunichte machen.

Kurz, es gibt keine legitime Autorität, außer derjenigen, der man sich freiwillig unterzieht, so, wie es keine nützliche und gerechte Gemeinschaft gibt, außer derjenigen, der der einzelne Mensch zustimmt. Dies festgestellt, bleibt uns nur noch, eines zu tun: nämlich zu untersuchen, aus welchen Gründen der einzelne Mensch der Gemeinschaft seine Zustimmung entziehen kann.

Der Mensch ist mit der Fähigkeit zur Einsicht ausgestattet; darüber hinaus hat er ein Gewissen, das ihn dazu befähigt, zwischen gut und böse zu unterscheiden; und schließlich besitzt er den freien Willen. Diese drei Anlagen der menschlichen Seele, Einsicht, Gewissen und Freiheit, sind keine Mängel, keine Verunstaltungen, die unserer Seele durch den Geist des Bösen zugefügt worden wären: ganz im Gegenteil, durch sie sind wir, der Religion zufolge, Gott ähnlich gemacht; und genau auf sie beruft sich die Gemeinschaft bzw. die Autorität des Staates, wenn sie uns ihre Verordnungen kundtut, wenn sie ihre rechtlichen Entscheidungen fällt und ihre Strafen verhängt. Die Verantwortung, die das Gesetz uns auferlegt, ist die logische Folge unseres freien Willens.

Wenn dem so ist, dann kann die Gemeinschaft nichts anderes tun, als dem Einzelnen, den sie verantwortlich macht, eine Handlungsfreiheit zuzugestehen, die seiner Verantwortlichkeit gleichkommt; das Gegenteil würde Tyrannei und Widerspruch nach sich ziehen. Die Gemeinschaft muß sogar ein Interesse an dieser Freiheit haben, erspart sie ihr doch eine lästige Aufsicht und ist sie doch kein zu verachtendes Mittel, den einzelnen Menschen sittlicher zu machen, der seinerseits dadurch immer tüchtiger und damit würdiger wird. So also wird die Gemeinschaft allmählich geschwächt und genötigt, selbst abzudanken angesichts der Initiative einzelner Personen, und sei es auch nur schon bei der geringsten Kleinigkeit. Aber, die Persönlichkeit fordert umso mehr, je mehr Vernunft und Sittlichkeit die Person an den Tag legt; wo werden dann jedoch die Konzessionen der Gemeinschaft halt machen? Da liegt eben der Stolperstein für die Autorität und den Kommunismus. Nun, auf diese Frage antworte ich, daß die Freiheit keine Grenzen kennt, daß sie so weit gehen muß, wie die Einsicht, die ihr innewohnt, die Würde und die Kraft zum Handeln es zulassen. Dergestalt, daß die Autorität des Staates und das allgemeine Interesse nur da in Erscheinung treten dürfen, wo die Freiheit stehen bleibt, wo das Handeln, die Vorstellungskraft und die Tüchtigkeit des einzelnen Bürgers unzulänglich werden.

Die gleiche Argumentation ist anwendbar auf die Familie, auf die Zuteilung von Dienstleistungen, auf die Trennung der Gewerbe und auf die Verteilung der Erzeugnisse. Denn jede Familie, jeder junge Haushalt ist doch eine kleine Gemeinschaft im Schoße der großen Gemeinschaft, welch letztere immer mehr verschwindet, um dem Gesetz von *Dein* und *Mein* Platz zu machen. Und jede Unterscheidung im Gewerbe, jede Teilung der Arbeit und jede Vorstellung von Wert und Lohn schlägt ja eine Bresche in den Bereich der Gemeinschaft. Wenn man davon abweicht, wenn man versucht, diese Tendenz zu bekämpfen und diese Entwicklung zurück zu drängen, dann wird man wieder in Promiskuität, Betrug, Desorganisation, Neid und Diebstahl zurückfallen.

Gleiches gilt auch für das, was die Beziehungen zwischen Bürger und Staat berührt. Eben aufgrund der Tatsache, daß der einzelne Mensch frei und einsichtig ist, daß er tüchtig ist, einen speziellen Beruf ausübt, daß er eine Wohnung, Frau und Kinder hat, fordert er nicht nur, von kommunistischen Gängeleien befreit zu werden, sondern betrachtet die Gemeinschaft insgesamt aus einem besonderen Blickwinkel; er entdeckt bei der Staatsmacht Mängel, ja Lücken, parasitäre Auswüchse, die für andere Menschen überhaupt nicht sichtbar werden; und schließlich hat er eine Meinung, mit der, komme sie ihr nun gelegen, oder ungelegen, die Regierung rechnen muß.

Man öffne diesem Sturzbach der öffentlichen Meinung das Schleusentor, und man wird hin zu dem System von Staaten mit Gewaltenteilung getragen. Man versuche im Gegensatz hierzu, die allgemeine Kritik zurück zu halten, und man kehrt zurück zur Tyrannei. Man wähle schließlich einen Mittelweg und mache eine Schaukelpolitik bzw. eine Politik des juste milieu, dann ist man beim unmoralischsten und übelsten Machiavellismus angelangt, nämlich bei doktrinärer Heuchelei. Hier, wie gerade eben in Bezug auf Freiheit und Familie, hat man also keine Wahl; man muß, und das ist unausweichlich, die Freiheit durch Kasernierung vernichten und die öffentliche Meinung unter der Drohung von Bajonetten auslöschen, oder vor der Freiheit zurückweichen, indem man die Autorität des Staates allein auf diejenigen Angelegenheiten beschränkt, die die Wahl des Bürgers nicht regeln kann, oder einfach nicht zur Kenntnis nehmen will.

Aus dem Vorangehenden ergibt sich also, daß man den Boden nicht gemeinschaftlich besitzen und bewirtschaften und, analog hierzu, kein Gewerbe gemeinschaftlich betreiben kann und daß wir, wie weiland Noahs Söhne nach der Sintflut, zur Teilung verurteilt sind. Mit welchem Recht sollen wir nun eigentlich Besitzer sein? das werden wir etwas später untersuchen.

Die Vorstellung, die allgemeine Güter- und Gewinngemeinschaft (la société universelle de biens et de gains) auf die Bewirtschaftung des Bodens anzuwenden und Bevölkerungen in großer Zahl in sie eintreten zu lassen, hat es nicht von Anfang an gegeben. So etwas hat die Natur keineswegs nahegelegt, denn wir sehen seit Beginn, im Embryonalzustand, daß die Familie ihre Zelte bzw. Feuerstellen in dem Maße vermehrt, wie sich Paare bilden; daß der Staat sich zu Weilern entwickelt, zu kleinen Marktflecken und zu Bezirken, die alle ihre besondere Verwaltung haben, und daß er sich allmählich nach dem Grundsatz individueller Freiheit, der Wahl der Bürger, der Unabhängigkeit der Gruppen und der Unterscheidung der Kulturen konstituiert. Die Gemeinschaft als naturgegebene Einrichtung bzw. Form hat ihren höchsten Konzentrationsgrad in der Familie erreicht; geht sie darüber hinaus, dann sprengt sie ihren ursprünglichen Rahmen und besteht bald als nichts anderes mehr, denn als Nachbarschaftsbeziehung, Ähnlichkeit der Sprache, des Kultes, von Sitten, oder Gesetzen, höchstens noch als Versicherung auf Gegenseitigkeit; was, da diese die Vorstellung von Vereinbarung in sich trägt, genau die Verneinung des Kommunismus ist. Erst später, als die Unverschämtheit des Adels und die Härte der Knechtschaft einmal die Reaktion des Volkes provoziert haben, präsentiert sich die Gemeinschaft als Mittel der Disziplinierung und als staatliches System: es genügt, als Beispiele Lykurg, Pythagoras, Platon[115] und die ersten Christen anzuführen. Die Erfahrung hat jedoch die Hypothese bald bestätigt: überall und immer hat sich die Freiheit gegen den Kommunismus erhoben, der sich bei den Massen nur in geringem Maße und nur ausnahmsweise hat etablieren können. Die größte Gemeinschaft, die je existiert hat, die von Sparta, war auf Sklaverei und Krieg gegründet; solange die Christen nur eine Sekte bildeten, die in der riesenhaften Weite des römischen Reiches auf verlorenem Posten stand, blühten ihre Gemeinden, angefeuert durch

115 Zu Lykurg s.o. Anm. 111. Pythagoras (ca. 570-ca. 500 v. Chr.); Proudhon hebt hier ab auf den von ihm im süditalischen Kroton gegründeten Geheimbund der Pythagoräer mit wissenschaftlichen, politischen und ethischen Zielen. Platon (427-ca. 348/47 v. Chr.); Proudhon denkt hier wahrscheinlich an Platons, in seiner „Politeia“ entwickelte autoritär-ständische Staatsutopie.

die Glut des neuen Dogmas, offensichtlich; noch kümmerten sie sich lediglich um Gebete, Almosen und gemeinsame Mahlzeiten. Diejenigen von ihnen, die auch noch die Liebe hinzufügen wollten, fielen sehr schnell ihrer eigenen Schande zum Opfer. Zu dem Zeitpunkt, da das Christentum sich zur allgemein gültigen Religion erklärte, ließ es seinen Kommunismus hinter sich, den die Erweckungsbewegungen des Mittelalters nicht wiederbeleben konnten. Die Mährischen Brüder[116] sind eher Mitglieder einer Genossenschaft, als Kommunisten (siehe zur Kritik an der GEMEINSCHAFT, *Système des Contradictions économiques*, tom. II, chap. 12)[117].

II. - Die zweite Art, Boden zu besitzen, ist diejenige, die ich seit meiner ersten Kontroverse über das Eigentum *Besitz* genannt habe, von dem lateinischen Wort *possessio* abgeleitet, das in der Rechtswissenschaft des alten Rom in etwa den Sinn gehabt hat, über den ich jetzt sprechen will.

Im Zustand der Ungeteiltheit der Familie tritt die Idee „Eigentum" noch überhaupt nicht in Erscheinung, bleiben doch alle Familienmitglieder mit der Familie vereint in der vom Vater gegründeten Gemeinschaft. Nur Eines könnte den Auftritt dieser Idee veranlassen, der Fall nämlich, wo eine Familie Ansprüche auf die Nutzung des Bodens einer anderen Familie erheben würde. Dann würde ihr Zugriff die Vorstellung eines Herrschaftsgebietes (domaine) hervorrufen; aber, dann würde sich auch das Recht zwischen den Völkern verändern, und die Menschheit würde ihre erste Revolution erleben. Die Menschheit wartet jedoch nicht so lange: denn die Idee des Eigenen, im Gegensatz zum Gemeinschaftlichen, entsteht alsbald von ganz alleine aus dem Schoß der Gemeinschaft selbst.

Da die ursprüngliche Familie sich subjektiv durch Eheschließung zwischen ihren Nachkommen vervielfältigt bzw. verdoppelt und die Freiheit sich andererseits im einzelnen Menschen als ununterdrückbar sowie die Persönlichkeit im Ehepaar sich als unverletzlich erweist, ist es angebracht, diese Vervielfältigung bzw. Verdoppelung der Familie in ihrer Objektivität, d. h. im Besitz und bei der Bewirtschaftung des Bodens zu verfolgen: noch haben wir hier nicht das Eigentum vor uns, wie man gleich sehen wird; aber wir haben bereits die Unterscheidung zwischen Dein und Mein, innerhalb einer Grenze, die durch den Bedarf jeder Familie und durch ihre Arbeit gezogen wird. Grenzpfähle werden aufgerichtet, aber überhaupt nicht, wie Rousseau geglaubt hat, um die Veräußerung des Territoriums

116 s. o. Anm. 112.

117 s. System der ökonomischen Widersprüche a.a.O. (s.o. Anm. 35), S. 466-501.

zu markieren, sondern einzig und allein, um die Grenzen ackerbaulicher Tätigkeit zu markieren und die Aufteilung der Erzeugnisse anzuzeigen. Es beginnt die Herrschaft Kains, des Grundbesitzers; er gewinnt Oberhand über Abel, den Hirten seiner Herden; Krieg bricht aus zwischen der Landarbeit und dem Weidenlassen, zwischen dem seßhaften Weizenerzeuger und dem herumziehenden Viehhirten. Dieser dramatische Zeitpunkt, auf den alle Überlieferungen das Ende des Goldenen Zeitalters zurückführen und den die hebräische Kosmogonie verflucht und vielleicht in der Person des Brudermörders Kain verleumdet hat, ist im Gegensatz hierzu in Italien zum Ausgangspunkt der Religion geworden. Die Familie ist heilig gesprochen worden; ihr Oberhaupt, der *paterfamilias*, ist Richter, Priester und Krieger in einer Person; der Spieß, aus dem er seine Palisade errichtet und mit dem er im Krieg kämpft, Zeichen seiner Würde und Gewalt, ist zugleich das Symbol des Gottes, der über den Krieg und über den Besitz bestimmt. Die Errichtung von Grenzpfählen ist eine religiöse Zeremonie; die Feldmesser, die damit beauftragt werden, sind Amtsträger eines Kultes; der Grenzpfahl selbst, aus Stein, oder aus Holz, *Terminus*, ist, wie zu dieser Zeit auch Vesta und die Laren, eine Gottheit. Und es ist so, daß der gleiche Sachverhalt unter einem verschiedenartigen Blickwinkel in den Bezirken des antiken Hesperien[118], in den Wüsten Arabiens und in den Steppen Skythiens betrachtet worden ist. Jedes Volk redet gemäß seinen Neigungen und Vorurteilen: Aufgabe des Philosophen ist es, die Tatsachen gemäß der Vernunft zu bewerten.

Wie weit reicht also das Recht des Inhabers des Bodens? Das genau zu bestimmen, ist wichtig. In diesem System, das zur gleichen Zeit entstehen sollte, da die Rodung des Bodens und die Ausdehnung der Familien begann, wird die ursprüngliche Gemeinschaft, die zum Staat geworden ist, bzw. der Fürst, der ihn repräsentiert, als eine solche angesehen, die von Gott, dem Schöpfer und einzigen wahren Eigentümer, mit dem Boden ausgestattet worden ist. Man bewundere diese Fiktion, denn sie zeigt, mit welch sorgfältiger Gewissenhaftigkeit und mit was für einem treffsicheren gesunden Menschenverstand die ersten Errichter von Nationen vorgegangen sind. Sie sagten nicht nach Art der Eroberer, die nach ihnen kamen: Dieses Feld gehört mir, weil ich es besetze, weil ich es mit meinem Schwert erobert habe, oder aber: weil ich es als Erster mit meiner Pflugschar gewendet habe. Nein, sie verstanden, daß weder Besetzung, noch Gewalt, nicht einmal Arbeit die Herrschaft über den Boden gewähren; und sie sagten das

118 altgriechisch: Westland; Bezeichnung für Italien und Spanien.

auch ganz offen, indem sie das Recht des Fürsten auf Gott zurückführten, die Quelle auch aller anderen Rechte. Sie dachten auch nicht im entferntesten daran, daß dieses göttliche Recht, eine unerbittliche Formel der Gerechtigkeit, eines Tages zu einem abschreckenden Mißbrauch entarten und zu einem Synonym des abscheulichsten Despotismus´ werden würde.

Der Fürst, Oberhaupt des Staates, hatte also von Gott das Land bekommen, besaß es in uneingeschränkter Souveränität, verfügte darüber gemäß seiner weisen Voraussicht und seinem Belieben und verteilte es dann an seine Krieger, die Oberhäupter ihrer Familien; man ahnt schon, daß er sein Amt nur zu diesem Zweck erhalten hat. Zu welchen Bedingungen ist das Land nun von dem Anführer an seine Kampfgenossen weiter gegeben worden? An dieser Stelle muß man sich dieses Besitzsystem ganz genau anschauen, ein System, das in seinen Begriffen der Kritik keinerlei Angriffspunkt liefert und das man als reinsten Ausdruck der individuellen Rechtswissenschaft ansehen kann.

Da das Land ursprünglich Gott gehört, der es vergeben hat, und da er es ist, von dem die Gemeinschaft es empfangen hat, ohne Ansehung, noch Ausschluß von Personen, und da die Aufteilung dieses Landes nur im Hinblick auf die Sicherung der Freiheit und Verantwortlichkeit eines Jeden stattfindet sowie im Hinblick darauf, der Promiskuität zwischen den Familien vorzubeugen, folgt daraus, daß die vorzugsweise Verfügung über dieses Land (domaine éminent de cette terre), oder, wie wir heute sagen, das Eigentum an ihm, beim Staat bleibt, und daß das, was auf das Familienoberhaupt übergeht, nichts anderes ist, als eine Befugnis zur Bewirtschaftung und Gewährleistung eines Nießbrauches; daß somit das Stück Land, das an jeden Bürger ausgegeben wird, von diesem nicht verkauft, oder übertragen werden darf, wie er das mit den Erzeugnissen seiner Landwirtschaft und mit dem Nachwuchs seines Viehs tut; daß, wenn er sein Los nicht übertragen und verkaufen darf, er es auch nicht aufteilen darf, noch seine Nutzung ändern und es verkommen lassen darf; vielmehr muß er es als *guter Familienvater* bewirtschaften, dieser Ausdruck lebt bis heute in unserer Sprache fort; dergestalt, daß, wenn er auch aus seinem Grundstück den größtmöglichen Nutzen für sich und die Seinen ziehen soll, der Inhaber des Loses gehalten ist, es gut zu erhalten und es immer wieder fruchtbar zu machen, sozusagen zu jederzeitiger Requisition.

Unteilbarkeit und *Unveräußerlichkeit*, das sind, kurz gesagt, die allgemeinen Wesensmerkmale des Besitzes. Die Erbschaft folgt aus ihm, ganz und gar nicht als ein Vorzug, sondern eher als eine dem Besitzer auferlegte zusätzliche Verpflichtung. Und man begreift jetzt wohl, daß, da die Aufteilung des Bodens vor allem im Hinblick auf die Familien erfolgt, der Inhaber des Bodens seinen Besitz keineswegs deshalb an den Erben weitergibt, weil sein Recht absolut ist, sondern daß im Gegenteil der Besitz nur deshalb vererbt werden kann, weil dieses Recht eingeschränkt ist.

Schließlich kommt zu diesen Bedingungen noch die Verpflichtung hinzu, dem Fürsten in Form von Ackerfrucht, Vieh, Geld, Menschen, oder Dienstleistungen einen Bodenzins zu zahlen: Zeichen der Treue dem Lehnsherrn gegenüber sowie der untergeordneten Stellung (mouvance) des Besitzers als eines Lehnsmannes.

Ich sage nun, daß dieses System, das in mehr, oder weniger ausdrücklicher Form dasjenige aller Völker gewesen ist, der Ägypter, Araber, Juden, Kelten, Germanen, Slaven, ja selbst der Römer, völlig vernünftig ist; darunter verstehe ich eine partikularistische Vernünftigkeit des schlichten gesunden Menschenverstandes; und daß es unter dem Gesichtspunkt der Gerechtigkeit und der Volkswirtschaft jeder Kritik standhält. So hat kürzlich der Kaiser von Rußland, Alexander II., den Bauern zusammen mit der Freiheit Landbesitz gewährt.[119] Es ist genau diese Art Besitz, die, den Ansichten des Katholizismus, den lateinischen Traditionen und den damaligen Kriegsbräuchen entsprechend verändert, unter dem Namen „Lehen" während des ganzen Mittelalters geherrscht hat. Das Bewußtsein des einzelnen Menschen, das allein zu einer Zeit den Gesetzgeber leiten konnte, da die noch kaum geformte Gesellschaft nichts anderes zur Verfügung gestellt hat, geht über diese Grenze nicht hinaus. Und wir werden noch sehen, daß, wenn auch die kollektive Vernunft sich später zu einer höheren Auffassung emporgeschwungen hat, wenn sie heute auch das Eigentum bestätigt, sich die akademische Rechtswissenschaft tatsächlich nicht in der Lage gezeigt hat, darüber zu berichten.

Der Landbesitz, wie ich ihn eben definiert habe, Bedingungen und Einschränkungen unterworfen, schließt jede mißbräuchliche Verfügung aus: man könnte ihn, in Gegenüberstellung zum Eigentum, definieren als Recht, den Boden zu nutzen, ihn aber nicht zu mißbrauchen, *jus utendi, sed non abutendi*.

Dieser Besitz ist im wesentlichen gleichheitlich: in Rußland muß die Gemeinde, als alleinige Eigentümerin angesehen, jedem Haushalt eine bestimmte Fläche bebaubaren Bodens zur Verfügung stellen; und wenn die

119 1861. Die Bauern erhalten zwar ihre persönliche Freiheit, bleiben jedoch an das System des „Mir" gebunden, innerhalb dessen ihnen durch Gemeindebeschluß Teile des von ihnen gemeinsam besessenen Bodens zu individueller Nutzung periodisch neu zugeteilt werden.

Zahl der Familien ansteigt, teilt man erneut auf, und zwar so, daß niemand ausgeschlossen wird. Diese Regelung ist allen slavischen Völkern gemeinsam; und sie ist in Rußland durch das Emanzipationsdekret beibehalten worden.

Die Volkswirtschaftslehre, die die Gesetze der Produktion behandelt, unter Absehung von den individuellen Interessen und von der Ungleichheit der Vermögen, kann selbst nichts Besseres fordern, als diese einfache Lehnbarkeit. Was verlangt die Volkswirtschaft? Daß der arbeitende Mensch (travailleur) frei sei: nun, eben das trifft heute für den russischen Bauern zu, wie in Frankreich für jeden Nießbraucher; daß er Herr seiner Entschlüsse sei: das ist er, sobald er für sich selbst arbeitet, abgesehen von der Steuer, die er der Gemeinde und dem Staat zahlen muß; auch das gibt es heute. In dieser Lehnbarkeit gibt es keine persönliche Dienstbarkeit, keine Lohnabhängigkeit, kein Proletariat, keine Reglementierung: was kann die Wissenschaft noch mehr fordern? Hat jemals ein Wirtschaftswissenschaftler behauptet, daß unsere Pächter und Teilpächter unter schlechten Bedingungen wirtschaften müssen, nur weil sie nicht Eigentümer sind? Nein, Pacht und Teilpacht werden von allen Ökonomen als vernünftige Voraussetzungen für landwirtschaftliche Arbeit bejaht. Die Grundrente wird von ihnen als eine ganz natürliche Erscheinung der Volkswirtschaft zugelassen, und dennoch ist die Lage der Pächter und Teilpächter viel weniger gut, als diejenige der Besitzer, von denen ich spreche, weil besagte Pächter und Teilpächter nicht nur den Boden nicht zu eigen haben, sie besitzen ihn noch nicht einmal; sie produzieren nicht für sich alleine, wie der slavische Besitzer, sie müssen vielmehr mit dem Eigentümer teilen. Unter ökonomischem Blickwinkel zu behaupten, nichtmißbräuchlicher Besitz sei mangelhaft, nachteilig für den arbeitenden Menschen und für die Erzeugung gesellschaftlichen Reichtums, heißt, die Pacht ablehnen, die Rente angreifen und folglich das Eigentum verneinen: und jetzt wird´s widersprüchlich.

Wenn die Maxime *Jeder bei sich, Jeder für sich* als eine Wahrheit der Volkswirtschaftslehre und des Rechts angesehen werden kann, dann läßt sie sich genauso auf den Besitz bzw. auch auf das eingeschränkte Eigentum anwenden, wie auf das absolute Eigentum: gerade in diesem Letzteren steckt doch der Stachel eines brutalen Egoismus´, den man im Besitz nicht findet. Also ist doch der Besitz sowohl unter dem moralischen, als auch unter dem freiheitlichen Gesichtspunkt untadelig.

Im übrigen steht fest, daß der Besitz, ungeachtet seines bescheidenen Auftretens, bis heute in der Zivilisation einen erheblich breiteren Raum einnimmt, als das Eigentum. Land hat die ungeheure Mehrheit derer, die es bewirtschaften, wenn sie nicht gerade schollengebundene Hörige waren, als *Kolonat* besessen, in *Erbpacht*, als *Pfründe*, *befristetes Arbeitsverhältnis*, *Auftragsarbeit*, als *nicht veräußerliches Gut*, unter *Pachtvertrag*, in *Viehpacht* usw., alles synonyme bzw. äquivalente Ausdrücke für Besitz. Nur eine sehr geringe Zahl von Menschen ist damals zu Eigentum gelangt. Dann, als die Klasse (classe) der Eigentümer zahlreicher geworden ist - was man im Lauf der Geschichte nur zwei bis drei Mal gesehen hat, nämlich nach Cäsars endgültigem Sieg, später im Gefolge der Invasionen ins römische Reich und schließlich Ende des 18. Jahrhunderts, anläßlich des Verkaufs der national genannten Güter - befand sich das Eigentum sogleich in einer Stellung unterhalb des antiken Besitzes, niedergedrückt durch Steuern und Servituten, der Anarchie, der Zerstückelung, der Konkurrenz und dem Börsenwucher ausgeliefert, wie von einem Damokles-Schwert bedroht durch das Gesetz über Enteignung zum Wohl der Allgemeinheit, angenagt durch die Hypothek und geschmälert durch die Entwicklung gewerblichen und beweglichen Reichtums. Der Prätorianer hat sein Stück Land verkauft und ist in die Großstadt umgezogen; der Barbar hat Schutz für sein *Allod* gesucht und es in ein Lehnsgut umgewandelt; und heute erleben wir, daß eine Menge - großer und kleiner - Eigentümer, erschöpft und enttäuscht, ihr Erbe zu Geld machen und aus ihm fliehen, der eine in den Handel, der andere in öffentliche Stellungen, wieder ein anderer in eine Anstellung im privaten Haushalt und in die Lohnabhängigkeit.

Dabei schien Nichts einfacher zu sein, als jenen Besitz zu regulieren und zu stärken, der gegen Ungleichheit ist und jede Art von Privileg und Mißbrauch ausschließt. Die feudale Auspressung, die den Besitz während des Mittelalters entehrt und schließlich den Zorn der Völker hervorgerufen hat, weit entfernt davon, dieser Art von Lehnsverhältnis innezuwohnen, steht in diametralem Gegensatz zu ihr, ebenso wie die Hierarchie der Titel und der Lehnsgüter. Nachdem erst einmal der Grundsatz der Gleichheit vor dem Gesetz aufgestellt worden war, folgte aus ihm die Gleichheit der verschiedenen Formen von Besitz; es genügte, um sie aufrecht zu erhalten, ein Reglement landwirtschaftlicher Ordnung, die sowohl vor Anhäufung, als auch vor Zerstückelung des Besitzes schützte. Nichts weiter hielt der gesunde Menschenverstand für angezeigt, und die Massen hätten ihrerseits auch nicht mehr verlangt. Aber, nichts dergleichen hat´s gegeben. Die Erklärung der Rechte von 1789 hat zugleich mit der Abschaffung des alten Feudalrechts das Eigentum bestätigt, und so wurde der Verkauf der Nationalgüter in die Wege geleitet. Das ist eines der bedeutendsten Phänomene unserer Epoche: was für geheime Ursachen haben ihm zugrunde gelegen? Das zu klären ist bisher noch niemandem in den Sinn gekommen.

VIERTES KAPITEL

Die Meinung der Juristen über Ursprung und Grundlage des Eigentums: Widerlegung dieser Meinungen.

Eigentum ist der bevorzugte Verfügungsbereich (domaine éminent) des Menschen über die Sache: „Es ist", nach Definition des Code civil Artikel 544, „das Recht, in völlig uneingeschränkter Art und Weise Sachen zu genießen und über sie zu verfügen, vorausgesetzt, man macht von ihnen keinen durch Gesetze bzw. Verordnungen verbotenen Gebrauch." Das römische Recht sagt: „*Dominium est jus utendi et abutendi, quatenus juris ratio patitur*; Eigentum ist das Recht, zu gebrauchen und zu mißbrauchen, soweit es nach Maßgabe des Rechts zulässig ist." Es scheint, daß der Gesetzgeber, als er diesen absoluten Grundsatz aufgestellt hat, ihn gerade durch die Unbestimmtheit dieses Vorbehaltes noch etwas treffender machen wollte, *quatenus juris ratio patitur*, französisch: „vorausgesetzt, man macht von ihnen keinen durch Gesetze bzw. Verordnungen verbotenen Gebrauch". Einerseits wird das Eigentum als absolut bezeichnet, andererseits wird es unter den Vorbehalt des Rechts des Staates gestellt, das durch Gesetze und Verordnungen kundgetan wird.

Aber, was ist das eigentlich für ein Recht? Man weiß es nicht; es ist ein Damokles - Schwert, auf das man in Wirklichkeit nicht acht gibt, dessen Faden jedoch reißen und dem Eigentum den Tod bringen kann. Nichts leichter, als das: mittels zwei, dreier Paragraphen eines Gesetzes und einiger Verordnungen läßt sich dieses absolute und mißbrauchbare Eigentum nämlich in ein bedingtes und eingeschränktes Eigentum, in einen bloßen Besitz, umwandeln. Ich will sogar sagen, daß, während ich dies schreibe, die Entwicklung bereits in diese Richtung zu gehen scheint. Diese widersprüchliche Definition des Eigentums, die gibt und zurück hält, zugleich bestätigt und verneint, läßt nichts Gutes ahnen für die Zuverlässigkeit der Rechtswissenschaft und für die Sittlichkeit dieser Einrichtung.

Das römische und das französische Recht haben offensichtlich stillschweigend angenommen, daß der wahre Souverän, der, in dessen Händen der bevorzugte Verfügungsbereich, das *dominium*, liegt, nicht der Besitzer bzw. Inhaber der Sache ist; daß der nur ein fiktiver Eigentümer ehrenhalber ist; daß der wahre Eigentümer der Staat ist. Das war die Lehre des Ancien régime, der Napoleon und Robespierre zuneigten. Aber warum dann dieses dem Eigentümer als Nutznießer gewährte Privileg, zu gebrauchen und zu mißbrauchen, während der wirkliche Eigentümer, der Staat, keinen Mißbrauch treibt? Warum dieser weite Spielraum für die Ungerechtigkeit? Warum diese Erlaubnis, Übles zu tun? Warum dieser Verzicht auf die Aufsicht des Staates über das Eigentum (domaine) der Gesellschaft? Ist es hier nicht angebracht, zu sagen, die Eigentümer haben die Gesetze gemacht, und dabei nur für sich selbst gesorgt? Was wird dann aus der Achtung vor dem Gesetz angesichts eines solchen Verdachts? ...

Wohin man sich auch wendet, man sieht den Dolch des Widerspruchs auf sich gerichtet: es gibt kein Entkommen.

Vor dieser Analyse verstummen alle Verteidigungsreden auf das Eigentum, die man in den letzten Jahren gehalten hat, und alle Erklärungen, die man über seinen Ursprung verlautbart hat; das alles sind lächerliche bukolische Reimereien. Denn zuguterletzt, will ich diesen tölpelhaften Apologeten nur sagen, lasse ich gerne guten Glauben gelten, erkenne ich auch Vererbbarkeit, Besitz, Verjährung, das heilige Arbeitsrecht, ja sogar das Interesse des Staates an: aber, wozu denn dann bloß dieser *Mißbrauch*? Warum denn nur diese Befugnis, absolut zu *verfügen*? Hat man je von einem Gesetz (Loi), einer Moral (Morale) gehört, die Laster, Wollust, Willkür, Gottlosigkeit, Mord, Diebstahl und Entführung gutheißt, mit dem Vorbehalt, Delinquenten zu bestrafen, sobald die eine gewisse Grenze überschritten haben, die nicht einmal das Gesetz (la Loi) genau bestimmt?

Nehmen wir uns einmal das von allen Menschen am meisten geachtete Eigentum vor, nämlich dasjenige, das man durch Arbeit erwirbt. Warum, habe ich gefragt, zusätzlich zu dem Preis, der berechtigterweise dem Produzenten geschuldet wird, zusätzlich zu der Entschädigung seiner Arbeitsleistungen und seiner Bemühungen, warum noch dieses Recht gewähren, zu mißbrauchen, absolut zu verfügen? was kein einziger guter Familienvater gegenüber dem liebsten seiner Kinder tun würde? ...

Man beachte, daß diese Definition des gallo-römischen Gesetzgebers umso erstaunlicher, ich möchte fast sagen, skandalöser ist, als er doch ganz genau zwischen EIGENTUM, das er bewußt als mißbrauchbar bezeichnet hat, und *Besitz* unterschieden hat, der das nicht ist. Diese Unterscheidung ist so gut getroffen worden, daß sie zwei unterschiedliche Gesichtspunkte hervorgebracht hat, auf denen das gesamte bürgerliche Recht ruht und die man in akademischen Begriffen *„den Besitz betreffend (possessoire)“* und *„den Anspruch betreffend (petitoire)“* bezeichnet. Das Possessorische ist alles, was sich auf den nicht mißbrauchbaren Besitz bezieht; das Petitorische alles, was sich auf das Eigentum bezieht, auf den mißbrauchbaren und absoluten Bereich (domaine). Warum das alles? In der Volkswirtschaft ist es grundsätzlich so, daß *Erzeugnisse mit Erzeugnissen gekauft werden*;

was zu jener Regel des Handelsrechts führt, daß ein Wert mit einem gleichen Wert bezahlt wird; kurz: daß Gleichheit das Gesetz des Tausches ist. Warum tritt der Gesetzgeber des bürgerlichen Rechts (le législateur civil) diese Regel mit Füßen, indem er erklärt, das durch Arbeit erworbene Eigentum sei, wie jede andere Sache, mißbrauchbar und absolut? was heißt, daß er dem Eigentümer ausdrücklich mehr zugesteht, als seine Dienstleistungen es verdienen.

Es ist klar, und ich kann die Bockigkeit nicht verstehen, die sich weigert, das einzusehen, daß das Eigentum ganz auffällig vom Recht abweicht; es überschreitet nämlich das Recht; und zwar dergestalt, daß man von der Definition, die es bestimmt, sagen kann, sie ist die legale Anerkennung einer Ungerechtigkeit, die im Namen des Rechts vorgenommene Rechtfertigung dessen, was kein Recht ist.

Wie dem auch immer sei, aus der absolutistischen Definition des Eigentums ergibt sich, daß, im Gegensatz zum Besitz, von dem wir gesagt haben, daß er unteilbar und unveräußerlich ist, das Eigentum, wenn der Eigentümer es will, geteilt, verpfändet, verkauft, übertragen und auf immer veräußert werden kann. Das ist in der Praxis der Geschäfte und in dem üblichen Gebaren von Eigentümern das grundlegende Wesensmerkmal des Eigentums: d. h. mit Hilfe einer neuen Fiktion, die derjenigen diametral entgegengesetzt ist, die den Staat bzw. Fürsten als Vertreter bzw. Vikar Gottes ansah und ihm die bevorzugte Verfügung über das Land (le domaine éminent de la terre) zuwies, wird jetzt der einzelne Mensch selbst als Souverän angesehen, der das Land aus eigener Macht und aus eigenem Recht innehat und von Niemandem abhängt. Die Volkswirtschaftslehre liefert eine noch ausdrucksstärkere Analogie: wie der Gewerbetreibende das absolute Eigentum an seinem Erzeugnis hat, weil er es erzeugt hat; so macht das neue Recht, indem es den Besitz des Bodens dem Besitz der gewerblichen Erzeugnisse angleicht, den Inhaber des Bodens zum Eigentümer, als ob der durch Bearbeitung des Bodens, diesen erzeugt hätte. Man merkt, wie diese Angleichung Kritik geradezu hervorruft, und an Kritik hat es ja auch nicht gefehlt.

So hat, nachdem der Besitzer des Bodens erst einmal als Schöpfer eben dieses Bodens angesehen worden ist, sein Recht eine ungeheure Ausdehnung erfahren; was er früher einmal weder aufteilen, noch veräußern, noch schließlich zerstören durfte, obwohl er frei war, es zu verlassen, kann er heute völlig willkürlich behandeln, es jedem x-beliebigen Menschen übertragen, es gegen Geld eintauschen, oder gegen einen Teller voll Gemüse, es total kaputt machen: alles das steht ihm von Rechts wegen zu.

Aus dem gleichen Grund kann der Eigentümer seine Kinder um ihr Erbe bringen, indem er sein Eigentum einem Fremden überträgt. In der Tat verhält es sich mit dem Eigentum nicht mehr so, wie mit dem Besitz, dessen Einrichtung die Unterscheidung und Erhaltung der Familien zum Ziel hatte. In der neuen Ordnung ist das politische Element nicht mehr die Familie, sondern der einzelne Mensch, der Eigentümer. Wie das Familienoberhaupt die Befugnis hat, absolut souverän die Früchte seines Gewerbes zu genießen und über sie zu verfügen, so ist es befugt, ebenso souverän über sein Eigentum und über die Einkünfte aus seinem Eigentum zu verfügen: der Boden und die Früchte seiner Arbeit gehören gleichermaßen ihm; die Erklärung der Menschen - und Bürgerrechte, die an den Anfang der Verfassung des Jahres III gesetzt worden ist, faßt diese zwei Fälle in ein und derselben Kategorie zusammen. Die Erbfähigkeit der Kinder, die in dem ersten Fall noch ein Recht der Kinder des Eigentümers war, ist heute nur noch eine Rechtsvermutung (présomption).

Gegenüber der Steuer ist die Stellung des Eigentümers nicht mehr die gleiche, wie die des einfachen Besitzers: dieser war gehalten, einen *Grundzins* zu zahlen, das Zeichen seiner Unterordnung und der Lehnsherrlichkeit des Staates. Der Eigentümer hingegen schuldet nichts; allein, da er Mitglied eines politischen Zusammenschlusses ist, muß er aus seinem Vermögen einen Beitrag für die allgemeinen Kosten dieses Zusammenschlusses leisten, ein Aufwand, dem er im Vorhinein zugestimmt haben muß.

Schließlich, eine letzte Folge, das Eigentum schließt nicht mehr notwendigerweise die Gleichheit ein, wie der Besitz. Da es Teilung und Abtretung umfaßt, kann es auch erworben und angehäuft werden; die größte Ungleichheit wird dann einmal zwischen Landgütern herrschen, es wird eine große Zahl von aus ihrem Besitz Verdrängten geben und Eigentümer, deren Grundbesitz für ein ganzes Volk ausreichen würde und sogar ein ganzes Königreich ausmachen könnte.

Man sieht, daß, wenn das Eigentum auch in einer unklaren und sogar anstößigen Weise definiert wird, dafür seine Wesensmerkmale umso klarer in Erscheinung treten: man braucht bei Allem nur das Gegenteil des Besitzes anzuführen.

Jetzt geht es darum, diese erstaunliche Einrichtung zu erklären, ja zu rechtfertigen, die so weit von der Mäßigung unserer anfänglichen Ausführungen weg ist und in der der Gesetzgeber es sich zur Aufgabe gemacht zu haben scheint, unter einem unverständlichen Vorbehalt alle Arten von Maßlosigkeit zu versammeln. Denn, das muß man anerkennen, das Eigentum ist in seinem Absolutismus genauso folgerichtig und logisch, wie der Besitz in seiner Angemessenheit; und es tritt keineswegs einfach so mir nichts, dir nichts auf, sondern mit wohlüberlegter Absicht.

Nichts ist komischer, als das immer wieder zu bemerkende Abschweifen der Gesetzeskenner, wenn sie das Eigentum gegen kritische Äußerungen von Neuerern interpretieren bzw. verteidigen. Man merkt sofort, daß sie keine anderen Argumente für seine Begründung anzuführen haben, als die, die schon dazu gedient haben, eben den Besitz zu begründen. Und man kann bereits vorhersehen, daß die Unzulänglichkeit dieser Argumente einzig und allein daher kommt, daß sie über eine Auffassung der Vernunft einer Gruppe (raison collective) allein mit den Angaben der Vernunft eines einzelnen Menschen (raison individuelle) Klarheit schaffen wollen.

Die ältesten Rechtsgelehrten sagten rundheraus, daß der Ursprung des Eigentums im Recht des ersten Besetzers liege, und verwarfen jede andere Hypothese. Dann sind andere hergekommen, wie Montesquieu und Bossuet[120], die behauptet haben, daß das Eigentum seine Existenz dem Gesetz verdanke, und folgerichtig die alte Theorie des Zugriffs verworfen haben. Heutzutage hat sich die Meinung von Bossuet und Montesquieu ihrerseits als unzulänglich erwiesen, und es sind zwei neue Doktrinen entstanden: die eine, die eine Beziehung zwischen dem Eigentumsrecht und der Arbeit herstellt, das ist die Theorie, die Herr Thiers in seinem Buch *über das Eigentum* verficht[121]; und die andere, die noch weiter ausholt, sogar die Idee von Herrn Thiers für verwirrend hält und sich einbildet, die wahre Ursache des Eigentums in der Persönlichkeit des Menschen erfaßt zu haben und dieses als Äußerung des *Ich*, als Ausdruck der Freiheit ansieht. Das ist die Meinung z. B. der Herren Victor Cousin, des Philosophen, und Frédéric Passy, des Wirtschaftswissenschaftlers.[122] Man braucht kaum hinzuzufügen, daß diese Meinung ihrerseits, sowohl den Parteigängern von Bossuet und Montesquieu, als auch denen von Herrn Thiers, als auch schließlich den Theoretikern von altem Schrot und Korn ebenso nichtssagend, wie anma-

---

120 Charles de Secondat, Baron de Montesquieu (1689-1755); zu seinen Überlegungen betreffend das Eigentum im vorliegenden Zusammenhang s. „Vom Geist der Gesetze“ (1748), Buch 26, Kap. 15; Jacques Bénigne Bossuet (1627-1704), 1681 Bischof von Meaux; Vorkämpfer einer weitgehenden Autonomie der französischen Kirche gegenüber dem Papst.

121 Louis-Adolphe Thiers (1797-1877), 1871-1873 Präsident der Dritten Republik; zum Eigentum s. sein Buch De la Propriété, Paulin, L´Heureux et Cie., Paris 1848.

122 Zu Cousin s.o. Anm. 14; Frédéric Passy (1822-1912), liberaler Wirtschaftswissenschaftler, Verfasser u.a. von De la propriété intellectuelle (avec V. Modeste et P. Paillote), Guillaumin, Paris 1859, u. Leçons d´économie politique, Gras, Montpellier 1861; seit 1877 Mitglied der Académie des sciences morales et politiques.

ßend erschienen ist. In der Tat kann man sich ja fragen, wie es kommt, daß nicht jedermann Eigentümer ist, wenn es doch der Wille, die Freiheit, die Persönlichkeit und das *Ich* sind, die das Eigentum hervorbringen. ... Die Klügsten, wie z. B. Herr Laboulaye[123], haben darauf verzichtet, an dieser Debatte teilzunehmen. Und das Eigentum ist im Grunde genommen von seinen eigenen Verteidigern in größere Gefahr gebracht worden, als es je gewesen ist.

Jedem Menschen mit gesundem Menschenverstand leuchtet ein, und ich glaube, das für meinen Teil zur Genüge bewiesen zu haben, daß alle diese Theorien gleichermaßen unzulässig und alle auf eine postulatio principii zurück zu führen sind, da sie, ohne es mit irgend einem Beweis zu begründen, vom absoluten und mißbrauchbaren Eigentum etwas behaupten, was nur für den Besitz bzw. für das Bedingungen unterliegende und damit eingeschränkte Eigentum stimmt; daß der *Tatbestand* Besetzung z. B. kein Rechtsgrund ist und aus sich selbst heraus keinerlei Vorrecht schafft; daß diese Besetzung lediglich ein Akt der Inbesitznahme ist, der keinen Ausschluß eines anderen Menschen mit sich bringt und sich natürlich auf die Menge an Boden beschränkt, die eine Familie bewirtschaften kann; - ebenso leuchtet ihm wohl ein, daß die Autorität des Gesetzgebers in hohem Maße zu achten ist und daß es hier nicht darum gehen kann, ob dem Gesetz nicht Gehorsam zu leisten ist, sondern daß es sich darum handelt, eben das Gesetz als gültig zu beweisen und die Rechtsgründe dafür beizubringen; daß man unter der Herrschaft der Besitzordnung das Gesetz ganz wunderbar versteht und seine Rechtlichkeit, seine Vorsorglichkeit und seine hohe Sittlichkeit in die Augen springen; daß aber nichts davon mehr in der Eigentumsordnung gilt, nach deren Beweggründen, Zweck und Ursachen man noch immer fragen muß; - des weiteren versteht er sicher, daß die Arbeit etwas Unantastbares ist und das Recht, das sie dem arbeitenden Menschen (travailleur) an seinem *Produkt* gibt, absolut ist, sich jedoch nicht ohne weiteres auf den Boden erstrecken kann, den der Mensch ja nicht schafft, sondern der umgekehrt ihn erzeugt; daß sogar die Idee einer Vergütung, die dem Landwirt für die Arbeit, die er in den Boden hineingesteckt hat, zu zahlen sei, keineswegs genügt, um das Eigentum zu rechtfertigen, weil doch jede Vergütung durch die ökonomische Formel Dienstleistung für Dienstleistung, Produkt für Produkt und Wert für Wert bestimmt wird und weil, wenn es bei Eigentumswechseln auch gerechtfertigt ist, die Investitionen in die Verbesserung des Bodens zu berücksichtigen, daraus noch kei-

123 zu ihm s. o. Anm. 14.

ne Eigentumsübertragung folgt; - und schließlich ist jedem Menschen wohl klar, daß zwar das Ich ganz sicher, zusammen mit dem Boden, der Stoff ist, aus dem das Eigentum gemacht ist, das ja zwei Pole (termes) voraussetzt, nämlich eine angeeignete Sache und ein Subjekt, das sie sich aneignet, daß jedoch dieses Bedürfnis des Ich, sich mit der äußeren Welt zu vereinen, sich in ihr eine Festung zu errichten, ihr seinen Stempel aufzudrücken und sie sich einzuverleiben, durch den Besitz befriedigt wird, der alle *Ichs* berücksichtigt, wohingegen das Eigentum weit über dieses Bedürfnis hinausgeht, da es Anhäufung, Aufkauf und Abtretung eines Teils der *Ichs* anstrebt: und das beinhaltet einen Widerspruch (siehe meine *Denkschriften* über das Eigentum, das *System der ökonomischen Widersprüche* usw.).[124]

Man füge dieser unausweichlichen Widerlegung noch das Gewicht der Erfahrung hinzu, die doch zeigt, wie das Eigentum allerorten zu vielerlei Mißbrauch entartet; wie einem Teil der Gesellschaft zum Vorteil des anderen das Fell über die Ohren gezogen wird; wie Knechtschaft wieder eingeführt wird, Arbeit ohne ein vererbbares Ergebnis und ohne Kapital, Zwietracht zwischen den Klassen, immer wiederkehrende Revolutionen; wie die Freiheit verloren geht, wegen der *Latifundien* die Entvölkerung zunimmt; und wie schließlich die Gesellschaft verfällt und sich auflöst, weil sich der Absolutismus des Eigentums überall ausbreitet. Die Geschichte und die Volkswirtschaftslehre sind voll von Klagen über die vielen Arten von Mißbrauch des Eigentums, ohne daß jemand jemals hat begreifen wollen, daß, was das Eigentum betrifft, Gebrauch und Mißbrauch identisch sind und daß ein Eigentum, das aufhören würde, mißbrauchbar zu sein bzw. das die Fähigkeit, es zu sein, verlieren würde, schlicht und einfach wieder Besitz werden würde, daß es kein Eigentum mehr sein würde.

Man merkt wohl, wie groß manchmal die Angst der Eigentümer gewesen sein muß gegenüber einer Kritik, die klar und knapp und mit Bedacht ihr Recht verneinte und mit Beweisen in Händen schlagend nachwies, daß nach allem, was man über die Zivilisation weiß, nach allem, worüber uns die Rechtswissenschaft aufgeklärt hat, die Lehren der Wirtschaft, der Religion, ja sogar die Überlieferungen des göttlichen Rechts, und umso mehr der Theorie des modernen Rechts zufolge, das Eigentum, auf welchen Standpunkt auch immer man sich stellen mochte und von welcher Hypothese man auch immer ausgehen wollte, vorbehaltlich umfassenderer Information, letztlich nur auf eine gewaltsame Beschlagnahme, bestätigt durch eine gesetzgeberische Zweideutigkeit, zurück zu führen sei. Geht bis auf die

124 s. o. Anm. 21, 22, 30 (Denkschriften); 35 (Widersprüche).

Ursprünge eures Eigentums zurück, sagte man den Eigentümern, befragt den Gesellschaftsvertrag, fragt die reine Vernunft um Rat, analysiert die Voraussetzungen der Arbeit und des Tausches: immer werdet ihr erkennen müssen, daß euer bevorzugter Verfügungsbereich (domaine éminent) den Tatbestand eines Eingriffs erfüllt, gleich demjenigen eines Menschen, der sich widerrechtlich Grenzsteine aneignet, daß er eine Einrichtung des Egoismus ist, jenseits allen Rechts und antisozial, die einzig und allein zum Ergebnis hat, die große Menge der Menschen zugunsten einer kleinen Kaste aus ihrem Besitz zu vertreiben, was dem Gesetzgeber zu bestätigen gefallen hat - und wir fragen uns seit zweitausendfünfhundert Jahren, warum?

Das ist also das Problem, an das Juristen und Ökonomen sich wohl kaum anmaßen dürften, die folgende Vorfrage zu stellen: Geht das Eigentum, wie wir es weiter oben definiert haben, wie der Code civil es darlegt und wie die moderne Gesellschaft es handhabt, nach den Anschauungen der Zivilisation tatsächlich auf eine Anregung jener immanenten Vernunft zurück, die die menschlichen Gruppen leitet und deren Auffassungen über die naturgemäße Tragweite der partikularen Vernunft des Einzelnen hinausgehen? Oder ist das Eigentum nicht vielmehr nur ein Zerrüttungstatbestand, ein schicksalhaftes Vorurteil, eine jener Verirrungen von Meinungen, die den Gesellschaftskörper infizieren und seine Zerstörung vorbereiten? Im ersten Fall müßte man diese Einrichtung anders, als mit Hilfe der Gesetze zur Gewährleistung allgemeiner Sicherheit und mit Worten heuchlerischer Entrüstung erklären. Im zweiten Fall - die Logik und das Recht sind unerbittlich - müßte man zum legitimen Besitz zurückkehren und eine neue Aufteilung vornehmen.

Da man sich in einer Diskussion von so großem Interesse nicht in zu viele, sehr vorsichtig vorgetragene Einzelkenntnisse verwickeln sollte, bitte ich für die folgenden Ausführungen um die Erlaubnis, vor Darlegung allgemeinrechtlicher Überlegungen, die meiner Meinung nach die Gesellschaft mit Nachdruck auf die Einrichtung des Eigentums hinlenken, zu untersuchen, ob man es, so wie es sich uns bereits darstellt, nicht als Erzeugnis eines organischen, natürlichen, notwendigen und folglich legitimen Bestrebens ansehen kann, oder ob man in ihm nur einen Mißbrauch, eine Übertreibung des Besitzes sehen muß, eingeführt unter revolutionärem Tumult, danach aus Staatsraison akzeptiert und schließlich aus Toleranz, Nachlässigkeit, oder sogar aus Unwissenheit des Gesetzgebers zum Grundsatz erhoben. Hierzu wollen wir jetzt einen kurzen Blick auf die Geschichte des Eigentums werfen.

FÜNFTES KAPITEL

Ein historischer Blick auf das Eigentum: Ursachen seiner schwankenden Erscheinungsformen, seiner Veränderungen, seiner vielerlei Arten von Mißbrauch und Verfall; es hat nirgends in der Fülle seines wahren Wesens, in Übereinstimmung mit dem Wunsch der Gesellschaft und in vollständiger Kenntnis seiner selbst existiert.

Das Eigentum in Europa ist römischen Ursprungs; zumindest tritt es zum ersten Mal in Rom in Erscheinung in seinem absolutistischen Charakter, mit seinen Rechtsansprüchen, seiner rigorosen Theorie und seiner starren Praxis. Man würde sich jedoch täuschen, wenn man sich vorstellen würde, es sei vom ersten Tage an fix und fertig ausgerüstet aufgetreten, wie Minerva dem Haupt Jupiters entsprungen ist.

Ebenso wie alle Ideen, seien sie gut, oder schlecht, die sich der Meinung der Menschen bemächtigen und dann die Welt regieren, löst es sich nur ganz allmählich vom Besitz ab, mit dem es sich vermischt vorfindet und von dem es sich erst spät trennt.

Die Gründe, die mich vermuten lassen, daß das Eigentum in Rom sich lange mit dem bei Germanen und Slawen herrschenden Besitz vermischt hat und mit dem, was man im Mittelalter *Lehen* genannt hat, sind die folgenden:

1. Romulus teilt das Land in 30 gleiche Teile auf, die er auf die 30 Kurien verteilt. Von dem Rest behält er einen Teil der Religion vor, den anderen dem Staat. Diese Aufteilung wird als ihrem Wesen nach etwas endgültig feststehendes vollzogen: auf der einen Seite bildet der dem Staat zugewiesene Teil ein unteilbares, unantastbares und unveräußerliches Staatsgut (domaine); der der Religion zugewiesene Teil nimmt die gleiche rechtliche Stellung ein. Auf der anderen Seite mußte der jedem Krieger, Bürger und Familienoberhaupt zugewiesene Anteil, *haereditas*, wie die der Religion (Religion) und dem Staat zugewiesenen Anteile, anfänglich unter genau dem gleichen Blickwinkel betrachtet werden. Alle diese *Domänen* waren einander ähnlich. Aber gerade weil der Patrizier, Waffengefährte von Romulus, *quiris*, Herr seines Hauses, Familienoberhaupt und Grundbesitzer, rechtlich in die Nähe des Staates gerückt wird, hat er etwas von einem Eigentümer an sich: dem König allein hinsichtlich seiner Einsetzung als Landbesitzer untergeordnet, ist er bei der Verwaltung seiner Kurie allein auf sich selbst gestellt; er ist *sein eigener Herr* (il est *sui juris*); politisch sein eigener Herr, leistet er keine Abgabe. Sobald sich die Gelegenheit bietet,

sich von der Königsherrschaft zu befreien, wird er seinen Besitz, *possessio*, in Eigentum, *dominium*, umwandeln. Die Ländereien des Staates, von Sklaven, oder Plebejern als Pächtern bewirtschaftet, tragen zur Bestreitung der öffentlichen Ausgaben bei. Dieses Recht des Patriziers erhält im Unterschied zu demjenigen, das später dem Plebejer zugestanden wird, eine besondere Bezeichnung: das ist das quiritische Recht, *jus quiritarium*.

2. Die Plebs hat Romulus von der Landaufteilung ausgeschlossen. Diese hat nichts mit einer gleichheitlichen Einrichtung zu tun, so wie wir den Besitz aufgefaßt haben; aber, in Wirklichkeit handelt es sich hierbei um eine Einschränkung des Rechts der Patrizier, das nicht so weit geht, den Übergang quiritischen Bodens in plebejische Hände zu erlauben.

3. König Servius ist der Erste gewesen, der den Leuten aus dem Volk einige Ländereien zugestanden hat. Später, nach dem Sturz der Tarquinier, hat die Aristokratie das Volk für die Revolution dadurch eingenommen, daß sie an jeden Bürger sieben *Joch (jugera)* austeilte, die von den Gütern des ehemaligen Königs abgezweigt wurden. Im Jahre 454 v. Chr. wird der Aventin - Hügel, Weideland der Gemeinde, ebenfalls unter die Plebs aufgeteilt. Alle diese Zuweisungen erfolgen jedoch im Sinne eines *Besitz*anspruches, d. h. der Mann aus dem Volk hat seinen Besitz nur als Nießbrauch inne; er kann ihn weder verpfänden, noch verkaufen, denn der Staat behält dieses Land als Staatsgut (domaine) und somit bloßes Eigentum (la nue propriété). Schließlich werden die Plebejer 376 v. Chr. aufgrund des Gesetzes der Tribunen Licinius Stolon und L. Sextius, genauso wie die Patrizier, zur Aufteilung eroberter Ländereien, des *ager publicus*, zugelassen. So bildet sich auf dem Wege über diese *Besitzungen*, die von den Adligen heiß begehrt werden, eine zahlreiche Mittelschicht. Aber, es ist eine bemerkenswerte Tatsache, daß alle diese Ländereien, die dem *ager publicus* entzogen werden, in wessen Hände, der Patrizier, oder der Plebejer, sie auch immer übergehen, ihre Bindung an den Staat behalten; nur diejenigen, die ganz zu Anfang verteilt worden sind, bewahren ihren quiritischen Charakter. Folglich kann man sagen, daß Besitz die Regel ist, Eigentum die Ausnahme. Im Grunde genommen liegt der ganze Unterschied zwischen Besitz und Eigentum in jener Zeit eher in der Möglichkeit der Anwendung des quiritischen Rechts, als in seiner tatsächlichen Ausübung. Denn, wenn der Adlige sein Gut auch veräußern konnte, trat dieser Fall in Wirklichkeit nie ein: das Eigentum blieb unveränderlich. Ganz abgesehen davon, daß der Quirit nicht im Traume daran dachte, auf seine Güter zu verzichten, war sein Ehrgeiz ganz darauf gerichtet, sie zu vermehren, und wenn schon nicht mit Hilfe neuen Eigentums, so zumindest mit Hilfe neuer Besitzungen.

4. Was das quiritische Landgut in der Tat unteilbar machte und unveräußerlich, wie ein Lehen, war der Familiensinn, der in Rom so stark war und die Grundlage der politischen Verfassung bildete.

„Wenn Gesellschaften entstehen“, sagt Herr Laboulaye[125], „dann ist da, wo eine Aristokratie herrscht, die Familie eines der *politischen Elemente* des Staates. Dieser Staat ist lediglich ein Bund von Familien, kleinen, voneinander unabhängigen Gesellschaften, deren Oberhaupt Beamter, Priester und Feldherr in einer Person ist. Eine solche Familie löst sich einfach nicht auf, solange ihr Oberhaupt lebt; stirbt es, dann nimmt der Sohn den Platz des Vaters ein. Und das Band hält auch dann noch, wenn mehrere Generationen dahin gegangen sind und vom gemeinsamen Ursprung nur noch eine ferne Erinnerung übrig lassen, die durch die Namens- und Opfergemeinschaft bewahrt wird. In so einem System ist es viel weniger Blutsverwandtschaft, die eine Familie bildet, als vielmehr politische Beziehungen, und der einzelne Mensch wird, allen Rechten zum Trotz, die für uns als die heiligsten gelten, dieser Notwendigkeit öffentlicher Art unerbittlich geopfert. Diesen Gesichtspunkt muß man einnehmen, will man die römischen Gesetze verstehen: Allmacht des Familienvaters, Bevorzugung der männlichen Personen, Vormundschaft über die Frauen, Ausschluß des Anspruches ihrer Nachkommen auf die Güter des Großvaters väterlicherseits.“

Da, wo die Familie diese Bedeutung bekommt, wo sie ein *politisches Element* ist, kann das Eigentum, wie wir es heute verstehen, wohl kaum anders, als nur der Möglichkeit nach existieren. Es wird weder veräußert, noch geteilt; der Patrizier kann noch so sehr *sein eigener Herr (sui juris)* heißen, absoluter Herr seines Bodens, über den er verfügen kann, wie es ihm gefällt, seine erste und größte Sorge wird immer sein, ihn in seiner Gesamtheit an die Familie weiter zu geben. Und deshalb wiederhole ich, daß es in Rom, zur Zeit der Republik, praktisch gar kein Eigentum gegeben hat, weder bei den Patriziern, noch bei den Plebejern. Aber, so betrachtet, begann damals doch schon die Eigenschaft des Eigentümers wichtiger zu werden, als die des *paterfamilias*. Der Familienvater ist absoluter Herr: er hat die Macht, nicht sein Gut und seine Familie zu zerstören, wohl aber über sie zu verfügen, wie er will, wobei die Pflicht, beides zu bewahren, stillschweigend immer mitgedacht wird. Er vereinigt in seiner Person seine ganze Familie; er kann seine Kinder enterben und an ihrer Stelle, um diese ideale Familie fortzusetzen, einen Fremden zum Erben machen. Genau das sagt das Zwölftafelgesetz: *Wie jemand hinsichtlich seiner Familie, seines*

125 s.o. Anm. 14; Proudhon gibt die Quelle nicht genauer an.

Geldes und der Vormundschaft über seine Sache letztwillig bestimmt hat, so soll es rechtens sein.[126]

„Das römische Testament war mehr, als eine Schenkung der Güter des Erblassers. Es war die Übergabe der gesamten *familia* und des häuslichen Götterdienstes (*sacra privata*), dessen Fortführung Gegenstand so ängstlicher Sorge war.

Der bestellte Erbe setzte die Person des Gestorbenen fort, wie es sonst der Bluterbe getan hätte. Diese mit dem Anspruch, Erbe zu sein, verbundene Bedeutung und die Unteilbarkeit der religiösen Pflichten, die sie auferlegte, hatten in den Geist der Römer jene Idee eingepflanzt, daß die *familia* nur in ihrer Gesamtheit weitergegeben werden könne, mit allen ihren Vorteilen und Lasten: Es ist eigentlich unmöglich, daß Jemand stirbt, der nur für einen Teil seiner Erbschaft ein Testament gemacht hat und für den anderen kein Testament gemacht hat.[127] Gleichberechtigt testamentarische und gesetzliche Erbfolge zuzulassen, wäre ein Widerspruch zum Wesen des Testaments an sich gewesen."

„Bei den heutigen Völkern gründet sich das Erbrecht allein auf Blutsverwandtschaft."[128] Das heißt, der Ursprung des Erbrechts ist materialisiert worden, und die Vorstellung „Familie" ist ausgelöscht worden, anstatt sich zu vervollkommnen. Bei den Römern ist das etwas anderes: wenn der Vater starb, ohne ein Testament zu hinterlassen (*intestat*), dann erbte die FAMILIE; dieses Wort bezeichnete etwas anderes, als Kinder und Verwandte, obwohl die einen wie die anderen darin eingeschlossen sein konnten. Kurz, die Familie war eine *zivilrechtliche und politische Stellung*, ein gesellschaftlicher *Rang (status)*, ein *Mittelpunkt (caput)*, völlig unabhängig von Geburt und Blutsverwandtschaft, vergleichbar der rechtlichen Stellung eines freien Menschen und Bürgers. Der ehelich geborene Sohn, das adoptierte Kind, ja sogar die *der väterlichen Gewalt unterworfene* Frau (la femme *in manu*) sind gleichermaßen erbberechtigt. Im Gegensatz hierzu gehören der mündig gesprochene, oder zur Adoption frei gegebene Sohn und die verehelichte Tochter nicht mehr zur Familie und verlieren ihr Recht auf die Erbschaft.

126 *Uti legassit super familia, pecunia, tutelave suae rei, ita jus esto.* Im Originaltext fehlt „familia"; s. Das Zwölftafelgesetz-Texte, Übersetzungen und Erläuterungen, hsg. v. Rudolf *Düll*, Ernst Heimeran Verlag, München 1953, S. 36/37 (Tafel 5, Nr. 3); Übs. Düll.

127 *nemo pro parte testatus, pro parte intestatus decedere potest.* Proudhon gibt weder für dieses, noch für die weiteren erbrechtlich relevanten Zitate Quellen an.

128 Zu diesem und dem vorangehenden Zitat gilt das in vorangehender Anmerkung Gesagte.

5. Die feierlichen Formen, die sowohl beim Kaufvertrag, als auch beim Testament erforderlich waren, zeigen, wie ernst die Übergabe von Eigentum genommen wurde; wie sehr das Eigentum zur Familie gehörte und wie wenig es infolgedessen aus der Familie heraus zu lösen war. Zusammenfassend gesagt: in Rom hat es sich mit dem Eigentum bzw. dem quiritischen Landgut (domaine quiritaire), wie mit der Ehe verhalten; die Befugnis, es zu veräußern, wie diejenige, die Ehe aufzulösen, war allgemein anerkannt, aber, in Wirklichkeit vergingen Jahrhunderte ohne Veräußerung und ohne Scheidung.

Solcher Art war das Eigentum am Anfang. Und jetzt frage ich mich, ob es bei alledem etwas gibt, was der öffentlichen bzw. privaten Sittlichkeit, der elementaren, oder synthetischen Vorstellung von Recht zuwiderläuft, ob es infolgedessen zulässig wäre, im Eigentum eine Gegebenheit, eine Eingebung, oder eine Voraussetzung der Gesellschaftlichen Vernunft (Raison collective) zu sehen, in der sich Idee und Recht, Einsicht und Gewissen miteinander verbinden.

Was also unterscheidet das Eigentum bzw. quiritische Landgut vom Besitz? Zwei Dinge, von denen meiner Meinung nach keines an sich eine Verneinung des Rechts und damit Unsittlichkeit in sich trägt; erstens: der Eigentümer hängt allein von sich selbst ab, weder vom Fürsten, noch von der Gemeinschaft, und zweitens: in ihm hängt die Autorität des Familienvaters ebenfalls allein von sich selbst ab und ist keinem Anderen gegenüber verantwortlich. Nun haben wir aber eben gesehen, daß in der Besitzordnung der Besitzer vom Staat abhängt, der aufgrund göttlicher Einrichtung, oder einer Erfindung des Gesetzes - was im Grunde genommen das Gleiche ist - als souverän erachtet wird. Aber, Fiktion für Fiktion, warum sollte der Bürger, Angehöriger eines Staates und ein Element der Politik, nicht unmittelbar von Gott abhängig sein und, aufgrund einer Erfindung des Gesetzes, nicht Souverän seines Bodens, ohne den Umweg über den Fürsten, oder über die Gemeinschaft nehmen zu müssen? Was gibt es in dieser neuen Hypothese, das unlogischer und ungewöhnlicher wäre, als in der alten? Und warum sollte, zweitens, der Familienvater seine Autorität von einem anderen haben, als von sich selber, d. h. von der Natur selbst, die ihn zum Liebhaber, Ehemann und Vater gemacht hat, und die ihm, um diese dreifache Pflicht zu erfüllen, Kraft, Liebe und Verstand gegeben hat?

Man beachte, daß unsere vorangehenden Ausführungen zugunsten dieser neuen Auffassung sprechen. Wir haben ja gesehen, daß die allgemeine Güter - und Gewinngemeinschaft (communauté universelle de biens et de gains) aufgegeben werden mußte, um Platz für den Bund aus Familien zu machen; das führt dazu, jeder einzelnen von ihnen Unabhängigkeit und Autonomie zuzuweisen. Nun findet aber die Unabhängigkeit der Familie ihren Ausdruck in der absoluten Autorität des Familienvaters. Man verneine diese Autorität, dann bindet man die Familie an den Staat; dann läßt man bis zu einem gewissen Grad die Frau und die Kinder in die Gemeinschaft eintreten; dann gießt man zwischen sie und den Vater den Gärstoff der Zwietracht. Was ist nun Ihrer Meinung nach, lieber Leser, vorteilhafter für die Frau und die Kinder: unter die ausschließliche Aufsicht und Autorität des Vaters gestellt zu sein, oder gegen ihn zu einem Verwaltungsbeamten Zuflucht zu nehmen? - Im ersten Fall vertrauen Sie sich der Liebe des Mannes, seiner Ehre, seiner Würde und seinen edelsten Gefühlen an; im zweiten machen Sie aus ihm einen simplen Delegierten des Staates, der diesem gegenüber verpflichtet und verantwortlich ist. Diese Frage ist, wie man wohl sieht, eine ganz schwierige Angelegenheit, und wenn der letztgenannte Entschluß auch der sicherere zu sein scheint, so zeichnet den erstgenannten unstreitig eine höhere Sittlichkeit aus. In Rom, wo die Scheidung ein Vorrecht des Ehemannes war, sind mehr als fünf Jahrhunderte vergangen, ohne daß es auch nur ein einziges Beispiel dafür gegeben hat; nirgendwo habe ich gelesen, daß während dieser langen Zeit, die Väter sich das Vergnügen gegönnt hätten, ihre Kinder zu enterben, oder deren Erbe wollüstig zu verprassen. Umgekehrt, als der Prätor Kinder und Frauen unter seinen Schutz nahm und dem Testament Grenzen setzte, da gab es schon keine Familie mehr; die Sitten waren aus anderen Gründen verfallen.

Aus dieser Analyse ergibt sich, daß, dem Vorurteil zum Trotz, das sich in der Vernunft des Einzelnen (Raison individuelle) gegen jede Art von Absolutismus erhebt, das Eigentum, seinem Wesen nach absolut, anfänglich als eine Hypothese in Erscheinung treten konnte, die ebenso legitim, sittlich und vernünftig ist, wie der Besitz selbst - und dies aufgrund einer ganz einfachen Überlegung, nämlich daß der Besitz, so bedingt er auch ist, wie wir gesehen haben, seinerseits letztlich von etwas Absolutem abhängt, nämlich vom Staat bzw. von Gott, was auch nicht gerade beruhigender ist. Ist es da nicht besser für den Menschen, den Bürger und Familienvater, nur von dem abzuhängen, was ihm persönlich absolut zu Eigen ist, nämlich von seinem Gewissen, als von dem göttlichen bzw. staatlichen Absolutum?

Ich sage, daß kein Argument *von vorneherein* eine negative Antwort auf diese Frage begründen kann; daß es folglich ganz und gar zulässig ist, in der Institution „Eigentum“, was ihren Ursprung angeht, eine Hypothese zu sehen, die genauso plausibel ist, wie die des Besitzes. So bleibt nur, sie beide in ihrer Verfassung miteinander zu vergleichen und sie nach ihren Auswirkungen zu beurteilen.

Aus dem eben Gesagten ergeben sich also zwei meiner Ansicht nach sehr bemerkenswerte Dinge: Das eine ist, daß die der Gesellschaft innewohnende und sie leitende Vernunft, die Gesellschaftliche Vorsehung (la Providence sociale), wenn ich einmal so sagen darf, indem sie von einer absoluten Auffassung ausging, um den Grundbesitz bzw. das bedingte und eingeschränkte Eigentum zu schaffen, in der Lage gewesen ist, ohne sich zu widersprechen, das Absolute dadurch in einer unmittelbareren, direkteren Art auftreten zu lassen, daß sie den Verfügungsbereich des Eigentums (le domaine de propriété) errichtete und den Bürger dem Fürsten ähnlich, ja sogar gleich machte. Das andere ist, daß aller Wahrscheinlichkeit nach diese Einrichtung niemals in einem Rat von Menschen vorgeschlagen worden wäre; sie wäre weder einem Philosophen, noch einem Beamten, noch einem Priester in den Sinn gekommen; sie wäre allen Menschen als die allergrößte Gottlosigkeit erschienen, um nicht zu sagen: die allergrößte Ungerechtigkeit. Der Mensch sich die Souveränität über das Land anmaßen, das der Schöpfer geschaffen und ihm gegeben hat! *terram autem dedidit filiis hominum*! Der Bauer sich zum Gott aufschwingen, der Besitzer zum Eigentümer! Was für eine Freveltat! Schon die Vorstellung eines solchen Verbrechens hätte wohl die schwerstmögliche Strafe verdient. Die Religionen aller Völker hätten einen solchen Schwerverbrecher zu den großen Verdammten dieser Welt gezählt: Ixion, Tantalos, Salmoneus, Theseus, Prometheus[129], wenn denn der Vater einer solchen Idee überhaupt ein Mensch hätte sein können. Daher sehen wir, wie diese Idee sich unbemerkt, unter dem Achtung gebietenden Talar des Besitzes, in die Welt einschleicht. Erst einmal eingesetzt und umhegt von eben der Religion, deren Vorrangstellung sie anstrebt, werden wir nun sehen, wie sie sich entwickelt, sich ausdehnt und mit Hilfe des gleichen guten Glaubens, der ihr zunächst die Zulassung verschafft hat, eine immer sichtbarere Vorzugsstellung erlangt und schließlich über den mit ihr rivalisierenden Besitz triumphiert.

129 Ixion, ein sagenhafter thessalischer König, der sich an Hera, der höchsten griechischen Göttin, vergehen wollte und dafür auf einem brennenden Rad leiden mußte; Tantalos, ein mythischer König Lydiens, der ein Gott werden wollte und dafür im Hades angesichts seinem Zugriff ständig ausweichender Nahrungsmittel ewig hungern mußte; Salmoneus, ein sagenhafter thessalischer König, der sich Zeus gleichstellte und von diesem deshalb zusammen mit der von ihm gegründeten Stadt Salmone in der Region Elis durch Blitzschlag vernichtet wurde; Prometheus, ein Gott titanischer Abstammung, der u.a. den Menschen gegen den Willen von Zeus das Feuer gebracht haben und dafür von diesem an einen Fels gekettet worden sein soll; ein Adler kratzte ihm diesem Mythos zufolge immer wieder heilende Wunden immer wieder auf, bis er von Herakles erlöst wurde.

Nach Verabschiedung des licinischen Gesetzes[130] erreicht das Volk, daß es immer öfter an der Aufteilung eroberter Ländereien beteiligt wird, aber wohlgemerkt nur mit dem Anspruch auf Besitz. Zugleich, bemerkt Herr Laboulaye sehr richtig, erlangt das Volk immer mehr Macht. Diese Macht wird allmählich so groß, wie die der Patrizier, und überflügelt sie schließlich. Die *Plebiszite* werden zu Staatsgesetzen; so geregelt von Publius Philo im Jahre 337.[131] Wie der Grundbesitz für die Aristokratie Zeichen und Unterpfand ihrer politischen Macht gewesen war, so ist er es nun auch für die Plebs geworden. Das war eine Revolution in der Republik, gegen die sich das Patriziat natürlich mit allen seinen Kräften stellen mußte.

Man hat dieser hochmütigen Kaste ihre Habsucht, ihre Grausamkeit und ihr fanatisches Festhalten an ihren Privilegien zum Vorwurf gemacht: in alledem steckt viel Wahres. Aber, ich finde, man hat bei den Patriziern Eines nicht ausreichend berücksichtigt: sie verteidigten bestimmte Grundsätze und, wenn sie dem Widerstand leisteten, was wir heute Fortschritt nennen - wovon in Rom ganz sicher niemand eine Vorstellung hatte, - so hatten sie die Logik auf ihrer Seite, denn sie waren die wirklichen Bewahrer der Republik. Was z. B. den Boden angeht, so konnten die Patrizier sagen, nach Abschaffung des Königtums sei an dessen Stelle das Patriziat getreten; die Souveränität liege also bei ihm, und folglich sei es doch ganz natürlich, daß sie die *Vorherrschaft (domaine éminent)* ausübten; infolgedessen wiederum müßten die eroberten Ländereien ganz allein an sie, die Patrizier, gehen, wie sie früher dem König überlassen worden waren; letztendlich könnten die Plebejer also nur ihre abgabenpflichtigen Pächter sein; sie also, wie man es jetzt tue, *auf gleicher Stufe (ex aequo)* mit den Patriziern zur Aufteilung des *ager publicus* zuzulassen, heiße, alle gesellschaftlichen und politischen Verhältnisse umstürzen und den Untertan dem Souverän gleich stellen; die diesen Ländereien gegebene Bezeichnung *Besitz* sei eine Täuschung, da die entsprechenden Abtretungen unwiderruflich seien; der Plebejer, sogenannter Staatspächter, sei keinerlei Abgabe unterworfen und verfüge, vorbehaltlich seiner Huldigung dem Staat gegenüber, über seinen Besitz, wie der Patrizier über sein Eigentum; kurz, die Menge zum Grundbesitz aufzurufen, die nur dessen materielle Vorteile im Auge habe, aber

130 Gemeint sind die leges Liciniae Sextiae aus dem Jahre 367 v. Chr.; s. hierzu Heinz *Bellen*: Grundzüge der römischen Geschichte Bd. I, Wissenschaftliche Buchgesellschaft, Darmstadt 1994, S. 35-37 u. Der Kleine Pauly-Lexikon der Antike, 15. Lfg., A. Druckenmüller, Stuttgart 1968, Sp. 638-639 (Stolo!).

131 In Form dreier Gesetze, die 339 v. Chr. verabschiedet wurden; s. hierzu Der Kleine Pauly a.a.O. (s.o. Anm. 130), 22. Lfg. Sp. 1238.

nicht die damit einher gehenden Pflichten begreife, bedeute, den Adel herabzusetzen und die Republik zugrunde zu richten. Wenn die Adligen das so auch nicht gesagt haben, so haben sie es zumindest gedacht. Damals begann man also bereits vorauszusehen, daß die Plebs, nicht weniger habgierig, als die Aristokratie, aber viel weniger bedacht auf die öffentlichen Freiheiten und die Verfassung, materialistisch denkend und wollüstig lebend, einmal auf die Gesetze pfeifen und die Republik töten würde.

Die Opposition des Senats war machtlos und konnte es auch nur sein. Ihre Hinweise waren zwar zutreffend, aber überhaupt keine Erwiderung auf die so drängende und so einfache Argumentation der plebejischen Partei, die sagte: Auch wir wollen frei sein; auch wir streben danach, nur vom Gesetz abhängig zu sein; auch wir fordern das Recht auf Land, wie wir zuvor schon das Recht auf die Familie und das Recht auf Religion gefordert haben. Warum sollten wir, im Unterschied zu euch, ohne Opfer, ohne Altäre und ohne Götter bleiben? Warum sollten eher unsere Frauen Konkubinen und unsere Kinder Bastarde sein, als die Euren? Warum sollten wir, wenn wir erst einmal Gottesdienst und Familie haben, nicht ebenso wie ihr auch Land haben, das Unterpfand der Unverletzlichkeit? Wollt ihr etwa für immer unsere Töchter zu euren Mätressen machen, wie Appius es mit Virginia gemacht hat, und aus unseren Söhnen eure Geliebten, wie Papirius es getan hat?[132]... Die Antwort war schlagend und schonungslos: und so ist der Sieg des Volkes nicht einen Augenblick zweifelhaft gewesen.

286 v. Chr., neue Zuteilung von Ländereien an das Volk und Schuldenerlaß durch den Diktator Hortensius; jedem armen Bürger werden sieben *Joch* gegeben.

Im Jahre 133 treten die Gracchen auf; aber sie unterliegen in ihrem Kampf gegen die Aristokratie. Die Plebs stellt sich in den Dienst ehrgeiziger Abenteurer, da sie sich von gesetzlichen Wegen nichts mehr erwartet. Sulla verteilt Land an 47 Legionen; Cäsar tritt in die Fußstapfen Sullas: er versorgt 120.000 Legionäre mit Land. Antonius und Octavian folgen seinem Beispiel: Land wird das Geld, mit dem der Despotismus seine Parteigänger bezahlt. Um das Jahr 90 v. Chr. waren den Latinern die politischen Rechte gewährt worden, einige Jahre später der ganzen Halbinsel; das quiritische

132 Appius, Virginia-Anspielung auf einen angeblichen Versuch des Konsuls von 349 v. Chr., Appius Claudius Crassus, das plebejische Mädchen Verginia zu seiner Geliebten zu machen, die ihr Vater, um das zu verhindern, erstach; Papirius-Angehöriger eines alten römischen Geschlechtes, dessen Person und angebliche Tat nicht zu identifizieren waren.

Staatsland (le domaine quiritaire) wird auf ganz Italien ausgedehnt, und Rom ist jetzt nur noch Hauptstadt des Landes.[133]

Mit dem Aufkommen des Kaiserreiches ersetzt man das *aerarium*, den Staatsschatz, durch den *fiscus*, den Schatz des Fürsten. Die Angriffe gegen das quiritische Staatsland beginnen. Augustus richtet die Erbschaftssteuer ein und die Steuer auf Versteigerungen. Und wenn Caracalla 212 n. Chr. den Provinzen das römische Bürgerrecht gewährt, so nur, um ihnen die *gesetzlich festgelegten* Abgaben (contributions *judicate*) auferlegen zu können, die bereits auf Italien lasteten, wobei er sie nach wie vor weiter mit der Grundsteuer belastete, die sie sowieso bereits bezahlen mußten. Nach den Vorstellungen der Römer war diese Steuer eigentlich widersprüchlich: sie sollte Untertänigkeit bezeichnen und war auf die Provinzen beschränkt, die kein *Staatsland (dominium)* zu Eigen hatten. Die Ersetzung der Republik durch das Kaiserreich hat das allgemeine Denken aber derart verändert, daß Maximian schließlich die Grundsteuer in ganz Italien erhoben hat.

Das kaiserliche Bodeneigentum (domaine impérial), das an die Stelle des *ager publicus* getreten ist, so wie der Fiskus das *aerarium* ersetzt hat, ist ungeheuer weit ausgedehnt, liegt aber wüst da. Um den Boden produktiv zu machen und die Bevölkerung auf das Land zu bringen, übertragen ihr die Kaiser einen Teil ihrer Güter als Besitz mit Befreiung von bestimmten Abgaben. Konstantin richtet das Kolonat ein, ein Dienstverhältnis zwischen Eigentum und Sklaverei, die Entsprechung und der Ursprung dessen, was man später Leibeigenschaft genannt hat. Die Grundsteuer und der Wettbewerb zwischen den Kolonen entmutigen das kleine Eigentum so sehr, daß unter Honorius allein in Kampanien 528.042 *Joch* wüstes Land waren.

Die zwecks Nutzung des kaiserlichen Bodeneigentums, wie später der kirchlichen Ländereien verliehenen Rechte nehmen die Form von Erbpacht an: *emphyteusis*, Anpflanzung (von Menschen). Die Barbaren werden mit der einzigen Auflage, Kriegsdienst zu leisten, massenhaft zur Erbpacht zugelassen, die damals die Bezeichnung „beneficium" erhielt.

Das Kaiserreich hat also in Italien und überall sonst die Barbaren hereingelassen, nachdem es die Einheimischen ruiniert hatte; das Kaiserreich hat das Eigentum zerstört und mußte es dann durch das Kolonat, die Erbpacht und schließlich durch das Lehen (bénéfice) ersetzen und so ein Vorspiel auf das mittelalterliche Lehnswesen geben. „Zwischen dem noch rein lateini-

133 Anspielung auf den Bundesgenossenkrieg Roms 90-87 v. Chr., der schließlich mit der Ausdehnung des römischen Bürgerrechts in Italien bis zum Po und mit der Gewährung des latinischen Bürgerrechts an die Gemeinden zwischen Po und Alpen endete; s. hierzu Heinz *Bellen* a.a.O. (s.o. Anm. 130), S. 98, 104-107.

schen Kaiserreich und den Königreichen der Barbaren“, sagt Chateaubriand, „gibt es ein barbarisches römisches Reich, das fast ein Jahrhundert bis zu der Absetzung von Romulus Augustulus[134] gedauert hat. Darauf hat man nie geachtet, und darin liegt auch die Erklärung dafür, daß zur Zeit der Gründung der barbarischen Königreiche sich nichts in der Welt verändert zu haben schien: von Katastrophen einmal abgesehen, es waren immer die gleichen Menschen und die gleichen Gewohnheiten.“[135]

Zugleich mit dem Eigentumsrecht greift das Kaiserreich auch die väterliche Gewalt an: Augustus richtet das *während des Militärdienstes ersparte Sondergut (peculium castrense)* ein; Trajan, Hadrian, Alexander - Severus und Konstantin übertragen die Familienjustiz den Gerichten. Das Recht, mütterliches Vermögen zu erben, gewähren Hadrian, Konstantin, Theodosius, Arcadius und Honorius sowie Justinian. Die Stellung der Frauen verändert sich: sie stehen nicht mehr unter der Vormundschaft von Verwandten väterlicherseits. Das alte Recht war zu streng für sie, das kaiserliche dagegen zu lasch; ersteres hat sie zu Sklaven gemacht, letzteres zu Fremden. Aufgrund dieser Gesetzesänderungen wird die Familie nicht mehr als ein unverletzliches Ganzes angesehen; die Kinder gehören zuerst dem Staat, erst danach dem Vater; sie haben Erspartes, Eigentum, Verbindlichkeiten und Rechte. Daher rühren Grenzen, die dem Testament gesetzt werden: nämlich Schaffung eines *Pflichtteils (légitime)* bzw., bei ein und derselben Erbschaft, Herstellung einer Verbindung zwischen Erbfolge *ohne Testament* (succession *ab intestat*) und testamentarischer Erbfolge. Auch hier war das Recht, aufgrund der an das Haus gebundenen Religion, zu streng; immer ohne rechtes Maß, wird es zu sehr gelockert und entartet zu so etwas, wie einem staatlichen Kommunismus. Die Familie geht unter; sie ist nie wieder zu neuem Leben erweckt worden. Vergeblich ermutigen die lex *Julia* und die lex *Puppia Poppaea*[136] zur Ehe und stellen die Ehelosigkeit unter Strafe: nötig waren jedoch ein Ackergesetz, weniger Steuern, weniger Soldaten und - die Freiheit. Das alles wurde jedoch nicht erreicht; die Promiskuität obsiegt. Der Gesetzgeber ist gezwungen, das Konkubinat anzuerkennen, und das Konzil von Toledo[137], bestätigt es ebenfalls: *„Si quis habens uxorem fidelem concubinam habet, non communicet. Caeterum qui non habet uxorem, et pro uxore concubinam habet, a communione non repellatur: tantum ut unius mulieris, aut uxoris, aut concubinae, ut ei placuerit, sit*

134 476 n. Chr.; Ende des weströmischen Reiches.
135 Proudhon präzisiert die Quelle nicht.
136 Gesetze des Kaisers Augustus 8 bzw. 9 n. Chr.; das zweite Gesetz heißt lex Papia Poppaea.
137 589 n. Chr.

conjunctione contentus: Wenn jemand, der ein treues Eheweib hat, noch eine Konkubine nimmt, dann soll der nicht zur Kommunion zugelassen werden. Was den angeht, der nicht verheiratet ist und eine Konkubine nimmt, der soll nicht von der Kommunion ausgeschlossen werden, vorausgesetzt, er gibt sich mit einer einzigen Frau zufrieden, Ehefrau, oder Konkubine, wie es ihm beliebt." Das Gesetz des Kaisers, das so in die Kirche Eingang gefunden hat, findet sich in den Gesetzen der Lombarden und Franken wieder.

So ist all´ das, was die römische Aristokratie vorhergesehen hat, Wirklichkeit geworden. Die Plebs, zum Grundbesitz eingeladen, aber nicht in der Lage, die damit verbundenen Pflichten zu begreifen, hat dem Despotismus Tür und Tor geöffnet; sie hat ihren materiellen Interessen alles andere geopfert. Republik und Freiheit, Ehe und Familie, alles ist mit dem antiken Eigentum untergegangen. Wie Justinian später bemerkt hat, ist, von dem Zeitpunkt an, da Caracalla das quiritische Landgut (le domaine quiritaire), das Privileg Italiens, allen Provinzen des Reiches gewährt hat, der Unterschied zwischen *Besitz* und *Eigentum* verschwunden.

Man sieht also, die Idee „Eigentum" ist der Plebs nicht von allein eingefallen; vielmehr ist sie ihnen von den *patres conscripti*, den Gründern der Republik, eingeimpft worden; sie ist ihr vielmehr mit der Vorstellung von Recht und mit der Religion in den Sinn gekommen.

Das Volk hat im Grunde genommen das quiritische Landgut gar nicht haben wollen; es hat sich vielmehr mit einfachem Besitz zufrieden gegeben, hat ihn, den Besitz, als Garantie von Freiheit, Sittlichkeit, Gerechtigkeit und Ordnung gefordert. Es war nicht seine Schuld, daß der Besitz sich im Laufe der Zeit mit dem Eigentum vermischt hat; das war vielmehr die Folge von Ereignissen der Geschichte, die eben nichts mehr zurückrufen kann.

Nach dem Zusammenbruch des Reiches fallen die germanischen Horden über alle Grenzen ein, machen sich über den quiritischen Boden her und teilen ihn untereinander auf. Das Land wird einer Kriegsbeute gleichgestellt, in Lose zerstückelt und verlost: daher die Bezeichnung *Allod, Los, Alleu*. Und bald, wie aufgrund einer Eingebung von oben, verzichten die Eroberer auf ihre Art von überkommenem Besitz und nehmen das Prinzip „Eigentum" an. In der Tat blieb ja bei den Germanen, Tacitus zufolge,[138] der nach dem jeweiligen gesellschaftlichen Rang aufgeteilte Boden im Zustand einfachen Besitzes. *„Das Ackerland wird je nach der Zahl der Bau-*

138 Germania, 26; Cornelius Tacitus, Agricola-Germania, Lateinisch und deutsch, hsg., übersetzt und erläutert von Alfons *Städele*, Artemis & Winkler, Düsseldorf-Zürich, 2. verbesserte Aufl. 2001, (Sammlung Tusculum) S. 108/ 109; die Übersetzung vom Herausgeber.

ern von allen zusammen ... in Gebrauch genommen. Dann verteilen sie es untereinander der gesellschaftlichen Stellung entsprechend; die weiträumigen Fluren machen das Teilen leicht. Die bestellten Äcker wechseln sie von Jahr zu Jahr, und doch bleibt Ackerland übrig. Denn sie ringen nicht mühsam mit der Fruchtbarkeit des Bodens und den weiträumigen Flächen, so daß sie Obstgärten anlegten und Gärten bewässerten; nur Getreide erlegen sie der Erde auf. Daher teilen sie auch das Jahr nicht in ebenso viele Abschnitte wie wir; vom Winter, Frühling und Sommer wissen sie Begriff und Bezeichnungen; vom Herbst jedoch kennt man den Namen ebensowenig wie die Gaben."

Die Bereitwilligkeit, mit der die Eroberer die Gesetze, Gebräuche, Einrichtungen und die Künste des Kaiserreiches übernahmen, ist in mehr, als einer Hinsicht bemerkenswert: was das Eigentum angeht, so deutet sie auf den guten Glauben der Massen hin und auf ihre feste Überzeugung, daß diese Form von Besitz derjenigen überlegen sei, die sie bisher ausgeübt hatten. Das alte Eigentum war durch das Kaiserreich in eine untergeordnete Stellung herabgedrückt und damit entstellt worden;[139] die Besetzung aufgrund von Eroberung ist zu einem guten Teil eine Freistellung des Bodens gewesen. Hätte es zu jener Zeit nur Barbaren gegeben, so wäre das ganze Reich voller landwirtschaftlicher Eigentümer gewesen, von denen die einen mehr, die anderen weniger besessen hätten, je nach dem Gewicht ihrer gesellschaftlichen Stellung. Aber, es gab eben noch Sklaven, Kolonen (Leibeigene), Erbpächter und Lehnsleute; die Neuankömmlinge mußten nur der von den Kaisern bereits gelegten Spur folgen: „Die Verwaltung der Ostgoten", sagt Herr Laboulaye, „war derjenigen des Kaiserreiches ähnlich; Cassiodor konnte im 6. Jahrhundert n. Chr. sogar glauben, in die gute alte Zeit der Cäsaren zurückgekehrt zu sein."

Anfänglich leben Römer und Barbaren Seite an Seite, jeder seiner Religion und seinen Gebräuchen folgend. Die Germanen bewahren mit der Aufteilung des Bodens ihre Genossenschaft; die villae bleiben bei den Römern, und die Feldflur wird in Kantone aufgeteilt, die Kantone in Hundertschaften, die Hundertschaften in Zehnerschaften und die Zehnerschaften schließlich in private Landhäuser. Was außerhalb des Landhauses bleibt, ist Gemeineigentum bzw. Mark. Jeder Kanton hat einen Comes an seiner Spitze, jede

139 Das Eigentum ist bei den erst einmal niedergelassenen Barbaren weniger absolut, als bei den Römern; das Familienrecht unterscheidet sich nämlich von der väterlichen Gewalt, und wenn der Eigentümer auch souverän über seine *Zugewinnste* verfügen kann, so kann er dies nicht bei seinem *Sondergut*, d. h. bei seinem Allod: da bedarf es der Anwesenheit und Zustimmung seiner Erben. (P.)

Hundertschaft einen Zentgrafen, jede Zehnerschaft einen Zehntführer - die alle, wie der Comes, ihre eigene Rechtsprechung hatten. Das ist das quiritische Eigentum, wo der Familienvater, wie ein König, über die Seinen herrscht. Wir sind also wieder beim römischen Eigentum angekommen, das jetzt Allod heißt; der Barbar hat es nicht geschaffen, sondern nur das Wort gegeben; das ist alles. Man kann die ganz germanische Spontaneität dieses Gebildes überhaupt nicht verkennen. Freiheit gibt es da zweifellos, aber man ziehe da nur ein Band der Unterordnung ein, und schon hat man das Feudalwesen. Nun ist aber die Unterordnung römisch, kaiserlich und vor allem christlich. Und während Besiegte und Sieger immer mehr zusammenwachsen, spürt man, daß eine tiefgreifende Verwandlung vor sich geht.

Unter dem Einfluß des Christentums, das Eigentum als eine heidnische Einrichtung und als eine Folge der Erbsünde ansieht, tritt eine stark ausgeprägte Bewegung der Reaktion auf; die Kirche unternimmt es, sich als Lehnsherrin zu etablieren. Benedikt, Gründer der Abtei von Monte Cassino und Zeitgenosse Justinians, gibt das Signal zur Sammlung. Überall nimmt das kleine, ohnmächtige Eigentum unzählige Formen von Besitz an. Hier kann man überall den Geist der Kirche erkennen: im Kolonat und in der Leibeigenschaft, in der Erbpacht, in der recommandatio, im precarium und im Lehen,[140] in der Adelshierarchie, in der Befreiung vom Kriegsdienst, derer sich die Kirche erfreute und hinsichtlich derer die kleinen Eigentümer sich bereitwillig den Äbten und Bischöfen anempfahlen.

Karl der Große, als Fürst der weltlichen Macht, leistet dieser Bewegung Widerstand und verurteilt sie in seinen Capitularia[141]. Aber, er widerspricht sich selbst: während er gegen die Kleriker wettert, die das Land unter dem Vorwand sammeln, es Gott dem Herrn, wiederzugeben, und die Freigüter

140 Die *recommandatio* (*recommandation*) ist der Akt, durch den sich ein freier Mann einem Mächtigeren anheim gibt, dem er Treue verspricht und huldigt. Eine Auswirkung dieses Aktes bestand darin, daß das anfänglich freie Eigentum zur Nutzung übertragen wurde, die man von dem mächtigeren *commandator* gewährt bekam. Dieser hat die Übertragung allerdings manchmal zu wörtlich genommen und aus den ihm anheim gegebenen Menschen Leibeigene gemacht. Die Kirche machte es ebenso: Um Laien zu veranlassen, ihr ihre Güter zu überlassen (*recommander*) (*recommandare*), gab sie diese dem Schenker als *widerrufliche* Schenkung zurück und fügte ihnen oft sogar noch eine bestimmte Anzahl eigener Güter hinzu: so gab etwa ein Mann sechs Morgen ab, die er als Freigut innehatte, um neun Morgen auf Widerruf zu bekommen. Dieser widerrufliche Besitz (le précaire) fiel beim Tod des Beschenkten an die Kirche zurück. Daraus entstand die „Tote Hand". Die Inhaber des precarium nahmen eine Abgabe auf sich und verpflichteten sich zu bestimmten Dienstleistungen. (P.)

141 Bezeichnung für die Gesetze der fränkischen Könige, in lateinischer Sprache geschrieben und in Kapitel, capitula, eingeteilt.

(les alleux) in Lehnsgüter (bénéfices) umwandeln, vermehrt er in seinem Handlungsbereich, so sehr er nur kann, eben diese Lehnsgüter (bénéfices) und ergeht sich in Drohungen gegen die Adligen, die mit Hilfe eines Kunstgriffs der Gesetzeskundigen, nachdem sie königliche Lehen veräußert haben, diese wieder als Freigut (alleu) in der Kantonsversammlung zurückkaufen. Verteidiger von Freiheit und Fortschritt gegenüber der Kirche, erweist sich Karl der Große, indem er mittels der Lehnsgüter (bénéfices) auf seine Art Zentralisierung betreibt, seinen Kriegern gegenüber als rückschrittlich. Sein System ist ein umfassender Kommunismus, der mit demjenigen der Kirche rivalisiert, jedoch nur ein Entwurf blieb und mit seinem Tod unterging. Im Übrigen gab es dieses Hin und Her überall. Der Tod Karls des Großen läutete sowohl den Sieg der großen Lehnsgut - Besitzer ein, die vom Königtum ihre Unabhängigkeit und die Erblichkeit ihrer Lehen forderten, d. h. die Umwandlung des Lehens (bénéfice) in Freigut (alleu), als auch die Niederlage der Kleineigentümer, deren Freigüter (alleux) von den großen Lehnsherren (grands bénéficiers), die große Eigentümer geworden waren, in Lehnsgüter (fiefs) umgewandelt wurden. Karl der Große hat in Wirklichkeit nur die päpstliche Theokratie begründet, die so lange gedauert hat, wie der Glaube der Völker sie gestützt hat.

Ohne Zweifel mischt sich in dieses Streben nach Eigentum viel Egoismus, viel Undiszipliniertheit und, gegenüber dem Nächsten, viel Unredlichkeit. Aber das Ziel ist immer das gleiche und dieses Ziel hat nichts an sich, was zu tadeln wäre: nämlich die Garantie der Freiheit und des Rechts. Und wenn die kleinen Eigentümer, die keine Hoffnung mehr haben, ihre Existenz aus eigner Kraft zu erhalten, ihr Eigentum dem Bischof, dem Grafen und dem Abt schenken, die es ihnen als Pfründe, als Lehen bzw. zur Nutzung auf Widerruf (precarium) rückübertragen, dann bedeutet das nicht, daß sie das Eigentum ablehnen, sondern nur, daß, was sie einst als Eigentum erhalten haben, ganz und gar nicht ausreicht, sich aus eigener Kraft mit seiner Hilfe allein zu behaupten. Hier handelt es sich um eine Frage von Macht, nicht um eine Frage des Prinzips. Und deshalb sieht man, wie das Feudalwesen sich von Anfang an selbst zerstört aufgrund einer Idee, die schicksalhaft mit ihm verknüpft ist, ihm stillschweigend zugrunde liegt, nämlich die Idee des Freiguts. Anfangs wählt jeder kleine Eigentümer eines Freiguts, gezwungen, sich einen Oberherrn zu nehmen, den mächtigsten, der in seiner Reichweite zu haben ist: und das führt nun zur Abhängigkeit aller Freigüter, die zu Lehen geworden sind, von einem einzigen Oberherrn, dem König; danach formiert sich unter dem Schutz des Königs eine Koalition zwischen bürgerlichen Gewerbetreibenden gegen die Bischöfe und die Adligen; das sind die Gemeinden, die so zahlreich und erfolgreich sind, daß es im Jahrhundert Ludwigs XIV. nur noch einen einzigen großen, eher fiktiven, als realen Eigentümer, nämlich den König, gibt, der über eine Nation von Abgabepflichtigen herrscht, die in ganz unterschiedlichen Eigenschaften Privilegien genießen, nämlich als Adlige, Kleriker, Bürger (bourgeois) und Kleinbürger (vilains). Da kommt die Revolution, und alle zerstören um die Wette diesen letzten monströsen Despotismus und werden wieder - die einen mehr, die anderen weniger -, wie die Plebs Cäsars, Eigentümer.

So sehen wir, wie schon vor der Herrschaft der Tarquinier, ja sogar schon seit der Zeit des Romulus, 754 vor unserer Zeitrechnung, das Eigentum, als quiritisches Recht (droit quiritaire), als bevorzugter Verfügungsbereich (domaine éminent) und als Freigut (alleu), heimlich, wenn ich einmal so sagen darf, durch den Besitz eingeführt, unmerklich, zu Recht, oder zu Unrecht, was noch festzustellen sein wird, die Formel, das Merkmal und das Unterpfand der Freiheit des Menschen, der Unverletzlichkeit der Familie, der Sicherheit des Produzenten, kurz: all´ dessen wird, was das Wesen des Rechts ausmacht. Es ist das Absolute, das Unbedingte, das als Element der Politik aufgefaßt wird, als Grundlage der Sitten, als Instrument und Organ der Gesellschaft.

Ist die Menschheit, indem sie sich auf diesen absolutistischen Weg begeben hat, in die Irre gegangen? Ist das Eigentum wirklich eine Schöpfung gesellschaftlicher Spontaneität, oder eine Verirrung der jähzornigen Gier der Massen, die glauben, über den Absolutismus dadurch zu siegen, daß sie ihn verallgemeinern, und denen, um sich dem Belieben des Fürsten zu entziehen, nichts Besseres einfällt, als ihm ihre eigene Willkür entgegen zu setzen? Da diese Frage noch nie so klar gestellt worden ist, können die Tatsachen als zweifelhaft erscheinen. Infolgedessen brauchen wir uns also nur ihrer Bedeutung zu versichern.

SECHSTES KAPITEL

Neue Theorie: daß die Beweggründe, folglich die Legitimität des Eigentums nicht in seinem Ursprung bzw. seinem Anfang, sondern in seinen Zwecken zu suchen sind. Darlegung dieser Beweggründe.

Seit drei Jahrhunderten hat die Philosophie so manche Institution und so manchen Glauben überwunden: wird sie das auch beim Eigentum schaffen? Wenn meine Meinung hier von einigem Gewicht sein kann, möchte ich fast sagen: nein, sie wird es nicht schaffen. Die Rechtswissenschaft hat bis auf den heutigen Tag nicht die Ursachen bzw. Beweggründe des Eigentums erfaßt, weil das Eigentum, wie es sich uns eben in seinem Ursprung und in seiner Geschichte erschlossen hat, ein Tatbestand der gesellschaftlichen Spontaneität ist, deren geistige Ausrichtung und Vernünftigkeit nichts *a priori* enthüllen konnte; weil das Eigentum andererseits noch dabei ist, sich auszubilden, und diesbezüglich die Erfahrung noch unvollständig ist; weil bis in die allerjüngste Vergangenheit der philosophische Zweifel das Eigentum nur erst zaghaft angerührt hatte und vorher seine religiöse Grundlage zerstört werden mußte; und schließlich, weil es uns zum gegenwärtigen Zeitpunkt eher als eine revolutionäre Kraft entgegentritt, denn als eine Anregung des allgemeinen Bewußtseins, und weil, wenn es auch schon manch einen Despotismus und manch eine Aristokratie niedergeworfen hat, man noch nicht endgültig sagen kann, daß es etwas, was auch immer, geschaffen habe.

Der Zeitpunkt ist gekommen, da das Eigentum sich selbst beweisen, oder verschwinden muß: wenn ich vor zwanzig Jahren mit der Kritik, die ich an ihm geübt habe, einigen Erfolg geerntet habe, so hoffe ich, daß der Leser sich heute nicht weniger aufgeschlossen für die folgende Erklärung zeigt.

Zunächst will ich darauf aufmerksam machen, daß wir, wenn wir unsere Untersuchung zu einem guten Ende bringen wollen, auf alle Fälle die Straße verlassen müssen, auf der sich unsere Vorgänger völlig verirrt haben. Um eine Erklärung für das Eigentum zu erbringen, sind sie bis auf seine Anfänge zurückgegangen; sie haben seine Grundsätze erforscht und analysiert; sie haben die Bedürfnisse der Persönlichkeit und die Rechte der Arbeit angeführt und sich auch auf die Souveränität des Gesetzgebers besonnen. Mit all´ dem aber haben sie sich auf den Boden des Besitzes gestellt. Im Vierten Kapitel, in unserer kritischen Zusammenfassung aller Kontroversen, hat man ja gesehen, in was für Fehlschlüsse sich die Autoren verwickelt haben. Nur Skeptizismus konnte die Frucht ihrer Bemühungen sein; und der Skeptizismus ist heute auch die einzige seriöse Meinung, die in Sachen Eigentum existiert. Man muß die Methode, das Eigentum zu erklären, ändern. Weder in seinem *Ursprung* und in seinen *Anfängen*, noch in seinem *Inhalt* darf man den Grund des Eigentums suchen - unter all´ diesen Gesichtspunkten kann das Eigentum uns nicht mehr bieten, als der Besitz - sondern nur in seinen ZWECKEN.

Aber, wie soll man die Zweckbestimmtheit einer Einrichtung entdecken, deren Ursprung, Anfang und Inhalt zu untersuchen, man für unnütz erklärt? Heißt das nicht, sich mutwillig ein unlösbares Problem stellen? Das Eigentum ist ja in der Tat absolut, unbedingt, *jus utendi et abutendi*, oder es ist nicht. Wer nun aber „absolut" sagt, sagt „undefinierbar", spricht von einer Sache, die man nicht erkennen kann, weder aufgrund ihrer Grenzen, noch aufgrund ihrer Voraussetzungen, noch aufgrund ihres Inhalts, noch schließlich aufgrund des Zeitpunktes ihres Auftretens. Die *Zwecke* des Eigentums in dem zu suchen, was wir von seinen Anfängen wissen können, von dem es beseelenden Ursprung, auf dem es beruht, von den Umständen, in denen es sich zeigt, das wird immer bedeuten, sich im Kreise zu drehen und sich in Widersprüche zu verstricken. Wir können nicht einmal die Dienstleistungen zum Zeugnis anführen, die zu erbringen man ihm zutraut, weil diese Dienstleistungen keine anderen, als die eben des Besitzes sind; weil wir die nur unvollständig kennen; und weil im übrigen nichts beweist, daß wir uns die gleichen, ja sogar noch bessere Garantien nicht auch mit anderen Mitteln verschaffen können.

Hier sage ich nun ein zweites Mal, daß wir die Methode ändern und uns auf eine unbekannte Straße begeben müssen. Das Einzige, was wir sicher vom Eigentum wissen und aufgrund dessen wir es vom Besitz unterscheiden können, ist, daß es absolut ist und mißbraucht werden kann; na, dann müssen wir wohl in seinem Absolutismus und in den diversen Formen seines *Mißbrauchs*, um nichts Schlimmeres zu sagen, seine Zweckbestimmtheit suchen.

Lassen Sie sich, lieber Leser, jetzt mal bloß nicht von den miesen Bezeichnungen *Mißbrauch* und *Absolutismus* hochschrecken! Es geht hier ganz und garnicht darum, etwas zu rechtfertigen, was Ihr unverführbares Gewissen ablehnt, noch darum, Ihre Vernunft in transzendentale Regionen zu entführen. Hier geht es vielmehr um reine Logik, und da die Gruppenvernunft (Raison collective), die über uns alle herrscht, sich vom Eigentumsabsolutismus überhaupt nicht hat erschrecken lassen, warum sollte dann Ihre individuelle Vernunft daran Anstoß nehmen? Würden Sie sich z. B. Ihres eigenen Ichs schämen? Gewisse Wirrköpfe haben aus übertriebenem

Puritanismus, oder vielleicht eher aus mangelndem Verständnis, den Individualismus als Antithese des revolutionären Denkens gesetzt: das hieß nun aber nichts anderes, als den Bürger und Menschen aus der Republik zu jagen. Seien wir einfach etwas weniger furchtsam. Die Natur hat den Menschen zu einer Person gemacht, d.h. zu einem niemandem und nichts unterworfenen Lebewesen; und die Gesellschaft hat ihrerseits, zweifellos, um der Natur nichts schuldig zu bleiben, das Eigentum eingerichtet; um nun die Trias zu vollenden, da ja Pierre Leroux[142] zufolge jede Wahrheit sich in drei Polen (termes) manifestiert, hat der Mensch, rebellischer Untertan und Egoist, sich allen nur möglichen Launen seines freien Willens hingegeben. Mit diesen drei großen Feinden - der Revolte, dem Egoismus und dem willkürlichen Belieben - müssen wir eben leben; auf ihren Schultern, wie auf dem Rücken dreier Karyatiden, werden wir also den Tempel der Gerechtigkeit (Justice) errichten.

Alle Arten von Mißbrauch, deren das Eigentum sich schuldig machen kann, und sie sind ebenso zahlreich, wie tiefgreifend, lassen sich auf drei Kategorien zurückführen, je nach dem Gesichtspunkt, von dem aus man das Eigentum betrachtet, *Formen politischen, wirtschaftlichen* und *sittlichen Mißbrauchs*. Wir werden jetzt diese verschiedenen Mißbrauchskategorien, eine nach der anderen, untersuchen und werden aus ihnen, je nach den Ergebnissen dieser Untersuchungen, die ZWECKE des Eigentums ableiten, mit anderen Worten: seine Aufgabe und seine gesellschaftliche Bestimmung.

§ 1. - Notwendigkeit, nach Organisierung des Staates in der Freiheit eines jeden Bürgers ein Gegengewicht zum Staat zu schaffen. Föderalistischer und republikanischer Charakter des Eigentums. Bemerkungen zu Wahlzensus und Vermögenseinziehung.

In seinen politischen Bestrebungen und seinen Beziehungen zum Staat, neigt das Eigentum dazu, sich die Regierung zum Mittel der Ausbeutung zu machen, nichts mehr und nichts weniger.

Was das System der Macht angeht, sei es monarchisch, demokratisch, aristokratisch, konstitutionell, oder despotisch, so steht das Eigentum ihm, seiner Natur entsprechend, völlig indifferent gegenüber: was es will, ist, daß der Staat, die öffentliche Sache, allein seine Sache sei; daß die Regie-

142 (1797-1871), Journalist, Anhänger Saint-Simons, 1848 in die Verfassunggebende Versammlung, 1849 in die Gesetzgebende Versammlung gewählt, geht nach dem Staatsstreich Louis Napoleons vom 2. Dezember 1851 nach London ins Exil, 1860 Rückkehr nach Frankreich, 1870-1871 Beteiligung an der Pariser Commune.

rung mit seiner Hilfe und für es arbeite, nach seinem Belieben und zu seinem Nutzen. Überschuß, Gewaltenteilung, Verhältnismäßigkeit der Steuer, Bildung der Volksmassen, Achtung der Gerechtigkeit (Justice) usw., all' das bedeutet ihm wenig. Vor allem ist wichtig, daß die Regierung seine sklavische Kreatur ist, wenn nicht, wird sie eben untergehen. Keine Macht hat vor ihm Bestand; keine Dynastie ist ihm heilig, keine Verfassung unverletzlich. Entweder - oder: das Eigentum muß auf seine Weise herrschen und regieren, andernfalls erklärt es sich als anarchistisch und zum Königsmörder.

Romulus, erster Erfinder der Bodenaufteilung, Gründer des quiritischen Landgutes (domaine quiritaire), wird von den Patriziern abgelöst: Seine Schuld. Warum hat er denn, wenn er doch die Aristokratie seiner Macht unterwerfen wollte, sie unabhängig gemacht, ihr eine übergeordnete Stellung eingeräumt, indem er jedem Adligen einen Rang einräumte, der dem Seinen gleich war, nämlich den Rang eines Eigentümers?

Servius Tullius sucht die Volkstümlichkeit, sucht eine Stütze in der Menge. Sein Nachfolger, Tarquinius Superbus, setzt diese Politik fort und bedroht die Spitzen der Aristokratie.

Aber die Tarquinier werden verjagt, und das Königtum wird vom Eigentum besiegt. Von diesem Zeitpunkt an bis zum Gesetz des Licinius Stolo[143] im Jahre 376 v. Chr. ist die Regierung in Rom nichts anderes, als ein weiteres Mittel der Ausbeutung in den Händen des Patriziats. Die Plebs ist geknechtet, die Verfassung des Staates konzentriert sich völlig auf die Prärogative der Patrizier; das ist reine Willkür. Der im Jahre 450 v. Chr. gefaßte Beschluß, Beauftragte nach Athen zu schicken, um sich mit den griechischen Gesetzen zu beschäftigen, beweist es. Umsonst verteilte man von Zeit zu Zeit einige vom *ager publicus* abgetrennte Landstücke an die Plebs; Kriegsdienst und öffentliche Lasten ruinierten den Plebejer, zwangen ihn, zu verkaufen, und das Land kehrte immer wieder zu den Großen zurück. Aber, aufgrund der egoistischen und anarchischen Natur des Eigentums treten innerhalb der Aristokratie die ersten Fälle von Mißgunst zutage; zugleich wendet sich, da die Plebs an Zahl zunimmt und das licinische Gesetz ihr Zugang zur Aufteilung eroberter Ländereien verschafft, das Eigentum gegen sich selbst: und das hat der plebejischen Partei den Sieg ermöglicht. Ohne

143 s.o. Anm. 130; Caius Licinius Stolo, plebejischer Volkstribun, der mit seinem langjährigen Kollegen Lucius Sextius Sextinus Lateranus, in den Jahren 376-367 v. Chr. das Schuldentilgungsgesetz durchbrachte, das Ackergesetz (Begrenzung des Staatsland-Besitzes auf 500 iugera) und das Gesetz über die Zulasssung der Plebejer zum Konsulat; s. hierzu Der Kleine Pauly a.a.O. (s.o. Anm. 130), Sp. 635, 638-639.

diese Art von Besitz, der das nur noch dem Namen nach war, hätte sie nie den Sieg über die patrizische Partei davongetragen, und niemals hätte die Plebs ohne die Anarchie des Eigentums Land bekommen.

Es ist die Umwandlung der Lehen (bénéfices) in Freigüter (alleux), die die Macht der Karolinger vernichtet; umgekehrt ist es die Umwandlung des Freigutes (alleu) in das Lehnsgut (fief), die allmählich die feudale Knechtschaft heraufführt.

Der Adlige klammert sich aus Stolz und Verachtung gegenüber allen Nichtadligen an sein Lehnsgut und kümmert sich nicht um das freie Eigentum (propriété allodiale). Das Erstgeburtsrecht verstärkt dabei noch die Unbeweglichkeit des Lehens. Der Bürger (bourgeois) folgt dem römischen Recht; das Freigut schließt sich mit dem König gegen das Lehnsgut zusammen, das überall verschwindet. In England laufen die Dinge anders ab, aber immer nach dem gleichen Gesetz: Die Barone, von der Macht des Königs bedroht, ergreifen die Gelegenheit, die ihnen die Notlage des Königs Johann, genannt Ohne Land, bietet, um ihm die große Charta, die Grundlage aller Freiheiten Englands, zu entreißen;[144] danach schließen sie sich selbst mit den Kommunen zusammen, das Lehen mit dem Freigut, und beherrschen endgültig die Krone. Hierdurch erklären sich die Verfassung Englands und seine ganze Geschichte. Heutzutage schafft das industrielle Eigentum, in Verbindung mit einem Teil des Bodens, den das Bürgertum besitzt, ein Gegengewicht zur Macht der Aristokratie: daher das gegenwärtige Übergewicht des Unterhauses über das Oberhaus. Wo sich größter finanzieller Reichtum mit größtmöglicher Handlungsfreiheit verbindet, da entsteht die größte Kraft. Aber das Feudaleigentum, wenn auch erniedrigt, ist damit noch lange nicht vernichtet; ganz im Gegenteil, seine Bewahrung ist zu einem Element der Politik der englischen Gesellschaft geworden. Deshalb ist England ja zugleich monarchisch, aristokratisch und bürgerlich: es wird erst dann eine Demokratie, wie in Frankreich sein, wenn die Güter der Adligen durch Gesetz aufgeteilt und veräußert werden können und das Erstgeburtsrecht abgeschafft ist, wie das für die vielerlei Arten freien Eigentums zutrifft.

Man weiß, wie die Französische Revolution abgelaufen ist. Verkauf und Mobilisierung eines Drittels des Staatsgebietes als freies Eigentum, Abschaffung aller alten Feudalrechte, Abschaffung des Erstgeburtsrechts; Umwandlung aller nicht verkauften Lehnsgüter in freies Eigentum: all´ das hat aus Frankreich eine Demokratie gemacht.

1799 offenbart sich das neue Eigentum in einem Staatsstreich und schafft

144 Die Magna Charta Libertatum von 1215.

die Republik ab.[145] 14 Jahre danach, unzufrieden mit dem Kaiser, der es gezähmt hatte, gibt es Napoleon auf und entschließt sich zum Sturz des kaiserlichen Systems. - Es ist das Eigentum, das 1830 Karl X. fallen läßt, und noch einmal das Eigentum, das 1848 Louis-Philippe fallen läßt. Das Großbürgertum bzw. das große Eigentum war geteilter Meinung, die Mittelklasse bzw. das Kleineigentum aufgebracht, und so gab eine Handvoll Republikaner, gefolgt von ein paar Leuten aus dem Volk, den Ausschlag. Nachdem Louis-Philippe beiseite geräumt war, wäre es eigentlich nur logisch gewesen, daß die Macht auf die Republikaner überging. Aber, Logik schafft noch keine Macht: das Eigentum, einen Augenblick lang überrascht, trat alsbald erneut auf und entledigte sich ein zweites Mal der Republik. Da das einfache Volk (la plèbe) nichts hatte, beruhte die Demokratie auf dem Nichts. Der Staatsstreich[146] war, wie zuvor der des 18. Brumaire[147], nur aufgrund der Unterstützung durch das Eigentum erfolgreich. Louis - Napoléon ist lediglich dem Wunsche des Bürgertums zuvorgekommen und konnte sich seines Erfolges um so sicherer sein, als das einfache Volk in ihm einen Schutzpatron gegen bürgerliche Ausbeutung sah.

Es ist also erwiesen, daß das Eigentum als solches an keine bestimmte Staatsform gebunden ist; daß es sich durch keinerlei dynastisches, oder rechtliches Band fesseln läßt; daß seine ganze Politik sich auf ein einziges Wort, nämlich Ausbeutung, zurückführen läßt, wenn nicht gar: Anarchie; daß es für die Staatsmacht der gefährlichste Feind und der treuloseste Verbündete ist; kurz: daß es sich in seinen Beziehungen zum Staat nur durch einen einzigen Grundsatz, ein einziges Gefühl, eine einzige Idee leiten läßt, nämlich durch das persönliche Interesse, durch den Egoismus. Eben darin besteht, unter einem politischen Gesichtspunkt, der Mißbrauch des Eigentums. Wenn jemand einmal untersuchen würde, was es in allen Staaten gewesen ist, in denen seine Existenz mehr, oder weniger anerkannt gewesen ist, in Karthago, Athen, Venedig, Florenz usw., so würde er immer finden, daß es immer das Gleiche gewesen ist. Wer sich dagegen einmal mit den politischen Auswirkungen des Besitzes bzw. des Lehens beschäftigt, wird ständig zu entgegengesetzten Ergebnissen gelangen. Das Eigentum hat der athenischen Demokratie zunächst die Freiheit, dann die Anarchie und schließlich die Auflösung gebracht; der Kommunismus jedoch hat die Tyrannei und die Unbeweglichkeit des adligen Lakedaimon gestützt, das in

145 Napoleon Bonaparte wird Erster Konsul und 1804 Kaiser.

146 Louis Napoleons v. 2. Dezember 1851, des späteren Kaisers Napoleons III. (reg. 1852-1870).

147 des Jahres VIII (1799); s. hierzu o. Anm. 145.

einem Ozean von Kriegen versunken und schließlich mit der Waffe in der Hand untergegangen ist.

Und nun auch zu den Gründen, warum jede Regierung, jede Utopie und jede Kirche dem Eigentum mißtraut. Ohne erst von Lykurg und Platon[148] zu sprechen, die es, wie auch die Poesie, aus ihren Republiken verbannen, sehen wir, wie die Cäsaren, Anführer der Plebs, die nur gesiegt haben, um Eigentum zu erlangen, kaum haben sie die Diktatur inne, alle möglichen Arten von Angriffen gegen das quiritische Recht führen. Dieses quiritische Recht war sozusagen die Mitgift des römischen Volkes. Augustus dehnt es auf ganz Italien aus, Caracalla auf alle Provinzen. Man bekämpft das Eigentum mit dem Eigentum: das ist Schaukelpolitik. Dann greift man das Eigentum mit der Steuer an; Augustus richtet die Erbschaftssteuer ein, 5 Prozent; dann kommt eine weitere Steuer hinzu, die auf Verkäufe von Gerichts wegen, 1 Prozent; später erhebt man noch indirekte Steuern. Das Christentum attackiert seinerseits das Eigentum mit seinem Dogma, und die großen Feudalherren attackieren es mit dem Kriegsdienst: schließlich kommt es so weit, daß die Bürger unter den römischen Kaisern auf ihr Eigentum und auf ihre municipalen Funktionen verzichten und daß unter den Barbaren vom 6. bis zum 10. Jahrhundert die kleinen Eigentümer von Freigütern (alleux) es für sich als Glücksfall betrachten, wenn sie sich einem Oberherrn anschließen können. Kurz: so erschreckend erweist sich das Eigentum aufgrund seines Wesens für die Staatsmacht und so sehr bemüht diese sich, die von ihm ausgehende Gefahr dadurch zu vermeiden, daß sie sich gegen das Eigentum wappnet. Durch Angst vor dem einfachen Volk (plèbe) schränkt man das Eigentum ein, durch stehende Heere, durch ständig neue Zwietracht, Rivalitäten und Konkurrenz, mit Hilfe restriktiver Gesetze aller Art und durch Korruption. So bringt man das Eigentum Schritt für Schritt dahin, nur noch ein Privileg des Unproduktiven zu sein: dahin gelangt, wird das Eigentum gebändigt, und der Eigentümer hat sich selbst von einem Krieger bzw. Baron zu einem dreckigen kleinen *Piesepampel* gemacht; er zittert nur noch, er ist nichts mehr.

Nachdem wir alle vorangehenden Überlegungen haben Revue passieren lassen, können wir schlußfolgern: Das Eigentum ist die größte revolutionäre Kraft, die es gibt und die sich der Staatsmacht entgegenstellen kann. Nun kann diese Kraft an sich weder wohltuend, noch schädlich, mißbrauchbar, oder nicht mißbrauchbar genannt werden: sie steht vielmehr dem Gebrauch, den man von ihr macht, gleichgültig gegenüber; sie kann sich

148 s. zu Beiden o. Anm. 111, 115 (Lykurg), 115 (Platon).

genauso gut als zerstörerisch erweisen, wie sie zu einer bewahrenden Kraft werden kann; wenn diese Kraft aber manchmal ganz plötzlich umstürzlerische Auswirkungen hat, anstatt zu nützlichen Ergebnissen zu führen, dann tragen diejenigen Menschen die Schuld daran, die sie lenken und genauso blind sind, wie sie.

Auch wenn ein Staat auf die vernünftigste und liberalste Art und Weise gegründet ist und von den gerechtesten Absichten geleitet wird, so stellt er nichtsdestoweniger eine außerordentliche Macht dar, die in der Lage ist, alles um sich herum auszulöschen, wenn man ihr kein Gegengewicht gegenüberstellt. Was kann das für ein Gegengewicht sein? Der Staat bezieht seine gesamte Macht aus der Zustimmung seiner Bürger. Der Staat ist die Vereinigung der allgemeinen Interessen, die von dem Willen aller seiner Angehörigen getragen wird und der notfalls die Mitwirkung aller individuellen Kräfte dient. Wo ist nun aber eine Macht, die in der Lage ist, der furchtbaren Macht des Staates zum Gegengewicht zu dienen? Es gibt keine andere, als das Eigentum. Man nehme die Gesamtheit der Kräfte aller Eigentümer, und man wird eine Macht bekommen, die derjenigen des Staates gleichkommt. - Warum, wird man mich fragen, sollte man dieses Gegengewicht nicht ebenso gut im Besitz bzw. im Lehen finden? - Weil der Besitz bzw. das Lehen doch selber vom Staat abhängt; weil beides doch im Staat eingeschlossen ist; weil folglich der Besitz, anstatt sich dem Staat entgegenzustellen, ihm sogar noch zu Hilfe kommt; denn er beschwert doch zusätzlich die Waagschale des Staates: das läßt doch, anstatt ein Gegengewicht für sie zu erzeugen, die Regierung ein noch größeres Gewicht gewinnen. In so einem System haben wir auf der einen Seite den Staat und mit ihm alle seine Untertanen bzw. Bürger; und auf der anderen Seite - Nichts. Das ist dann der Absolutismus in seinem unmißverständlichsten Ausdruck und dazu in seiner ganzen Unbeweglichkeit. So verstand ihn Ludwig XIV., der dabei nicht nur völlig guten Glaubens war, sondern sich, von seinem Standpunkt aus gesehen, auch völlig logisch und richtig verhielt, als er behauptete, alles in Frankreich, Personen und Sachen, gehörten ihm. Ludwig XIV. lehnte das uneingeschränkte Eigentum ab; er räumte Souveränität nur dem Staat ein, der vom König repräsentiert wird. Damit eine Kraft eine andere Kraft in Schach halten kann, müssen beide voneinander unabhängig sein, müssen zwei, nicht eins ergeben. Damit der Bürger (citoyen) im Staat Etwas ist, genügt es nicht, daß er persönlich frei ist; vielmehr muß seine Persönlichkeit, wie die des Staates, sich auf ein Stück Materie stützen können, über das sie in vollem Umfang verfügt, wie der Staat in voller Souveränität über das Staatsland. Und genau diese Bedingung erfüllt das Eigentum.

Der staatlichen Macht zum Gegengewicht dienen, den Staat aufwiegen und damit die Freiheit des Einzelnen sichern: das muß also im politischen System die Aufgabe, und zwar die Hauptaufgabe des Eigentums sein. Man nehme ihm diese Aufgabe, oder, was auf das gleiche hinausläuft, man nehme dem Eigentum sein absolutistisches Wesen weg, das wir ihm zuerkannt haben und das es auszeichnet; man lege ihm Bedingungen auf, erkläre es für unübertragbar und unteilbar: und sofort verliert es seine Kraft, sein ganzes Gewicht, wird wieder zu einem Lehen (bénéfice), zu einem widerrufbaren Besitz (un précaire), ja sogar zu einem Unterlehen (mouvance) der Regierung ohne Handlungsfreiheit gegen sie.

Das absolute Recht des Staates befindet sich also im Kampf mit dem absoluten Recht des Eigentümers. Jetzt müssen wir Schritt für Schritt den Verlauf dieses Kampfes verfolgen.

Im allgemeinen, da, wo der Staat nicht aus Eroberung hervorgegangen ist, wie in Frankreich nach der Invasion der Barbaren, ist es der Absolutismus des Staates, der als erster auftritt: das göttliche Recht geht aus dem Patriarchat hervor. Der Gesellschaftsvertrag ist vom Himmel herabgekommen; Gott hat das Priestertum und das Königtum eingerichtet; auf diese seine Stellvertreter muß alles hinauslaufen. Ergebnis dieser Auffassung sind die Abhängigkeit des Menschen, die Hierarchie in der Gesellschaft und die ausschließliche Zuschreibung der Oberherrschaft (domaine éminent) an den Fürsten. Daher rührt eine erste Form der Aneignung, berühmt geworden unter der Bezeichnung *Feudaleigentum* bzw. *Lehen (fief)* kraft der Verfassung, die ihm die Kirche im Mittelalter gegeben hat.

Die grundlegenden Wesensmerkmale dieser Eigentumsform sind:

1. Abhängigkeit (das ganze Land gehört dem König bzw. dem Kaiser);
2. Erstgeburtsrecht;
3. Immobilisierung bzw. Unveräußerlichkeit;
4. infolgedessen Tendenz zur Ungleichheit.

Und genau aus dieser Vorstellung heraus entstehen danach unter dem Gesichtspunkt der Bodenbewirtschaftung und der Steuer: die Erbpacht, Verträge über Boden- und Viehpacht, Frondienste, der Zehnte, die Tote Hand und alle Abgaben an die Herren sowie die *Leibeigenschaft*.

Diese Form des Eigentums bringt eine besondere Art politischer Organisation mit sich, nämlich die Hierarchie der Klassen und der gesellschaftlichen Rangstufen, kurz: das System des Feudalrechts.

Bald jedoch reagiert der Absolutismus des Eigentums auf den Absolutismus des Kaisers, der Herrschaftsbereich des Bürgers auf denjenigen des Staates; dann bildet sich eine neue Form des Eigentums heraus, nämlich die des Allodialeigentums.

Die Wesensmerkmale dieser Eigentumsform sind im Gegensatz zu der vorangehenden:

1. Unabhängigkeit;
2. Gleichheit der Verteilung des Erbes unter die Kinder nach dem Tode des Vaters;
3. Mobilisierung und Teilung bzw. Veräußerbarkeit;
4. schließlich eine ganz offensichtliche Tendenz zur Gleichheit.

Das Allodialeigentum bringt im Gefolge seines Ursprungs den Hypothekenkredit hervor;[149] es macht aus dem Boden ein wirklich bewegliches Gut; es ist bestrebt, den Kolonen am Ertrag der Bewirtschaftung, an der Rente, teilhaben zu lassen, indem es das Grundstück für den es nicht bewirtschaftenden Eigentümer immer weniger produktiv macht; es ändert das Wesen der Steuer, indem es das Steuersystem veranlaßt, sich hauptsächlich auf die Grundrente zu stützen, anstatt auf Kapitalien und Konsum.

Das Freigut (l´alleu) bringt eine besondere Staatsform mit sich, nämlich die repräsentative und demokratische Ordnung.

In England hat das Eigentum nie aufgehört, feudal organisiert zu sein. Das berüchtigte Getreidegesetz von Robert Peel[150], eine große Ausnahme des Schutzprinzips, hat, da es den Getreidepreis gesenkt hat, der kleinen Landwirtschaft, also dem Allodialeigentum, einen harten Schlag versetzt. Aus diesem Grund unterscheidet sich das politische System Englands, auf dem, wie man unablässig wiederholt, die Charta von 1814 und die von 1830[151] fußen, ganz und gar von dem Unsrigen; und deswegen darf die repräsentative Regierungsform Frankreichs nicht mit derjenigen Englands verwechselt werden: die englische Regierungsform ist aristokratisch; die französische - Louis-Philippe hat das in ausgesprochen vernünftiger Weise gesagt, es zu seinem Unglück jedoch vergessen - war und mußte von 1814 bis 1848 eine von republikanischen Institutionen umhegte Monarchie sein.

Geschichtlich gesehen ist das Allodialeigentum in den von Germanen eroberten Ländern dem Feudaleigentum vorangegangen; denn die eindringenden Soldaten hatten das eroberte Territorium als Kriegsbeute untereinander aufgeteilt, ohne dabei ihre nationalen Bräuche auf das Eigentum an-

149 Leider haben wir bei allen unseren Rückschritten den Kredit in feudaler Form errichtet, als wenn sein Ziel darin bestünde, das Eigentum zu vernichten und die Lehen (fiefs) wieder einzuführen-wovon, wie ich weiß, gewisse Leute sogar träumen. (P.)

150 einer der wichtigsten Anführer der englischen Freihandelsbewegung, der 1844 als Ministerpräsident die Aufhebung der britischen Getreidezölle (Peelsakte) durchsetzte.

151 Gemeint sind die Verfassung von 1814 nach dem Sturz Napoleons I. und die von 1830 nach dem Sturz Karls X. und in Verbindung mit der Proklamation Louis-Philippes I. zum König am 7. August 1830.

zuwenden. Aber diese Gesellschaft war nicht reif; also wurden nach Ablauf einiger Jahrhunderte die Freigüter in Lehen umgewandelt, als wenn Freiheit und Gleichheit in den Feldlagern der fränkischen Könige nie existiert hätten. Es bedurfte einer ganz langen Periode geschichtlicher Entwicklung, um die gegenwärtige Eigentumsform, das Freigut, wiederzubringen.

Man könnte die Völker, Staaten und Regierungen nach der Eigentumsform klassifizieren, die bei ihnen jeweils in Kraft ist; das wäre eine leichte Art, ihre Geschichte zu erklären und ihre Zukunft vorauszusehen. In der Tat ist die Geschichte der Völker, wie ich es am Falle Polens zeigen werde[152], oft nur diejenige des Eigentums.

Man darf jedoch nicht glauben, daß der Staat, wenn er vom Feudalsystem zum Allodialsystem übergeht, alle seine Vorrechte und seine übergeordnete Herrschaftsstellung verloren hätte. Zur gleichen Zeit, da das Eigentum seine Unabhängigkeit und Mobilität, die Gleichheit der Aufteilung, die Fähigkeit, mittels der Hypothek Darlehen aufzunehmen usw. eroberte, hat der Staat dank seiner Prärogative Servituten eingerichtet, Regelungen zur *Feststellung von Vor- und Nachteilen* seiner Projekte *(règlements de commodo et incommodo)* getroffen und ein Gesetz zur Enteignung im öffentlichen Interesse erlassen; heute fordert man ihn auf, der Zerstückelung des Bodens eine Grenze zu setzen: so stellt sich der Absolutismus des Staates dem Absolutismus des Eigentums entgegen, und beide wirken aufeinander ein, indem sie durch ihre wechselseitige Aktion und Reaktion unaufhörlich neue Arten von Sicherheit für die Gesellschaft und neue Garantien für den Eigentümer hervorbringen und damit der Freiheit (Liberté), der Arbeit (Travail) und der Gerechtigkeit (Justice) zum endgültigen Sieg verhelfen.

Wohlgemerkt, um der Ehrlichkeit dieses Systems willen, ist es absolut notwendig, daß die Regierung zuvörderst jedes despotische Verhalten abgelegt hat; daß sie offen repräsentativ und parlamentarisch ist, und zwar in republikanischer Form, gegründet auf eine ernst zu nehmende Verantwortlichkeit, nicht des Fürsten, sondern ihrer Minister. Kurz gesagt, es ist notwendig, daß die Nation durch sich selbst regiert wird, und zwar derart, daß die Reaktion der Prärogative des Staates auf die Prärogative des Eigentümers nicht von dem freien Willen eines einzigen Menschen, eines Despoten, ausgeht, was aus dem System eine Art Schaukel machen würde, sondern von der durch die nationale Repräsentation zum Ausdruck gebrachten Staatsraison. Sonst liegt das Eigentum in der Hand des Autokraten und es ist in Gefahr, wieder feudal zu werden.

152 Dieses Vorhaben Proudhons ist nicht verwirklicht worden.

So ist das Eigentum seit ´89 verfaßt. Man kann leicht ersehen: so sehr das Freigut dem Lehen auch überlegen ist, so unmöglich ist es doch gewesen, es *auf den ersten Blick* zu entdecken; das ist eines von den Dingen, die die philosophische Vernunft übersteigen und die allein der Geist der Menschheit (Humanité) hervorbringen kann.

Denn wer sieht denn wohl nicht ein, daß die feudale Verfassung des Eigentums von einer gut durchdachten Achtung vor dem Recht (Droit) herrührt, von einer Vorstellung von Gerechtigkeit, die sich jenem Absolutismus des Eigentums verweigerte, da sie ihn für unvernünftig erachtete, für usurpatorisch, unmoralisch, hochbedrohlich, außerordentlich egoistisch, eine Beleidigung Gottes und der Menschen? Es ist die kalkulierte Achtung vor dem Recht (Droit), die dieses angekettete, nicht übertragbare, unteilbare und abhängige Eigentum geschaffen hat, dieses Unterpfand von Unterordnung und Hierarchie, wie auch von Schutz und Aufsicht. Und dann zeigte die Erfahrung auf einmal, daß die Tyrannei genau da war, wo man geglaubt hatte, das Recht zu finden, die Anarchie, wo die Hierarchie aufgetreten war, Knechtschaft und Elend, wo man sich geschmeichelt hatte, Schutz und Nächstenliebe zu schaffen.

Man darf wohl der Meinung sein, daß zur Zeit der römischen Republik und des allmächtigen Patriziats die Definition des Eigentums schlicht und einfach einseitig war: *Dominium est jus utendi et abutendi*; und daß erst später, unter den Kaisern, die Rechtsgelehrten die Einschränkung hinzugefügt haben, *quatenus juris ratio patitur*. Aber da war das Übel bereits geschehen; und die Kaiser konnten daran nichts mehr ändern. Das römische Eigentum ist ungezähmt geblieben; und aus Haß gegen diesen Absolutismus des Eigentums ohne Gegengewicht, aus Haß gegen die Tyrannei der Senatoren und gegen die *latifundia* wurde im Schoße der christlichen Gesellschaften das System feudalen Eigentums konzipiert, womit das mit dem mittelalterlichen Kaisertum verbundene und durch das Prestige der Religion unterstützte Papsttum das antike Patriarchat erneuert hat.

Das neuzeitliche Eigentum, das dem Anschein nach gegen alle rechtliche Vernunft und gegen jeden gesunden Menschenverstand auf einem zwiefachen Egoismus errichtet worden ist, kann als Sieg der Freiheit (Liberté) angesehen werden. Denn die Freiheit (Liberté) hat es geschaffen, nicht, wie es auf den ersten Blick scheinen konnte, gegen das Recht, sondern aufgrund eines höheren Verständnisses von Recht. Denn was ist denn in der Tat die Gerechtigkeit (Justice), wenn nicht das Gleichgewicht zwischen verschiedenen Kräften? Die Gerechtigkeit (la Justice) ist ja keine bloße Beziehung, kein abstrakter Begriff, keine Fiktion des Verstandes, oder ein

Glaubensakt des Gewissens: sie ist vielmehr eine wirkliche Sache, die umso verpflichtender ist, als sie auf Tatsachen und auf frei wirkenden Kräften beruht.

Aus dem Grundsatz, daß das Eigentum, das sich um den Fürsten keinen Deut schert, gegen jede Autorität rebelliert, schließlich sogar anarchisch ist, die einzige Kraft ist, die als Gegengewicht gegen den Staat dienen kann, leitet sich der folgende Ergänzungssatz ab, nämlich daß das Eigentum, ein Absolutismus in einem anderen Absolutismus, für den Staat zusätzlich ein Element der Teilung ist. Die Macht des Staates ist eine Macht der Konzentration; läßt man ihr freie Hand, dann wird jede Individualität bald verschwinden, da sie in die Gesellschaft eingesogen wird, und die Gesellschaft verfällt dem Kommunismus (communisme). Das Eigentum ist im Gegensatz hierzu eine Kraft der Dezentralisierung; weil es selbst absolut ist, ist es antidespotisch und gegen den Einheitsstaat gerichtet; in ihm liegt nämlich der Ursprung jeder Föderation: und eben aus diesem Grunde wird das Eigentum, das seinem Wesen nach autokratisch ist, sobald es in eine politische Gesellschaft überführt wird, republikanisch.

Ganz umgekehrt verhält es sich mit dem Besitz bzw. dem Lehen, die schicksalhaft nach Einheit streben, nach Konzentration und nach allgemeiner Unterwerfung. Von allen Despotismen war der verheerendste derjenige der Zaren, und zwar so sehr, daß er unmöglich wurde und man nun schon seit einem halben Jahrhundert sieht, wie die Kaiser von Rußland von selbst daran arbeiten, die schwere Last dieses Systems etwas erträglich zu machen. Nun, die Hauptursache dieser despotischen Herrschaft lag in jenem slavischen Besitz, dem die Reformen Alexanders II. vor kurzem einen ersten Schlag versetzt haben.[153]

Ein ausgesprochen häßlicher Mißbrauch des Eigentums, der von Anfang an dazu geführt hat, daß die Massen Klage dagegen erhoben haben, ist der Aufkauf: das große Grundeigentum hat Italien den Untergang gebracht, *latifundia perdidere Italiam*. Das ist der Klageruf der Historiker, die die letzten Phasen des römischen Reiches erzählt haben. Dabei kann ein so riesiges Gut, gut bewirtschaftet und sicher eingefriedet, das dem Eigentümer regelmäßig ein gutes Einkommen einbringt, eine ganz feine Sache sein. Die Gesellschaft erhält ihren Anteil an diesem Reichtum, sodaß man bis zu einem gewissen Grad sagen kann, das öffentliche Interesse geht Hand in Hand mit dem großen Eigentum. Aber umso trauriger ist es, zu sehen, wie ganze Heerscharen von Bauern ohne ihr Erbe ziellos auf den Landstraßen

153 s. hierzu oben Anm. 119.

dahin ziehen, von dem Land, das ihnen zu gehören scheint, vertrieben und vom *latifundium* in das Proletariat der großen Städte hineingeworfen worden sind, wo sie dahinvegetieren, ohne Rechte, ohne Habe. Nun, gerade das würde nicht in einem System bedingten und eingeschränkten Eigentums passieren, das Teilung und Veräußerung des Bodens verbieten würde. Denn erst durch Teilung und Verkauf ist Aufkauf möglich gemacht worden: man entziehe dem Eigentum seine absolutistische Prärogative, und alle Menschen werden Land besitzen, eben weil es niemandem mehr als seine Domäne gehören wird.

Das läuft darauf hinaus, zu sagen, daß alle Bürger im Staat gleiches Recht und gleiche Würde genießen; daß, wenn die Natur sie auch ungleich hinsichtlich ihrer Fähigkeiten, etwas zuwege zu bringen, geschaffen hat, das Bestreben der Zivilisation und der Gesetze dahin geht, in der Praxis die Auswirkungen dieser Ungleichheit dadurch einzuschränken, daß allen Menschen die gleichen Garantien gewährt werden und, so weit das möglich ist, die gleiche Bildung vermittelt wird; daß jedoch das Eigentum, mit Hilfe seiner unaufhörlichen Veräußerungen und seiner Aufkäufe, dieses Glück verheißende Bestreben behindert. Infolgedessen wirft man dem Eigentum vor, ein Feind der Gleichheit zu sein, und weist ihm in dieser Hinsicht einen Platz unterhalb des Besitzes an.

Den hier angeprangerten Mißbrauch gibt es also: der Himmel verhüte, daß ich das verkenne. Denn gerade in den mancherlei Arten von Mißbrauch des Eigentums suche ich ja seinen organischen Auftrag und seine ihm von der Vorsehung zugedachte Bestimmung. Aber, es ist doch schon etwas Einzigartiges: den Vorwurf, den man hier dem Eigentum macht, es sei ein Hindernis für die Gleichheit der Lebensverhältnisse und der Vermögen, den verdienen Lehen und Besitz doch sehr viel mehr, die doch anscheinend in einer Vorstellung und zu einem Zweck eingerichtet worden sind, die denen des Eigentums diametral entgegengesetzt sind. Nun ist es ja eine Tatsache der Weltgeschichte, daß Land nirgendwo ungleicher verteilt worden ist, als da, wo das System des einfachen Besitzes vorgeherrscht hat und wo das Lehen an die Stelle des Freigutes getreten ist; und umgekehrt, daß die Staaten, in denen man die meiste Freiheit und Gleichheit vorfindet, diejenigen sind, in denen das Eigentum regiert. Es genügt wohl, an dieser Stelle sowohl die Existenz der großen Lehen, als auch der Feudalrechte, als auch die Existenz der Knechtschaft bzw. der Leibeigenschaft des Feudalismus in Erinnerung zu rufen. Vielleicht wird man darauf antworten, daß dabei das Prinzip des Besitzes verletzt wurde und daß es, theoretisch gesehen, nicht angehe, ein Prinzip für die Verfälschung durch seine Anwender verantwortlich zu machen. Aber genau hierin liegt ja die Täuschung, wie ich gleich nachweisen werde.

Wir haben erkannt, daß die Fähigkeiten, etwas zuwege zu bringen, zwischen einzelnen Menschen und Völkern ungleich verteilt sind; daß zumindest die Entwicklung bei allen Menschen nicht gleichartig verläuft, da die einen schneller reif werden, als die anderen; daß dies die Ursache ist, der man die Ungleichheit der Lebensverhältnisse, der Vermögen und der jeweiligen Stellung in der Gesellschaft zuschreiben muß; daß jedoch die Gesetze des politischen Organismus´ dieser Ungleichheit entgegenstehen; daß es schließlich folgerichtig ein allgemeines Bemühen der Menschheit um Gleichheit gibt und daß unter allgemeiner Zustimmung der Grundsatz der Gleichheit vor dem Gesetz aufgestellt worden ist, eben um die gesellschaftliche Gleichheit wieder herzustellen.

Wir haben angemerkt, daß dieser Grundsatz, von einer unberechenbaren Tragweite, in einer Gesellschaft der Gerechtigkeit und der Ordnung, darauf hinwirken soll, die Ungleichheit der Lebensverhältnisse und der Vermögen, die immer etwas Willkürliches an sich hat, auf diejenige der Dienstleistungen und Erzeugnisse einzuschränken; mit anderen Worten: zu erreichen, daß das Vermögen des Bürgers der Ausdruck nicht seines Talentes bzw. seiner Tugend sei, Dinge, die man ja nicht messen kann, sondern seiner Taten, verglichen mit den Taten seiner Mitbürger. Man kann etwa anhand des Vergleiches der Höhe der Löhne in den verschiedenen Gewerbezweigen sehen, selbst wenn man alle Anomalien des Marktes berücksichtigt, wie sehr diese kaufmännische Art des Vorgehens die Gleichheit begünstigt; und wie weit, auf dem Gebiet der Arbeit, die Ungleichheit der Güter davon entfernt ist, die Ausmaße anzunehmen, die die Politik ihnen anzunehmen erlaubt und die sich vor allem beim Grundbesitz zeigen.

In einer Gesellschaft, in der der Boden fast das einzige Kapital und die Ernte des Landwirts fast das einzige Produkt ist und in der der Herrscher die natürlichen Ungleichheiten berücksichtigen muß und dabei keine Möglichkeit, dieses Produkt zu bewerten, hat, wird die Aufteilung des Bodens weniger nach dem Tarif der Dienstleistungen, als vielmehr nach Rang und Namen vorgenommen werden. So wie heutzutage dem General, der bei der Eroberung von Sevastopol das Kommando geführt hat, eine Rente von 100.000 Francs zugebilligt und dem einfachen Soldaten, der aus der Dekkung zum Sturmangriff herausgesprungen ist, nur eine Kupfermedaille umgehängt wird, so schenkt in einer auf Besitzordnung gegründeten Gesellschaft der König seinen Baronen, Grafen, Herzögen und Fürsten 1.000, 10.000, ja 100.000 Hektar Land und ganze vier dem einfachen Mann mit Schwert und Schild. Die Kosten der Bewirtschaftung, die Risiken der Landwirtschaft, die Abzüge, die beim Tausch fällig werden, die Nachteile der

Isoliertheit kommen dann noch zu dieser mangelhaften Art der Landzuteilung hinzu und steigern die Ungleichheit noch. Der kleine Besitzer, der gezwungen ist, den großen Besitzer um Hilfe anzuflehen, wird dessen Pächter; die kleinen Lehnsgüter (tenures) finden sich in Gruppen zusammen und bilden eine Landgemeinde, deren Hauptlehnsmann (principal tenancier) ihr Herr (seigneur) wird; so daß, wo einst jedermann frei war, nur noch Adlige und Leibeigene übrig bleiben.

Nun sorge man noch dafür, daß dieses Gemeindeeigentum und alle diese Adelsgüter aufgeteilt und verkauft werden können, wie Ochsenhälften, daß sie in den Handel kommen und mit Produkten bezahlt werden, als ob sie selbst nur Produkte wären: dann wird man bald sehen, wie die Ungleichheit abnimmt und wie das Eigentum, eben aufgrund der ihm eigenen Fähigkeit, aufzukaufen, eine Einrichtung der Angleichung wird. Hier geht die Tendenz in eine andere Richtung, als dort: denn während der Besitz, der von der ursprünglichen Freiheit und Gleichheit ausgeht, immer mehr in Ungleichheit und Knechtschaft versinkt, geht das Eigentum, auf anarchischem Absolutismus gegründet, anti-einheitsstaatlich, nichtsdestoweniger aufkäuferisch und die widersprüchlichsten Übel anhäufend, der Gleichheit entgegen und dient der Gerechtigkeit (Justice).

Das Eigentum stellt sich also nicht *von vorneherein* als Recht des Menschen und Bürgers auf, wie man bis auf den heutigen Tag geglaubt hat und wie die Erklärungen von ´89, ´93 und ´95 zu sagen scheinen: alle Argumentationen, die man so gerne vorträgt, um das Eigentumsrecht *a priori* zu errichten, sind postulationes principii und in sich widersprüchlich. Vielmehr enthüllt sich das Eigentum in seinen vielerlei Arten von Mißbrauch als eine AUFGABE; und eben weil es eine Aufgabe ist, die zu erfüllen jeder Bürger aufgerufen ist, wie er auch aufgerufen ist, zu besitzen und zu produzieren, wird es zu einem Recht: ein Recht, das sich hier aus seiner Bestimmung ergibt, nicht eine Bestimmung, die aus dem Recht folgt. (Siehe meine *Théorie de l´Impôt*, Kap. II, Seite 76, Beziehungen zwischen Freiheit und Staat).[154]

Das Wesen des Eigentums, eine Aufgabe zu sein und, so können wir sagen, befreiend zu wirken, enthüllt sich bei jedem Schritt unserer politischen und bürgerlich-rechtlichen Gesetzgebung.

So bestimmt etwa Art. 57 der Charta von 1814, daß *die Konfiszierung abgeschafft ist*. Natürlich freut sich jeder Eigentümer über eine solche Erklärung; aber es wäre doch zu empfehlen, ihren Sinn zu verstehen. Viele Leute

---

154 Édition A. Lacroix (s.o. Anm. 77), pp. 64-66; éd. L´Harmattan (s.o. Anm. 77), ebd.

sehen in dieser Abschaffung lediglich eine Einschränkung, die der Habgier des Fiskus auferlegt wird, ein Zeichen des Wohlwollens des Gesetzgebers gegenüber den Familien, die man bisher für die Fehler ihrer Oberhäupter bestraft hat, eine Milderung der Strafbarkeit und sogar eine Verbeugung vor den Eigentümern. Egoismus gehört so sehr zum Wesen des Eigentümers, daß man genauso selten sieht, daß er seine Rechte begreift, wie, daß er seine Pflichten erfüllt. Unter der vorangegangenen Herrschaftsordnung, wo jede Art von Grundbesitz als ein Ausfluß des Staates angesehen wurde, war die Konfiszierung ein Recht des Fürsten, der sie sich in bestimmten Fällen herausnahm, um Verbrechen des Hochverrates zu bestrafen. Dem lehnsabhängigen Verräter wurde sein Lehen weggenommen, denn er hatte den Gesellschaftsvertrag nicht erfüllt, und ihm geschah recht so.

Aber der Bürger befindet sich als Eigentümer nicht mehr in der gleichen Lage. Politisch gesehen ist er dem Fürsten gleichgestellt; denn nicht von ihm hat er sein Eigentum, sondern durch sich selbst: Wenn er eines gewöhnlichen, oder eines politischen Verbrechens angeklagt wird, dann muß er, außer ihn persönlich treffenden und seinen Ruf schädigenden Strafen, nur eine Geldstrafe bzw. einen Schadensersatz gewärtigen, die beide in einem annehmbaren Verhältnis zu dem materiellen Schaden stehen müssen, der durch das Verbrechen bzw. das Vergehen verursacht worden ist. Vorbehaltlich dieser Rückforderungen bleibt dem Verurteilten sein Eigentum und geht auf seine Erben über. Es ist geschützt, genau wie das Produkt der Arbeit. Kurz, der Eigentümer ist in dem neuen politischen System ein Bundesgenosse, also das genaue Gegenteil von einem mit einem Lehen ausgestatteten Gefolgsmann: diese Eigenschaft schließt die Konfiszierung aus, die ja jetzt sinnlos geworden ist.

Herr Laboulaye macht in seiner *Histoire du droit de propriété* folgende Bemerkung:

„Der französische Code civil ist das erste Gesetzbuch, das (Art. 1138 und 1583) Verpflichtung und Eigentum vermengt hat. Zu sagen, daß *Eigentum vom Käufer kraft Gesetzes in Bezug auf den Verkäufer erworben wird, sobald man über die Sache und den Preis einig geworden ist*, ist Haarspalterei; wenn man das Recht Dritter achtet, dann leistet Sachzwang den Worten des Gesetzes Widerstand. Euer Käufer, der das Grundstück nicht hat und es nicht bekommen kann, ist dann nämlich lediglich Gläubiger, um auf Schadensersatz zu klagen (créancier à fin de dommages-intérêts). Wenn man dagegen das Recht des Drittbesitzers nicht achtet, dann ist dies eine dem guten Glauben gestellte Falle.“[155]

155 ohne Seitenangabe.

Man kann mit Herrn Laboulaye, im Interesse des Hypotheken-Systems, bedauern, daß der französische Code nicht strenger auf die Rechtsformen des Verkaufes geachtet hat. Wenn er ihm aber vorwirft, Verpflichtung und Eigentum vermengt zu haben, dann gestehe ich, daß ich nicht seiner Meinung sein kann. Was die Einrichtung tatsächlich meint, ist, daß der Grundeigentümer den Boden in gleicher Weise, mit dem gleichen vollen Recht und kraft der gleichen Unbedingtheit besitzt, wie der Produzent sein Produkt besitzt. Das quiritische Eigentum (le domaine quiritaire) ist zwar nicht so weit gegangen, lief aber darauf hinaus. Da letzten Endes das Eigentum und die Autorität des Familienvaters vor allem im Hinblick auf die Familie eingerichtet waren, ist es nur natürlich, daß das römische Recht den Verkauf mit mehr Vorsichtsmaßregeln umgeben und mehr, als es der französische Code getan hat, die Verpflichtung vom Eigentum unterschieden hat; aber die römische Tradition ist nicht die Unsere: denn das französische Eigentum ist eine Antithese des Feudalbesitzes und, bis zu einem gewissen Grade, selbst des quiritischen Eigentums; das Gewerbe hat, indem es eine neue Art von Eigentum entwickelt hat, diesem Begriff eine noch weiter gefaßte Bedeutung gegeben. So ist es denn nur natürlich, daß der Code, als er die Verpflichtungen behandelte, deren Regeln auf das Eigentum ausgedehnt hat, wie auch auf alles Übrige. Das Eigentum ist eine Aufgabe, und die Verpflichtungen, die der Bürger im Hinblick auf diese Aufgabe übernimmt, sind von gleicher Art und müssen die gleiche Auswirkung haben, wie diejenigen, die er im Hinblick auf seine Arbeit, auf seine Arbeiter (ouvriers), auf seine Kommanditisten, auf seine Kundschaft usw. auf sich nimmt.

Aber, im Wahlsystem tritt die Wirkung des Eigentums am energischsten zutage. Nicht nur hat der Staat hinsichtlich des Eigentümers sein Konfiskationsrecht verloren; er mußte sich sogar dazu bequemen, von eben diesem Eigentümer die periodische Erneuerung seiner eigenen Amtsübernahme zu erbitten: das findet ja auf dem Wege über Wahlen zum Parlament statt. Da hat man sich übrigens gegen den Grundsatz gestellt, der aus dem Eigentum das Zeichen für die Befähigung zur Politik (capacité politique) machte; man hat über eine Herrschaftsordnung gejammert, die Leute, wie Rousseau, Lammenais und Béranger[156], von Wahlen ausschließt, aber allerlei Leute,

156 Hugues Félicité de Lammenais (1782-1854), Theologe, der versuchte, die katholische Kirche zur Volkskirche zu machen, und für die Trennung zwischen Staat und Kirche eintrat.- Zu Pierre-Jean Béranger (1780-1857), s.o. Anm. 51.

wie die Herren Biedermann, Jourdain, Dandin und Géronte[157] zuläßt. Die Februarrevolution von 1848 hat das Privileg des Zensuswahlsystems durch das allgemeine Wahlrecht ersetzt; aber der demokratische Puritanismus hat sich noch immer nicht zufrieden gezeigt: einige Leute wollten, daß man auch Kindern und Frauen das Wahlrecht gebe; andere protestierten gegen den Ausschluß von Bankrotteuren, freigelassenen Zuchthäuslern und von Gefangenen; es fehlte nur wenig, und man hätte gefordert, auch Pferde und Esel hinzu zu bitten.

Die Theorie des Eigentums, die wir dabei sind, zu entwickeln, bläst alle diese Nebelschwaden auseinander. Dieser Theorie zufolge wird Eigentum nicht als Zeichen einer Befähigung zur Politik vergeben: denn die Befähigung zur Politik wird durch Einsicht und Bewußtsein ermöglicht, unabhängig von der Eigenschaft, Eigentümer zu sein; man kann wohl sagen, daß sich in diesem Punkt alle Menschen einig sind. Wir fügen aber gleich hinzu, daß, wenn Opposition gegen den Despotismus ein Akt des Bewußtseins ist, der, um vollbracht zu werden, keinen Bürger braucht, der 200, oder 500 Francs Steuern zahlt und sich eines Einkommens von 3.000 Francs, oder mehr erfreut, eben diese Opposition, als Manifestation der Gesellschaft, gegenüber der Staatsmacht nur eigene Macht bekommt und dann wirksam wird, wenn sie Ausdruck einer Masse von Eigentümern ist. Das ist jedoch nur eine mechanische Angelegenheit und hat absolut nichts gemein mit der Befähigung zur Politik und mit dem Bürgersinn von Wählern. Ein Vergleich wird vollends dazu beitragen, daß man mich versteht. Jeder einzelne männliche Mensch, 20 Jahre alt und gesund, ist für den Militärdienst geeignet. Aber, bevor man ihn gegen den Feind schickt, muß er exerzieren, an Disziplin gewöhnt werden und mit Waffen umgehen lernen; ohne all´ dies wäre er zu garnichts nütze. Eine Armee von Rekruten ohne Waffen wäre im Krieg genauso wirkungslos, wie ein Karren für Stammrollen-Verzeichnisse. Genauso verhält es sich mit dem Wähler. Seine Stimme hat nur dann einen wirklichen, ich sage nicht: moralischen, Wert gegenüber der Staatsmacht, wenn sie eine wirkliche Kraft repräsentiert: und diese Kraft ist die des Eigentums. Also, um auf das allgemeine Wahlrecht zurück zu kommen, beim System der Wähler *ohne Habe* gibt es nur ein Entweder - Oder: entweder sie stimmen mit den Eigentümern, dann sind sie nutzlos; oder sie halten

157 Monsieur Jourdain, Hauptheld von Molières Komödie „Der Bürger als Edelmann" (1670), der statt Bürger liebend gerne Aristokrat wäre; Dandin, in Molières Komödie „George Dandin" (1669) der Typ des dummen Aufschneiders; Herr Géronte, Hauptheld von Carlo Goldonis Komödie „Der herzensgute Unwirsch" (1771), dessen cholerischer Charakter letztlich einen menschenfreundlichen Kern offenbart.

sich von den Eigentümern fern, dann bleibt die Staatsmacht Herrin der Lage, sei es, daß sie sich auf die Wählermasse stützt, sei es, daß sie sich auf die Seite des Eigentums stellt, sei es schließlich, was wahrscheinlicher ist, daß sie sich zwischen beide Wählergruppen stellt, sich zur Mittlerin erhebt und ihnen ihr Schiedsurteil auferlegt. Dem Volk politische Rechte zu übertragen, war an sich kein schlechter Gedanke; nur hätte man damit beginnen müssen, ihm Eigentum zu geben.

§ 2. - Verzicht auf jede Art von regelndem Gesetz, was Besitz, Produktion, Zirkulation und Konsum von Sachen angeht. Analogien der Liebe und der Kunst. Mobilisierung der Immobilie. Wesen des wahren Eigentümers.

Wenn der Leser verstanden hat, was eben unter einem politischen Gesichtspunkt vom Eigentum gesagt worden ist, nämlich einerseits, daß es nur dann ein Recht sein kann, wenn es eine Aufgabe ist; und andererseits daß diese Aufgabe gerade im Mißbrauch des Eigentums gesucht werden muß, dann wird er keine Mühe haben, zu erfassen, was mir noch über die Zwecke des Eigentums unter dem Gesichtspunkt der Volkswirtschaft und der Moral zu sagen bleibt; das wird mir erlauben mich kürzer zu fassen.

Wenn ich sage, daß die Zwecke des Eigentums, daß sein Wesen, Aufgabe zu sein, und folglich sein Recht in den vielerlei Formen von Mißbrauch gesucht werden müssen, dann versteht wohl jeder, daß ich, wenn ich mich so ausdrücke, keineswegs den Mißbrauch glorifizieren will, der an sich schlecht ist und den alle Menschen am liebsten abschaffen würden. Ich will damit sagen, daß, wenn das Eigentum absolut, bedingungslos, folglich undefinierbar ist, man seine Bestimmung, wenn es denn eine hat, seinen Auftrag, wenn es denn stimmt, daß er Teil des gesellschaftlichen Organismus' ist, nur erkennen kann, wenn man sich mit den vielerlei Formen seines Mißbrauchs beschäftigt, mit dem Vorbehalt allerdings, anschließend - wenn die Aufgabe des Eigentums erst einmal bekannt und das Recht durch den Zweck dieser Einrichtung erwiesen ist - zu untersuchen, wie man den Mißbrauch selbst überwinden kann.

Das Eigentum kann unter wirtschaftlichem Gesichtspunkt aufgrund dessen mißbraucht werden, daß es nicht nur ein Gegenstand wucherischen Aufkaufes ist, wie wir weiter oben gesehen haben, was dahin tendiert, die Masse der Bürger dessen zu berauben, was ihnen legitimerweise zusteht; sondern daß es auch in kleinste Bestandteile zerstückelt werden kann: was für die Landwirtschaft einen schwerwiegenden Schaden verursacht. Ich meine, mich zu erinnern, daß in Frankreich die 25 Millionen Hektar pflügbaren Landes, die folglich weder Wälder umfassen, noch Wiesen, Weinberge, Gemüsegärten usw. und fast die Hälfte des Staatsgebietes ausmachen, in 290, oder 300 Millionen Parzellen aufgeteilt sind: was den Durchschnitt dieser Bodenflächen auf weniger, als ein Zehntel Hektar, d. h. auf ein Viereck von 30 m Seitenlänge (un carré de trente mètres de côté) herunterdrückt; und davon gibt es noch viel kleinere. Man kann sich jetzt wohl den Schaden vorstellen, den diese Zerstückelung der Nation zufügt. Fourier hat einmal geschätzt, daß die normale Fläche eines landwirtschaftlichen Betriebes, dem gewerbliche Betriebe für den Grundbedarf, den er benötigt, angeschlossen sind und der über alle notwendigen mechanischen Hilfsmittel verfügt, ungefähr eine Quadratmeile betragen muß, bearbeitet von einer Bevölkerung von 1.500 bis 1.800 Personen jeden Alters, Geschlechts, Berufes und gesellschaftlicher Stellung. Eben daraus ergab sich für ihn die Idee seines Phalanstère. Eine der Ursachen der Unzulänglichkeit der Landwirtschaft in Frankreich liegt in dieser exzessiven Zerstückelung, die es in England, einem Land mit feudalen Besitzverhältnissen, nicht gibt. Man hat verschiedene Male daran gedacht, dieser Parzelliertheit dadurch zuvorzukommen, daß man den Tausch von Parzellen erleichtert; das würde erlauben, zerteilte Erbschaften zusammenzulegen. Aber daraus ist nichts geworden. Die Zerstückelung geht weiter ihren Gang, ohne daß man sie verhindern kann, es sei denn mit Hilfe eines Gesetzes betreffend Enteignung im öffentlichen Interesse, das aber das Eigentum antasten würde.

Ein weiterer, nicht weniger schädlicher Mißbrauch des Eigentums, als der vorangehende, ist derjenige der anarchischen Bewirtschaftung ohne Abstimmung unter den Landwirten und ohne ausreichende Kapitalien, die der Unwissenheit und dem Zufall überlassen bleibt. Diesem Übel abzuhelfen bemühen sich die Landwirtschaftsschulen, landwirtschaftliche Vereine, Musterfarmen, der Bodenkredit usw. Zweifellos hat man ja auch schon einige Verbesserungen erreicht: der Fortschritt macht sich allmählich auch in den abgelegensten Gebieten bemerkbar, und die Wissenschaft dringt überallhin vor. Aber das Heilmittel muß dem Übel Paroli bieten können; weit entfernt davon, verschlimmert es jedoch meistens die Krankheit noch. Die Grundsteuer müßte halbiert werden: ist das aber möglich? Hypothekendarlehen müßten zu höchstens 1 ½ Prozent gewährt werden können, der Hälfte des Nettoeinkommens aus dem Boden; aber, der Zinssatz beträgt in der Regel 5 Prozent. Der kleine Eigentümer müßte aus allen Entdeckungen der Wissenschaft Nutzen ziehen können, um mit den Großbetrieben in Konkurrenz zu treten; das kann aber nur geschehen, wenn die kleinen Eigentumsflächen zusammengelegt werden; das aber heißt in Wirklichkeit, zum slavischen Besitz zurückkehren und auf das verzichten, was das Eigentum am meisten anziehend macht, nämlich: die absolut freie Verfügung. Diesen Einwand habe ich vor 20 Jahren den Schülern Fouriers gegenüber erhoben, die das Eigentum beim Phalanstère belassen wollten.[158]

Und nun noch eine dritte Art von Mißbrauch, noch schwerwiegender, als die vorangehenden, wenn man bedenkt, daß er sowohl die Volkswirtschaft betrifft, als auch die Moral: das Eigentum hat ein Mittel gefunden, in der landwirtschaftlichen Betriebsführung das Nettoprodukt vom Bruttoprodukt zu trennen. Diese Trennung hat die Scheidung des Menschen vom Boden herbeigeführt und Letzteren zu einem Gegenstand der Börsenspekulation, ich hättte beinahe gesagt: der Prostitution, gemacht.

Hier tritt das Eigentum ganz entschieden als dem Feudalbesitz unterlegen in Erscheinung, und ich habe nie begreifen können, wieso die Wirtschaftswissenschaftler, die alle den Mißbrauch von Eigentum anprangern und bekämpfen, gegen Zerstückelung, Schlendrian und schlechte Methoden Protest erheben, dem Eigentümer die Liebe zum Boden, das Wohnen auf dem Lande und die Arbeit auf dem Felde predigen, dabei im übrigen auf die Politik pfeifen, wieso sie, sage ich, sich als Anhänger des Eigentums erklären können. Natürlich ist die *Rente* eine feine Sache für den, der sie verzehrt und sich nicht an der Arbeit auf dem Lande beteiligt: was man aber doch wohl weniger leicht zugeben kann, ist, daß es dabei dem Land und den Sitten ebenso gut geht. Das Christentum hatte einst die Sklaverei abgeschafft; die Revolution hat die feudalen Privilegien beseitigt: aber, was ist, bitte schön, mit der Pacht? ...

Jetzt folgt das, was ich hierzu 1858 in meinem Werk *de la Justice dans la Révolution et dans l´Église*, 5. Studie, geschrieben habe[159]:

„Die Metaphysik des Eigentums hat den Boden Frankreichs (aufgrund völlig willkürlicher Ausbeutung) verwüstet, hat Berge entwaldet, Quellen versiegen lassen, Bäche in Sturzbäche verwandelt und die Täler mit Straßen überzogen: und das alles mit Genehmigung der Regierung. Sie hat den Bauern (Pächter) dazu gebracht, die Landwirtschaft, ja, schlimmer noch, das Vaterland zu hassen; sie läuft auf Entvölkerung hinaus ... Man hängt

158 in Quest-ce que la propriété- 3me mémoire: Avertissement aux propriétaires ou Lettre à M. Victor Considérant, Rédacteur de la *Phalange* sur une défense de la propriété (1842), éd. M. Rivière, Paris 1938, pp. 157-248; éd. TOPS/ H. Trinquier, Antony 2006, pp. 129-205.

159 éd. Fayard, s.l. (Paris), p. p. Rosemarie *Férenczi* et al., t. 2, 1988, 5me étude (l´éducation), pp. 862-864.

nicht mehr, wie früher, am Boden, weil man auf ihm wohnt, weil man ihn bewirtschaftet, weil man seine Gerüche einatmet, weil man sich von ihm nährt, weil man ihn von seinen Vätern mit deren Blut geerbt hat und weil man ihn von Generation zu Generation in der eigenen Familie weitergeben wird, weil man auf ihm lebend seinen Körper, sein Gemüt, seine Triebe, seine Ideen und seinen Charakter entwickelt hat und weil man sich von ihm nicht mehr trennen könnte, ohne zu sterben. Man hält vielmehr am Boden bloß noch als an einem Werkzeug fest, nein, sogar nur noch als an einem Anspruch auf Renten (inscription de rentes), mit Hilfe dessen man aus der ganzen wirtschaftlich nutzbaren Fläche Frankreichs (masse commune) jedes Jahr ein sicheres Einkommen bezieht. Was dieses unergründliche Gefühl für die Natur angeht, jene Liebe zum Boden, die einem allein das Landleben einflößt – das ist alles ausgelöscht. An dessen Stelle ist eine Feinfühligkeit für das, was sich gehört, getreten, die blasierte Gesellschaften so kennzeichnet, denen Natur sich nur noch im Roman erschließt, im Salon und im Theater.

... Der Mensch liebt das Land nicht mehr: als Eigentümer verkauft er es, verpachtet es, teilt es in Aktien auf, prostituiert es, treibt Handel mit ihm, macht es zum Gegenstand von Spekulationen; wenn er es bearbeitet, quält er es, vergewaltigt es, povert es aus, opfert es seiner ungeduldigen Gier und fühlt sich niemals eins mit ihm. ...“

Die Praxis des Nettoprodukts, heutzutage sehr viel geschickter, als sie es in der Antike gewesen ist, hat den Egoismus der Menschen bis zum höchsten Grad des Raffinements gesteigert. Gewiß, der altrömische Patrizier war geizig und trat härter gegenüber seinen Sklaven auf, als wir heute mit unseren Hausangestellten umgehen; aber letzten Endes arbeitete er zusammen mit ihnen, wohnte im selben Betrieb mit ihnen, atmete die gleiche Luft und aß mit ihnen an ein und demselben Tisch; der Unterschied zwischen ihm und dem abwesenden Rentier ist ungeheuer groß. Auch war Italien schön, wohlhabend, volkreich und gesund, solange seine Eigentümer das Land bewirtschafteten: wüst und Pestilenz verbreitend wurde es jedoch, als es Sklaven zur Bewirtschaftung überlassen wurde und der Herr anfing, seine ungeheuren Einkommen in Rom zu konsumieren. Und mit der Landwirtschaft verfielen die Sitten, zu eben der Zeit, als der Eigentümer seine Rechte wahrnahm, aber gleichzeitig seine Pflichten nicht mehr kannte.

Dies also sind unter wirtschaftlichem und gesellschaftlichem Gesichtspunkte die verschiedenen Formen des Mißbrauchs von Eigentum, ins Auge springende Mißbrauchsformen, die das Gewissen jedes Menschen ablehnt, die aber in den Augen des Gesetzes weder ein Verbrechen, noch ein Vergehen darstellen und die die amtliche Rechtsprechung nicht verfolgen darf, weil sie einen wesentlichen Teil des Rechts des Eigentümers bilden und weil man sie nicht unterdrücken kann, ohne zugleich das Eigentum zu zerstören; Mißbrauchsformen, die zu verhehlen und kleinzureden wir folglich schön bleiben lassen werden, weil sie dazu dienen sollen, uns im Eigentum ganz neue Zwecke zu erschließen, deren Kenntnis uns danach ihrerseits dazu dienen werden, mit den Exzessen des Eigentums fertig zu werden.

Eine der Eigenschaften des Eigentums besteht darin, geteilt, ja zerstükkelt werden zu können, eine Teilbarkeit, die so weit getrieben werden kann, wie es dem Eigentümer gefällt. Das war für die MOBILISIERUNG des Bodens notwendig, und in der Tat ist das der große Vorteil des Freigutes gegenüber dem Lehen. Mit dem feudalen Lehnsverhältnis bzw. dem alten germanischen und slavischen Besitz, der heute noch in Rußland herrscht, schreitet die Gesellschaft wie aus einem Guß voran, wie eine zur Schlacht aufgestellte Armee. Vergebens sind die einzelnen Menschen für frei erklärt und der Staat der Volksversammlung untergeordnet worden. Die Handlungsfreiheit des Bürgers (citoyen), diese Fähigkeit, die Initiative zu ergreifen, die wir als das Wesensmerkmal konstitutioneller Staaten bezeichnet haben, bleibt nämlich ohne Einfluß, und die Unbeweglichkeit des Bodens bzw., besser gesagt, die Unaustauschbarkeit der Besitzungen, bringt erneut die Unbeweglichkeit der Gesellschaft hervor und in deren Gefolge die Autokratie im Staat. Aber das Eigentum muß selbst, zusammen mit den Menschen, wie eine Ware, wie Geld zirkulieren. Ohne das ist der Bürger, wie der Mensch Pascals, den das Universum auslöscht, der das weiß, der das fühlt, der es aber nicht verhindern kann, weil das Universum ihn nicht hört und das Gesetz, das über die Bewegungen am Himmel herrscht, seinen Gebeten gegenüber taub ist. Nun ändere man aber einmal dieses Gesetz, man veranlasse dieses materielle Universum, sich nach dem Willen der nicht wahrnehmbaren Kreatur zu bewegen, die für es nur eine denkende Monade ist, und sofort wird sich alles ändern: nicht mehr der Mensch wird dann zwischen den Welten zerrieben werden; vielmehr sind es diese Welten, die sich auf seinen Befehl hin drehen werden, wie Kügelchen aus Holundermark.

Das ist genau das, was mit der Mobilisierung des Bodens erreicht wird, bewirkt durch die magische Kraft dieses einzigen Wortes EIGENTUM. Nur so hat sich unsere Art von der niederen Ordnung der patriarchalen Gesellung und der Ungeteiltheit des Bodens zu der hohen Zivilisation des Eigentums erhoben, einer Zivilisation, in die kein Mensch eingeführt werden kann, nur um danach plötzlich wieder umkehren zu wollen. Man stelle sich nur einmal vor, was geschehen würde, wenn plötzlich das Eigentum wieder abgeschafft und das Land neu aufgeteilt worden wäre und danach allen Grundbesitzern verboten würde, zu verkaufen, zu tauschen und ihr Stück Erde zu veräußern; wenn, sage ich, der Boden erneut, im Ernst, immobilisiert würde! Würde der wieder zum Besitzer gewordene Mensch, obwohl er nur für sich selbst arbeitete und keine Rente zahlte, wirklich nicht meinen, wieder, wie früher, an die Scholle gebunden zu sein? ... Ich überlasse es dem Leser, das zu vertiefen, was ich ihm hier nur andeuten will.

Eine weitere Eigenschaft, ein weiterer Mißbrauch des Eigentums besteht in der dem Eigentümer zugebilligten Möglichkeit, über sein Eigentum *in völlig absoluter Art und Weise zu verfügen*. Das mag ja noch für die Erzeugnisse der Arbeit und des Geistes hingehen, auch für das, was man die eigenen Schöpfungen des Menschen nennen darf; aber hinsichtlich des Bodens steht, so scheint es, nichts in größerem Gegensatz zu allen gesetzlichen und vertraglichen Gewohnheiten. Der Souverän z. B., der die Konzession zum Abbau einer Erzmine vergibt, der Eigentümer, der seinen Boden verpachtet, oder ihn auf Lebenszeit testamentarisch vermacht, versäumen es doch beide nie, dem Konzessionsnehmer, dem Pächter, dem Schenkungsempfänger gewisse Bedingungen aufzuerlegen: er muß die Sache pfleglich behandeln, *als guter Familienvater wirtschaften* usw. Hier jedoch wird als einzige Bedingung die der Abtei von Thélème gestellt, nämlich zu tun, was einem beliebt.[160]

Man könnte wohl von einer Posse Panurgs[161] sprechen. Ganz sicher hat sich kein Gesetzgeber, Fürst, oder Nationalversammlung, jemals etwas ähnliches einfallen lassen, und eben das ist für mich der Beweis dafür, daß das Eigentum keine Einrichtung gesetzgeberischer Art ist, daß es nicht von einer Vertreterversammlung beschlossen worden ist, die sich nach reiflicher Überlegung und mit Sachkenntnis geäußert hat. Vielmehr ist es das Ergebnis der Spontaneität einer Gesellschaft, Ausdruck eines Willens, der seiner selbst sicher ist und sich gleichermaßen in den einzelnen Menschen, wie auch in der Masse zu erkennen gibt.

Beachten wir dabei einmal genau den tieferen Grund dieser Einrichtung. Es gibt Dinge, hat sich die Weisheit der Völker gesagt, für die das Bewußtsein der Menschen Freiheit ohne jegliche Einschränkung fordert und jede Art von Reglementierung ablehnt. Darunter fallen Liebe, Kunst und Arbeit; zu ihnen muß man noch das Eigentum hinzufügen.

---

160 In François Rabelais´ (1494-1553) Romanzyklus „Gargantua und Pantagruel“ vorgestellter Ort einer Utopie des auf absoluter Freiwilligkeit beruhenden gesellschaftlichen Zusammenlebens.

161 Ein schlauer, lebenskluger Kopf in Rabelais´ „Gargantua und Pantagruel“.

Unter dem Gesichtspunkt sittlicher Vollkommenheit kann man jede Gefühlsregung und jeden Willensakt, die beide mehr, oder weniger von Egoismus geprägt sind, für eine Sünde halten bzw. für etwas, das zur Sünde Anlaß gibt. Nur das Gefühl dafür, was rechtens ist, ist rein, weil die Gerechtigkeit (la Justice) ihrem Wesen nach nicht korrumpierbar ist, niemals schaden, sondern im Gegenteil alles heilen kann. So ist die Liebe, Blüte des Lebens, Hilfe der Schöpfung, ohne die jede Existenz trostlos ist, nichts, was rein ist; allem Zauber, den ihr die Poesie andichtet, zum Trotz, löst sie sich schließlich in schamlose Verderbnis auf. Was soll da der auf Sittlichkeit bedachte Gesetzgeber machen? Soll er, nachdem er die Ehe errichtet und die Familie aus der Promiskuität herausgezogen hat, die Ehegatten einem Reglement unterwerfen, Gesetze für´s Ehebett erlassen, bald zur Tat auffordern, bald Enthaltung vorschreiben, Liebesrezepte verteilen und aus der ehelichen Liebe eine Kunst machen? Nein, das Gesetz der Ehe breitet über das Ehebett einen Schleier aus. Es erlegt den Eheleuten hingebende Treue füreinander auf, es verbietet dem Ehemann, sein Auge auf der Frau und auf der Tochter seines Nachbarn ruhen zu lassen, und der Ehefrau, ihr Auge auf den Fremden zu richten, es ruft beide zu gegenseitiger Achtung auf und überläßt sie dann ihrer jeweiligen Umsichtigkeit. Mögen sie nun in der Gegenseitigkeit ihrer Zärtlichkeit ihren Weg gehen, gegenseitig um das Recht des anderen und um die eigene Würde besorgt; dann wird sich der unzerstörbare Bau der Familie über dieser von der Gerechtigkeit (Justice) verwandelten Liebe erheben und aus der ihrer Natur nach unkeusch aufreizenden Frau eine unberührbare Heilige machen.

Was wir eben über die Liebe gesagt haben, gilt ebenso für die Kunst und die Arbeit. Das bedeutet aber ganz und garnicht, daß die Werke des Geistes und die Arbeiten des Fleißigen weder Regel, noch Maß kennen, noch ohne Sinn und Verstand sein sollen; in dieser Hinsicht ist die romantische Schule völlig in die Irre gegangen. Das heißt, daß die Tätigkeiten des Gewerbetreibenden, des Künstlers, des Dichters und des Denkers, obwohl Grundsätzen und technischen Verfahrensweisen unterworfen, jede Art von Reglementierung seitens einer staatlichen Autorität wie auch der Akademie ausschließen, was einen großen Unterschied ausmacht. Freiheit ist hier das wahre Gesetz, darüber bin ich der gleichen Meinung mit Herrn Dunoyer und mit der Mehrzahl der Wirtschaftswissenschaftler.[162]

162 Charles Dunoyer (1786-1862), liberaler Ökonom und Publizist, Hauptwerk: Nouveau Traité d´économie sociale (1830), 2 vol.

Ich füge sogar noch hinzu, daß es sich mit dem Eigentum so verhalten muß, wie mit der Liebe, der Arbeit und der Kunst. Nicht, daß der Eigentümer sich einbilden dürfte, er stehe über jeder Vernunft und über jedem Maße: so absolut, wie ihn das Gesetz auch macht, wird er bald zu seinem Nachteil bemerken, daß das Eigentum von Mißbrauch nicht leben kann; daß es sich ebenfalls dem gesunden Menschenverstand und der Moral beugen muß; er wird bald begreifen, daß, wenn das Absolute danach strebt, seine metaphysische Existenz zu verlassen und positiv etwas zu werden, das nur durch Vernunft und Gerechtigkeit geschehen kann. Sobald das Absolute danach strebt, sich zu verwirklichen, muß es sich nolens volens dem Urteil der Wissenschaft und des Rechts unterziehen. Nur, da es für den Fortschritt der Gerechtigkeit darauf ankommt, daß die Übereinstimmung des Eigentums mit der Wahrheit und der Sittlichkeit freiwillig erreicht wird und daß zu diesem Zweck der Eigentümer Herr seiner Entschlüsse sein muß, darf dem Eigentum vom Staat keinerlei Zwang angetan werden. Und genau das besagen ja unsere Grundsätze: das Ziel der Zivilisation, haben wir gesagt, das Werk des Staates besteht darin, daß jedes Individuum das Recht der Gerechtigkeit ausübt und ein Organ des Rechts sowie ein Diener des Gesetzes wird, und das wird letztlich auf die Abschaffung der geschriebenen Verfassungen und der Gesetzbücher hinauslaufen. Möglichst wenig Gesetze, will sagen, möglichst wenig reglementierende Vorschriften und amtliche Satzungen, das ist der Grundsatz, der das Eigentum leitet, ein Grundsatz von offensichtlich übergeordneter Moralität, durch den allein sich der freie Mensch vom Sklaven unterscheidet.

In dem politischen System, das die Revolution von ´89 eingesetzt und der französische Code auf eine feste Grundlage gestellt hat, ist der Bürger mehr, als ein freier Mensch: er ist nämlich ein Bruchteil des Souveräns. Denn nicht nur in den Wahlversammlungen, oder in den Versammlungen seiner Vertreter wird seine Souveränität ausgeübt, sondern auch und vor allem in seinem Gewerbe, in der Ausrichtung seiner geistigen Tätigkeit und der Verwaltung seines Eigentums. Eben da sollte nach dem Willen des Gesetzgebers der Bürger sich, ganz auf eigenes Risiko, der vollständigsten Autonomie erfreuen, für seine Handlungen nur dann verantwortlich sein, wenn sie Dritten schaden, wobei die Gesellschaft bzw. der Staat selbst als Dritte angesehen werden. Der revolutionäre Gesetzgeber hat geglaubt, daß die Gesellschaft nur unter diesen Bedingungen gedeihen und auf den Wegen des Reichtums und der Gerechtigkeit voranschreiten könne. Alle Fallstricke und Einschränkungen des Feudalismus hat er damit abgestreift. Und eben deshalb ist der Bürger (citoyen), insofern er arbeitet, produziert und besitzt - ein *Auftrag der Gesellschaft* - ganz und gar kein Beauftragter des Staates: er hängt von niemandem ab, tut, was er will, verfügt über seinen Geist, seine Arme, seine Kapitalien und seinen eigenen Boden, wie es ihm gefällt; und das Ergebnis beweist in der Tat, daß in dem Land, in dem diese gewerbliche Autonomie herrscht, dieser Absolutismus des Eigentums, es mehr Reichtum und Tugend gibt, als irgendwo anders.

Der Gesetzgeber hat also, um diese unabhängige Initiative und diese unbegrenzte Handlungsfreiheit zu gewährleisten, gewollt, daß der Eigentümer souverän im eigentlichsten Sinne dieses Wortes sei, und man frage sich einmal, was geschehen wäre, wenn er ihn einer Regelung hätte unterwerfen wollen. Wie soll man denn wohl auch beim Eigentum Gebrauch und Mißbrauch voneinander trennen? Wie sollte man alle Möglichkeiten von Veruntreuung vorhersehen, Unbotmäßigkeit vollständig abschaffen, Schluß mit jedwedem Müßiggang und mit jedweder Untauglichkeit machen und auf jede Art von Ungeschicklicheit aufpassen usw. usf.? - Kurz, nachdem man die Ausbeutung durch den Staat und staatlichen Kommunismus abgeschafft hatte, konnte man nur noch das eben Gesagte tun.

Also, der Eigentümer trenne so sehr, wie immer er will, das Nettoprodukt vom Bruttoprodukt; anstatt sich durch eine religiös geprägte Kultur eng an den Boden zu binden, suche er lediglich die Rente, nur sich selbst und der öffentlichen Meinung gegenüber verantwortlich - er wird für dies alles rechtlich nicht verfolgt werden. An sich ist es gut, daß die Rente vom Bruttoprodukt unterschieden wird und zum Spekulationsgegenstand wird; da die Böden von unterschiedlicher Qualität sind und die gesellschaftlichen Verhältnisse die Betriebe nicht in gleichem Maße begünstigen, können die Berechnung und die Ermittlung der Rente zum Mittel einer besseren Einkommensverteilung werden. Die Erfahrung wird die privaten Eigentümer schon lehren, wann die Anwendung der Rente allen Menschen zum Nachteil gereicht und folglich unsittlich wird; der Mißbrauch wird sich dann schon selbst einschränken, und dann werden nur noch Recht und Freiheit herrschen.

Mag der Eigentümer auf sein Wertpapier ein Darlehen aufnehmen, wie auf seinen Anzug, oder seine Uhr: dieses Geschäft kann für ihn sehr gefährlich werden und Not und Elend über das Land bringen; der Staat darf auch dann nicht eingreifen, es sei denn, um in Wettbewerb mit den Wucherern zu treten und den Darlehensnehmern Geld zu einem niedrigeren Preis zu beschaffen. Der Hypothekenkredit ist das Mittel, mit Hilfe dessen das Bodeneigentum in Beziehung zu dem mobilen Reichtum tritt und die landwirtschaftliche zur gewerblichen Arbeit: eine an sich hervorragende Sache, die Unternehmungen erleichtert, zur Stärkung der Produktion beiträgt und folglich ein weiteres Mittel zur Angleichung der Lebensverhältnisse wird. Allein die Erfahrung kann jedem zeigen, was er gerade tun muß, was zu tun er frei ist, kann ihm ein Maß setzen und einen Zaum anlegen.

Soll der Eigentümer doch schließlich sein Land umgraben und umpflügen, oder es einfach liegen lassen, wie immer er will; soll er auf ihm doch Pflanzungen, oder Schonungen anlegen oder überhaupt nichts tun, Sträucher wachsen lassen, oder Vieh aufziehen, er ist der Herr. Natürlich wird die Gesellschaft ihren Teil von dem Schaden mitbekommen, der durch einen nachlässig, oder falsch geführten Betrieb verursacht wird, wie sie ja unter jedem Laster und unter jeder Verirrung eines einzelnen Menschen leidet. Aber, es ist für die Gesellschaft besser, diesen Nachteil zu ertragen, als ihn durch Regelungen abzuwenden. Napoleon I. sagte einmal, daß er, wenn er einen Eigentümer sein Land brachliegen lassen sähe, ihm sein Eigentum wegnehmen würde. Das war ein Gerechtigkeitsdenken, das den Eroberer sprechen ließ; das war kein gedanklicher Geniestreich. Nein, nicht einmal dann, wenn es dem Eigentümer gefallen würde, seine Böden unbearbeitet zu lassen, dürfen Sie, Sie Staatschef, eingreifen. Lassen Sie den Eigentümer nur immer machen, sein Beispiel wird nicht ansteckend sein; aber begeben Sie sich bloß nicht in einen Irrgarten ohne Ausgang. Sie erlauben dem einen Eigentümer, einen Wald zu fällen, der einem ganzen Distrikt Holz zur Heizung lieferte; einem anderen, 20 Hektar Weizenfelder in einen Park umzuwandeln und dort Füchse zu züchten. Warum sollte es diesem einen Eigentümer nicht erlaubt sein, Strauchwerk, Disteln und Dornenbüsche wachsen zu lassen? Mißbrauch des Eigentums ist der Preis, mit dem Sie seine mühevollen Erfindungen bezahlen; mit der Zeit wird es sich selbst korrigieren. Lassen Sie es nur machen.

So ist das Eigentum, auf Egoismus gegründet, das Feuer, in dem sich der Egoismus läutert. Mit Hilfe des Eigentums verwandelt sich das individuelle, unsoziale, geizige, neidische, eifersüchtige, von Stolz und Treulosigkeit erfüllte Ich und wird dem gesellschaftlichen Ich ähnlich, seinem vorbildlichen Meister. Die Einrichtung, die gemacht zu sein schien, die Begierde zu vergöttern, wie das Christentum ihr so oft vorgeworfen hat, ist genau diejenige, die die Begierde wieder zum Gewissen hinführt. Wenn der Egoismus in uns jemals vollkommen identisch mit der Gerechtigkeit (Justice) wird; wenn das Sittengesetz erst einmal mit dem gleichen Eifer gesucht wird, wie Profit und Reichtum; wenn eines Tages, wie Hobbes behauptete, die Regel des Nutzens als Regel des Rechts dienen kann, und man kann ja gar nicht daran zweifeln, daß das in der Tat das Ziel der Zivilisation ist, - dann wird die Welt dieses Wunder dem Eigentum verdanken.

Je nach dem, ob wir das Eigentum von seinem Grundsatz, oder seinen Zwecken her in´s Auge fassen, erscheint es uns entweder als die geradezu ungeheuerlichste Unsittlichkeit, oder aber als Ideal bürgerlicher und häuslicher Tugend.

Man betrachte einmal so ein vulgäres Gesicht, auf dem nicht ein Funke von Geist leuchtet, von Liebe, oder von Ehre. Das Auge trüb, das Lächeln falsch, die Stirn der Scham unzugänglich, die Züge anstößig, die Kiefer mächtig, nicht die eines Löwen, sondern eines Nilpferdes. In seiner Gesamtheit scheint der Gesichtsausdruck zu sagen: Alles ist Nichts, außer Vermögen zu haben, viel davon, egal, wie man es erworben hat. Diese Person ist nicht so grobschlächtig, daß sie nicht wüßte, daß Eigentum kein Verdienst ist; aber, Verdienst ist ihr auch völlig gleichgültig, überzeugt davon, daß Adel, Mut, Fleiß, Talent, Redlichkeit, alles, was Menschen schätzen, ohne *Haben* Null ist, und daß der, der sagen kann: *Ich habe*, sich um den Rest überhaupt nicht zu kümmern braucht. Sie wird mit einem nicht über Ursprung und Legitimität des Eigentums disputieren; sie ist geneigt, *insgeheim* zu glauben, daß das Eigentum ursprünglich nur eine Usurpation gewesen ist, die der Gesetzgeber mit dem Schwamm weggewischt hat. Aber da ihr zufolge das, was gut genug für den Anfang gewesen ist, auch gut genug ist, fortgesetzt zu werden, hat sie nur einen einzigen Gedanken: nämlich, vorbehaltlich der Rücksicht auf die Polizei, ihr *Haben* zu vermehren und zwar mit all´ den zwielichtigen Mitteln, die dazu gedient haben, es überhaupt erst zu bilden. Sie beutet den Armen aus, streitet mit dem Arbeiter über dessen Lohn, plündert überall und sucht, aus Allem noch einen Vorteil zu ziehen, indem sie vom Feld des Nachbarn noch eine Furche „abzweigt" und Grenzen ein klein wenig verschiebt, wenn sie es unbemerkt tun kann. Ich habe mal einen gesehen, der aus einem Graben Erde mit den Händen herausgeholt und sie auf seine Seite gebracht hat: man hätte fast sagen können, daß er sie aufesse. Der Kerl kann garnicht anders, als aus der Rente und dem Geldzins das herauszuholen, was sie an Ertrag bringen können, und dabei gibt es keinen schlimmeren Wucherer, schlechteren Herrn und säumigeren Zahler, als ihn. Im übrigen ist er ein Heuchler und ein Hasenfuß, der den Teufel, wie die Gerechtigkeit fürchtet, Strafe mehr, als einen schlechten Ruf, der an alle Menschen seine Elle anlegt, d. h. sie für Spitzbuben hält, sich aus öffentlichen Angelegenheiten heraus hält und sich ja nicht in die Regierung einmischt, es sei denn, es handle sich darum, seine Steuer zu mindern, oder für seine Stimme etwas bezahlt zu bekommen, glücklich darüber, daß Bürger mit Vorurteilen um ihn herum sind, deren nicht korrumpierbare Stimmabgabe ihm erlaubt, aus der Seinen Vorteil zu ziehen. Das ist der Eigentümer, wie er leibt und lebt, was darauf hinausläuft, zu sagen, der materialistische Egoist.

Man werfe nun einmal einen Blick auf die andere Seite und betrachte die Gestalt, in der sich zusammen mit freimütiger Würde, ein hochherziges Denken abzeichnet. Was diesen Staatsbürger zu allererst auszeichnet, ist, daß er in all´ seiner Treuherzigkeit niemals das Eigentum erfunden hätte. Er hätte vielmehr mit vollem Bewußtsein gegen diese Einrichtung des Absolutismus´ und des Mißbrauchs Einspruch erhoben; aus Achtung vor dem Recht und im Interesse der Massen hätte er an dem alten Besitz festgehalten, und, ohne etwas davon zu ahnen, hätte er damit, entgegen seiner ausdrücklichen Absicht, den Despotismus im Staat und die Knechtschaft in der Gesellschaft verewigt. Gegenwärtig gibt es das Eigentum. Der Zufall der Geburt hat ihn zu einem seiner Inhaber gemacht. Er besitzt, ohne selbst besessen zu werden; er glaubt an die Ehrenhaftigkeit eines Grundsatzes, den er nicht gewollt hat und für den alle Menschen Verantwortung tragen. Gleichzeitig aber sagt er sich, daß Eigentum verpflichtet, und daß, wenn auch das Gesetz nichts von ihm verlangt, sein Gewissen ihm alles auferlegt. Als Fürst der Arbeit, Wächter der Gesetze und der Freiheit ist für ihn das Leben des Eigentümers in seinen Augen ganz und gar kein Leben des Genusses und des Schmarotzertums, sondern ein Leben des Kampfes. Er ist es, der im alten Rom als Landwirt mit einer ganz eigenen Würde, als strenger Familienvater, der in seiner Person die dreifache Eigenschaft eines Priesters, Gerichts- und Kriegsherrn vereint hat und den Namen BÜRGER (CITOYEN) unsterblich und ruhmreich gleich den früheren Königen gemacht hat, der heute aber fast lächerlich geworden ist. Er ist es, der sich 1789 sowohl gegen den feudalen Despotismus, wie auch gegen das Ausland gewappnet hat. Die Aushebung ist jetzt an die Stelle der Bataillone von Freiwilligen getreten; aber, wenn die Armeen des Kaiserreiches auch mit denen der Republik hinsichtlich der Tapferkeit gewetteifert haben, sind sie diesen doch an Tugendhaftigkeit unterlegen geblieben. Als Freund des Volkes niemals sein Schmeichler, der vom Fortschritt die Gleichheit erwartete, ist er es auch, der 1848 sagte, daß die Demokratie Kleider nicht kürzer, sondern Jacken länger machen will; und er schließlich auch, der die gegenwärtige Gesellschaft gegen die Angriffe eines zügellosen Industrialismus, einer korrumpierten Literatur, einer geschwätzigen Demagogie, eines Jesuitentums ohne Glauben und einer prinzipienlosen Politik unterstützt. Solcher Art ist der Eigentümer, der den Zwecken des Eigentums entspricht und den man auch Eigentümer gemäß dem Geist des Eigentums nennen kann.

SIEBENTES KAPITEL

Ausbalancierung des Eigentums. System von Garantien.

Eines bleibt uns noch zu tun, das Schwierigste von Allem.

Ich glaube, zur Zufriedenheit des Lesers bewiesen zu haben, einerseits daß das Eigentum seine Rechtfertigung in keinem rechtlichen, wirtschaftlichen, psychologischen, oder metaphysischen Grundsatz finden kann, in keinem Ursprung, etwa Ersitzung, Verjährung, Arbeit, Eroberung, oder in einer Erlaubnis des Gesetzgebers, und daß in dieser Hinsicht die Rechtswissenschaft sich ganz und gar geirrt hat, wenn sie diese Frage überhaupt verstanden hat. Das war ja von 1839 bis 1858 Gegenstand meiner Angriffe. Jetzt füge ich hinzu, daß man, wenn man sich mit der im wesentlichen mißbräuchlichen Macht des Eigentums in ihren politischen, ökonomischen und moralischen Konsequenzen beschäftigt, in diesem Mißbrauchsbündel die Funktionalität einer Energie vorfindet, die im Kopf unmittelbar die Vorstellung einer in hohem Maße zivilisierenden Bestimmung weckt, die das Recht ebenso wie die Freiheit begünstigt. Und zwar dergestalt, daß, wenn uns der Staat mit der Teilung und unterschiedlichen Gewichtung seiner Gewalten anfänglich als Regulator der Gesellschaft erschienen ist, das Eigentum sich seinerseits als ihre große Antriebsfeder offenbart, was dadurch bewiesen wird, daß, wenn es unterdrückt, verfälscht, oder auch nur beeinträchtigt wird, das System stehen bleibt und es kein sich regendes Leben mehr gibt.

Aber, sogar angesichts jener Gesamtheit glücklicher Auswirkungen, zu deren Erkenntnis wir aufgrund der Analyse des absolutistischen Eigentums gelangt sind, kann sich die Vernunft zu keiner Entscheidung durchringen. Das Übel ist von solcher Art, die Ungerechtigkeit so groß, daß man nicht weiß, ob für die Wohltat dieser Einrichtung mit ihrem Mißbrauch nicht doch ein zu hoher Preis bezahlt wird, und daß man sich fragt, ob die Lethargie des Kommunismus und das Fegefeuer des Feudalismus nicht letztlich mehr wert sind, als die Hölle des Eigentums.

Schon mehrere Male seit Beginn der Zivilisation hat das Eigentum Schiffbruch erlitten, bald durch das Übergewicht seiner vielen Arten von Mißbrauch, bald aufgrund seines grenzenlosen Leichtsinns und seiner Schwäche. *Ad libitum* dehnt es sich aus, oder zieht sich zusammen, und zwar so sehr, daß man keine eindeutige Demarkationslinie zwischen Knechtschaft und Eigentum erkennen kann; man versteht sie nur von ihren Extremen aus gesehen. Das Eigentum ist wie ein elastischer Kreis, der sich in einer ständigen

Bewegung von Ausdehnung und Rückzug befindet. In Rom verliert das quiritische Eigentumsrecht (droit quiritaire) zu eben der Zeit, da es aufgrund des Sieges der Plebs Allgemeingültigkeit erlangt, seine politische Vorrangstellung, entartet zu einem monströsen Privileg und versinkt schließlich unter den Flüchen des Christentums, wobei es das römische Reich und die ganze Gesellschaft mit sich in den Abgrund reißt. Nach den Invasionen der Barbaren, die sich beeilen, unter der germanischen Bezeichnung *Allod*, Freigut (alleu) das römische Eigentum zu übernehmen, wie sie es mit so vielen anderen Dingen auch getan haben, sehen wir, wie es erneut in den Hintergrund tritt und schließlich untergeht. Unter dem vereinten Einfluß des Kaiserreiches und der Kirche verwandelt sich das Freigut in das Lehen (fief), diesmal weniger aufgrund des ihm innewohnenden Mißbrauches, als vielmehr deshalb, weil es sich seiner selbst nicht mehr bewußt ist und den Mut verloren hat. Der Barbar war noch zu jung für das Eigentum. Die Französische Revolution kommt nun ihrerseits daher und führt das Eigentum erneut ein, festigt es und macht es zum Allgemeingut, und erneut erleben wir, wie es im Verlauf von weniger als siebenzig Jahren seines Bestehens durch niederträchtigsten Egoismus und skandalösesten Wucher entehrt, durch die Bankokratie unterhöhlt, von staatlichem Zentralismus attackiert, von politischen Sekten in Verruf gebracht, kampflos seiner politischen Vorrangstellung beraubt, dem Haß der arbeitenden Klassen ausgeliefert wird und dann auch noch dankbar bereit ist, die niedrigste aller Beleidigungen zu ertragen, nämlich: seine Umwandlung in eine regelmäßige Abgabe in Form von Geld.[163] Sollte es denn wirklich so sein, daß, wie einst die Krieger Chlodwigs und Karls des Großen, wie die Plebs der Cäsaren, die Franzosen von ´89, 1830 und 1848 noch nicht reif für Freiheit und Eigentum waren?

163 Man kann sagen, daß das Eigentum dadurch, daß es sich 1851 dem Schutz der Staatsmacht unterstellte, in der Tat abgedankt hat; es ist so gut wie in den Zustand des Lehens (fief) zurückgefallen. Der Kaiser kann sein kaiserliches Recht, das einfache Volk (la plèbe) und die Armee gegen das Eigentum ins Feld führen; er kann alles tun, das Eigentum nichts mehr; mit dem Vorbehalt *soweit es nach Maßgabe des Rechts zulässig ist* (*quatenus juris ratio patitur*) ist es völlig dem Willen der Staatsmacht unterworfen. So wird etwa das Recht, zu enteignen, das nur für den Fall einer öffentlichen *Notwendigkeit* (*nécessité* publique) gilt, heute mit dem viel unbestimmteren Wort *Nutzen* (*utilité*) begründet. Die Geschworenen müssen, anstatt sich zur Notwendigkeit zu äußern, nur noch den Wert der Enteignung schätzen; den Nutzen stellt der Fürst fest. Mit diesem Wort „Nutzen" stellt man nun aber auch alles auf den Kopf. So entzieht man einer ganzen Landschaft zwangsweise einen Fluß; man enteignet anstelle eines ungünstig gelegenen und Nachbarn störenden Hauses gleich ein ganzes Stadtviertel; man enteignet sogar eine ganze Stadt. Aus Staatsraison nimmt man einem Bürger sein Büro weg, sein Geschäft und seine Kundschaft; man enteignet sogar ganze Bezirke unter dem Vorwand, Modellfarmen und Gestüte zu errichten; man schafft erneut *Latifundien*, indem man vorgibt, Plantagenwirtschaft betreiben zu wollen, und enteignet zwecks deren Aufbau große Mengen kleiner Eigentümer. (P.)

Dann würde die Gesellschaft einer Art von Ebbe und Flut unterliegen: sie erhebt sich mit dem Freigut und erlebt einen Niedergang mit dem Lehen; nichts ist beständig, alles schwingt hin und her; und wenn wir jetzt wissen, woran wir hinsichtlich der Zwecke des Eigentums sind und folglich auch hinsichtlich der Ursachen seiner Entwicklung, dann wissen wir ebenso, woraus sein Rückgang zu erklären ist. Ein und derselbe Absolutismus ruft seinen Aufstieg und seinen Niedergang hervor. Der Eigentümer kämpft anfangs um seine Würde als Mensch und Bürger, um die Unabhängigkeit seiner Arbeit und um die Freiheit seiner Unternehmungen. Er behauptet sich als Gerichtsherr und Souverän, der etwas besitzt, weil er ein Mensch ist und niemandem untertan ist, und lehnt jede politische, oder religiöse Oberherrschaft ab. Dann aber, ermüdet von dieser Anstrengung, merkt er, daß es schwieriger ist, sein Eigentum zu bewahren, als es zu erkämpfen, findet Genuß besser, als Ruhm und Achtung vor sich selbst, verhandelt mit der Staatsmacht, läßt seine politische Initiative fahren im Tausch gegen ein garantiertes Privileg, verkauft sein Erstgeburtsrecht gegen ein Linsengericht[164], verzehrt mit seinem Einkommen auch seine Ehre und provoziert schließlich mit seinem Schmarotzertum den Aufstand des Proletariats und die Verneinung des Eigentums. Können wir diesen Kreislauf endlich einmal durchbrechen? können wir, mit anderen Worten, das Eigentum von seinem Mißbrauch reinigen und diese Einrichtung tadellos machen? Oder müssen wir uns immer wieder vom Lauf der Revolutionen mitreißen lassen, heute mit dem Eigentum gegen die feudale Tyrannei, morgen mit der absolutistischen Demokratie und dem Börsenwucher gegen den Bürger (bourgeois) und sein quiritisches Recht (droit quiritaire)? Das ist von nun an die ganze Frage. Angesichts dieses Problems haben Altertum und Mittelalter versagt; ich glaube, jetzt ist es die Aufgabe unserer Epoche, es zu lösen.

Das Eigentum ist absolut und kann mißbraucht werden: aber, es heißt das Eigentum zerstören, wenn man ihm Bedingungen auferlegt und es reglementiert. Von jetzt an überzeugt von dem Grundsatz, daß das Eigentum, d. h. die uneingeschränkte Macht des Bürgers (citoyen) über das Stück Staatsland, das ihm zugewiesen worden ist, über jedes Gesetz erhaben ist, müssen wir aufpassen, daß wir nicht dem Irrtum der reformistischen Schulen und dahinschwindender Regierungen verfallen, die alle die lateinische Definition des Eigentums, *Dominium est jus utendi et abutendi, quatenus juris ratio patitur* (Eigentum ist das Recht, zu gebrauchen und zu mißbrau-

164 Anspielung auf 1. Moses 25, 29-34: Esau verkauft Jacob sein Erstgeburtsrecht für ein Linsengericht.

chen, soweit es nach Maßgabe des Rechts zulässig ist), mißdeutet haben und deshalb nur in der Lage waren, auf die Zerstörung der Freiheit hinzuarbeiten, indem sie das Eigentum reglementierenden Bedingungen unterwarfen. Man muß also andere Wege gehen.

Beachten wir zunächst, daß das Eigentum, mißbrauchbar und absolutistisch, wie es nun einmal ist, zu sich selbst im Widerspruch stehen muß, wie ich es im *Système des contradictions économiques*, t. II, chap. XI, gezeigt habe; es muß zu sich selbst in Opposition gehen und in Wettbewerb mit sich selbst treten, seine Begrenzung, wenn nicht gar seine eigene Zerstörung anstreben, folglich ein Gleichgewicht mit sich selbst herstellen. Die Einwirkung des Eigentums auf sich selbst, außerhalb der Staatsmacht und der Gesetze, das wird wohl unser erstes Hilfsmittel sein müssen.

Achten wir dann darauf, daß das Eigentum, wie wichtig es in der Gesellschaft auch immer sei, als politische Aufgabe sowie als wirtschaftliche und gesellschaftliche Einrichtung nicht allein dasteht; es bildet nicht das ganze System. Es existiert in einer organisierten Umwelt, ist von einer gewissen Zahl analoger Aufgaben und besonderer Einrichtungen umgeben, ohne die es nicht bestehen könnte und mit denen es infolgedessen rechnen muß. So lebt auch der freie Mensch inmitten seiner Mitmenschen, mit denen er rechnet, und im Schoße der Natur, umgeben von tierischen, pflanzlichen und mineralischen Geschöpfen, auf die er nicht verzichten kann, mit denen er also ebenfalls rechnen muß. Das hindert ihn ja nicht, frei zu sein, und läßt ihm die Möglichkeit, sich als unverletzlich zu bezeichnen, soweit eine Kreatur aus Fleisch und Blut, die inmitten anderer Kreaturen lebt, unverletzlich sein kann. Der Einfluß der Institutionen wird, wenn ich einmal so sagen darf, dem Eigentum gegenüber unser zweites Mittel des Umgangs mit ihm sein müssen.

§ 1. - Einwirkung des Eigentums auf sich selbst.

Wenn allen Eigentümern also die gleiche Handlungsfreiheit eingeräumt wird und ein und dasselbe Gesetz sie alle gleichermaßen schützt, dann muß es in dem wirtschaftlichen Umfeld, in dem man den verschiedenen Arten von Eigentum ihren Platz gegeben hat, ganz zwangsläufig dazu kommen, daß sie in einen Wettbewerb miteinander treten und danach streben, sich gegenseitig zu schlucken. Und das findet ja in der Tat auch statt, und man kann es überall beobachten, wo Eigentum benachbart ist bzw. im Wettstreit gegeneinander bewirtschaftet wird, sowohl in der Landwirtschaft, als auch im Gewerbe. Ist der Kampf erst einmal ausgebrochen, wie wird er enden? Das ist leicht, vorherzusehen.

Wenn der Schutz des Staates im Hinblick auf die Eigentümer unzureichend ist, oder aber es ihn gar nicht gibt; wenn es Günstlingswirtschaft gibt, oder wenn es nach Personen bzw. gesellschaftlichen Schichten geht; wenn die Bedingungen, unter denen gewirtschaftet wird, ungleich sind, dann werden die großen Eigentümer die kleinen schlucken, die starken Unternehmer die schwachen ruinieren und die Privilegierten die Nichtprivilegierten auslöschen: das ist das Schicksal des plebejischen Besitzes angesichts des patrizischen Eigentums in Rom gewesen; das ist später im römischen Kaiserreich das Ergebnis des Kampfes zwischen den von Sklaven bewirtschafteten Großbetrieben der Adligen und dem von Freien bearbeiteten kleinen landwirtschaftlichen Eigentum gewesen; das ist im Mittelalter das Schicksal der kleinen Freigüter (petits alleux) gewesen, die, unter dem Druck der Grafen, Bischöfe usw., gezwungen wurden, sich in widerrufbare Pfründen und Lehen umzuwandeln; und das ist schließlich, wie wir heute sehen, auch das Unglück der kleinen Gewerbetreibenden, die von der Konkurrenz der großen Kapitale ausgelöscht werden.

Wenn aber im Gegenteil der Schutz des Staates stark ist und jedem gewährleistet wird; wenn eine Gesamtheit freiheitlicher Einrichtungen und gut ausgeführte öffentliche Dienstleistungen die Bedingungen der Bewirtschaftung einander angleichen; und wenn schließlich aufgrund eines guten Systems öffentlichen Unterrichtes die geistigen Kräfte der einzelnen Menschen immer weniger ungleich werden, dann wird die Konkurrenz zwischen den verschiedenen Arten von Eigentum sich in umgekehrter Weise auswirken. Und da es offensichtlich ist, daß, unter ansonsten gleichen Bedingungen, die größtmögliche Kraft des Eigentums sich da findet, wo das Eigentum vom Eigentümer selbst bewirtschaftet wird, schlägt der Kampf zu Ungunsten des großen Gehaltsempfängers aus und begünstigt in gleichem Maße den kleinen. Da das große Eigentum in der Tat, um bedient zu werden, lohnabhängige Angestellte erfordert bzw. die Pacht, zwei Ersatzmittel für die feudale Leibeigenschaft, kostet es mehr und produziert weniger. Man gebe den Massen also Erziehung und Bildung, den Bauern fachlichen Unterricht, flöße allen Menschen ein Gefühl für ihre Würde ein, lehre sie, ihre Macht und ihre Rechte zu erkennen, und bald wird man sehen, daß es immer weniger lohnabhängige Angestellte geben wird, wie sich Pachtbedingungen verändern werden und die verschiedenen Formen des Eigentums einander auf einen durchschnittlichen Umfang dessen verringern werden, was eine Familie von Landwirten, deren Stärke in ihrer Arbeitskraft, Intelligenz und Einheit liegt, wirtschaftlich nutzen kann. Dann wird auch dem nichts im Wege stehen, daß sich mehrere Familien, um bestimmte Tätigkeiten gemeinsam durchzuführen, zusammenschließen und so die Vorteile des landwirtschaftlichen Großbetriebes mit denen des kleinen Eigentums verbunden sein werden; dann wird auch die Auflösung großer Landgüter unausweichlich und jeder erneute Großgrundbesitz unmöglich werden.

Was ich eben gesagt habe, ist nur ein allererster Hinweis auf ein Hilfsmittel, das noch ungenügend wäre, wenn für alles übrige die Anarchie in der Wirtschaft fortbestehen, der Kapitalismus die Arbeit weiter ausquetschen und der Mißbrauch der Zentralisierung nach wie vor die Gesellschaft fesseln und den Staat zerstören würde. Wir müssen jetzt also auf weitere Hilfsmittel zurückgreifen.

§ 2. - Ein System von Garantien; Einfluß der Institutionen.

Zu den Einrichtungen, die für Freiheit und Gleichheit entscheidend sind und deren Bestehen vor, oder nach Errichtung des Eigentums rechtens ist, zähle ich: 1. die *staatliche Gewaltentrennung*; 2. die *Dezentralisierung*; 3. die *Steuer* (s. meine vom Staatsrat von Lausanne preisgekrönte *Théorie de l´Impôt*); 4. die Ordnung der Staats-, Hypotheken- und Gesellschafter-*Schulden*; 5. Noten- und Kredit*banken*; 6. die *Organisation der öffentlichen Dienstleistungen*, Post, Eisenbahn, Kanäle, Häfen, Straßen, Lagerhäuser, Börsen und Märkte, Versicherungen, öffentliche Bauarbeiten; 7. *Industrie- und Landwirtschaftsverbände*; 8. der *internationale Handel*.

So manches Mal, seit zwanzig Jahren, habe ich diese schwerwiegenden Fragen behandelt, bald getrennt voneinander, bald von einem übergeordneten Gesichtspunkt aus, immer aber vorrangig im Interesse der arbeitenden Klassen (classes ouvrières). Ich habe immer gemeint, daß die Verhältnisse mir nicht gestatteten, anders zu handeln. Die Dinge haben immer ausreichend für sich selbst gesprochen, damit das kleine und mittlere Eigentum, die kleine und mittlere Landwirtschaft, das kleine und mittlere Gewerbe begreifen, daß es sich um sie ebenso, wie um das Proletariat handelt. Es ist doch ganz klar, daß, wenn man das Recht eines jeden Bürgers (citoyen) gleich 100 setzt, jeder Einzelne, dessen Haben aufgrund der Wirkung der politischen, ökonomischen und sozialen Verirrungen unter 100 liegt, als Gläubiger der entsprechenden Differenz angesehen werden muß und daß ich, wenn ich im Namen derer, die alles verloren haben, das Wort ergreife, nicht die Absicht habe, diejenigen auszuschließen, denen der allgemeine Bankrott nur 30, 50, oder 80 wegnimmt; und auch nicht diejenigen, die Glück gehabt haben und sei es auf 100, sei es darüber stehen, aber keine Garantien für die Zukunft haben. Das Problem ist für alle das gleiche, folglich sind auch die Grundsätze der notwendigen Reform für alle gleich.

Hier ist nicht der Ort, in eine vertiefte Diskussion über diesbezügliche Mittel und Wege einzutreten; sie würde nämlich die dieser Studie gesetzten Grenzen sprengen, und diejenigen meiner Leser, die mir seit zehn Jahren die Ehre erwiesen haben, mich gedanklich zu begleiten, wissen, was ich ihnen eigentlich zu sagen hätte. Für den Augenblick genügt es, daß ich kurz die Beziehungen dieser verschiedenen Einrichtungen zum Eigentum aufzeige.

Die *Gewaltentrennung im Staat* ist ganz wesentlich an das Eigentum gebunden, weil ohne diese Trennung der Staat und mit ihm die Gesellschaft wieder in die Hierarchie zurückfallen: was die Umwandlung des Eigentums in den untergeordneten Besitz bzw. in das Lehen nach sich zieht. Gleiches sage ich von der *Dezentralisierung*: das Eigentum ist von Natur aus föderalistisch; es widerstrebt dem Einheitsstaat.

Was die *Steuer* angeht, so habe ich an anderer Stelle gezeigt, daß sie, unter der Herrschaft von Freiheit und Eigentum, nicht mehr Ausdruck einer Abgabe, sondern der Preis einer Dienstleistung, kurz: ein Tausch, ist; daß diese Steuer, also die Dienstleistungen, die man vom Staat fordern muß, in einer gesunden Wirtschaft nicht über ein Zwanzigstel des Bruttoprodukts der Nation hinausgehen darf; daß die am wenigsten belastende Art, die Steuer zu gestalten, darin besteht, sie zu zwei, oder drei Fünfteln, je nach Land, auf die Grundrente zu legen, indem man die Progression und die verschiedenen Arten von Abgaben so miteinander verbindet, daß sie einer gleichen Aufteilung so nahe, wie möglich kommen. Und in der Tat ist ja klar ersichtlich, daß das, was für das Eigentum, in der allgemeinen Bedeutung dieser Einrichtung betrachtet, wichtig ist, sehr viel weniger das ist, was man von der Rente fordert, als vielmehr die Gleichheit der Bedingungen, die man auf diese Weise zwischen den Eigentümern herstellt, zumal, wie wir ja gerade gezeigt haben, das Eigentum aufgrund der Gleichheit wächst und gedeiht, während es durch Ungleichheit verdorben und schließlich zerstört wird.

Das Gleiche sage ich von den *Schulden* und infolgedessen auch vom *Kredit*. Ein Volk von 37 Millionen Seelen, auf dem eine private und öffentliche Schuld von 25 bis 30 Milliarden Francs, zu einem durchschnittlichen Zinssatz von 6 Prozent, lastet, das Doppelte des Nettoprodukts des Landes, ist völlig überschuldet. Man muß sich entscheiden: entweder man reduziert die Summe der Schulden und begrenzt sie auf 5 bis 6 Milliarden zu 5 Prozent, oder man senkt mit Hilfe einer neuen Organisation des Kreditwesens den Zinssatz auf ½ bis 1 Prozent.

Darlehen einzuschränken wäre für das gewerbliche wie auch landwirtschaftliche Eigentum nicht gut, weil es Kapital braucht; bleibt also nur eine Zinssenkung mit Hilfe der Gegenseitigkeit des Kredits und einer intelligent durchgeführten Liquidation. Der Bodenkredit kann und darf nichts anderes sein, als eben die Ersparnis der Nation; die Bodenkreditbank ist die Depositenbank aller produzierenden Konsumenten, die, da sie weniger ausgeben, als einnehmen, für ihre Spareinlagen einen sicheren Ort mit mäßigen Einkünften suchen und darauf warten, später eine bessere Anlage für ihr Geld zu finden.

Was die *öffentlichen Dienstleistungen* angeht, die heute Monopolgesellschaften ausgeliefert sind, welcher Eigentümer und tüchtige Mensch würde nicht verstehen, daß sein größter Vorteil darin besteht, daß er Transporte, Aufträge, Hafen-, Bahnhofs-, Lagerhausgebühren usw. ebenso wie Zinsen für geliehenes Geld zum niedrigst möglichen Satz bekommt? Nur dadurch werden sich die kleinen Betriebe und der kleine Handel am Leben erhalten können; der größte Teil der Gewinne, die der Großhandel und die Großindustrie erzielen, kommt ja meistens aus den Rabatten, die sie wegen des großen Umfanges ihrer Geschäfte bekommen, und aus den Garantien, die sie Bankiers, Kommissionären und Zwischenhändlern aller Art anbieten.

Die Industrie- und Landwirtschafts*verbände*, die auch die Arbeitervereine umfassen, da, wo diese sinnvollerweise gebildet werden können, haben nicht, wie man 1848 törichterweise gemeint hat, zum Ziel, die individuelle Initiative durch gemeinschaftliches Handeln zu ersetzen, sondern allen klein- und mittelgewerblichen Unternehmern wie auch kleinen Eigentümern den Vorteil von Entdeckungen, Maschinen und verbesserten Verfahren zu sichern, die andernfalls Eigentümern mittlerer Unternehmen und Vermögen nicht zugänglich wären. Den Individualismus als Feind der Freiheit zu bekämpfen, wie man sich das 1848 vorgestellt hatte, bedeutet eben nicht, die Freiheit zu begründen, die ihrem Wesen nach, um nicht zu sagen: ausschließlich, individualistisch ist; bedeutet auch nicht, die Genossenschaft zu gründen, die sich nämlich einzig und allein aus Individuen zusammensetzt; das bedeutet vielmehr, zum barbarischen Kommunismus und zur feudalen Leibeigenschaft zurückzukehren; das bedeutet, sowohl die Gesellschaft, als auch die Personen zu vernichten. (s. zur Organisation der Werkstatt: *de la Justice dans la Révolution et dans l´Église*, 6. Lieferung, Kap. V, Brüssel 1859).

Eine Frage, die für das Eigentum in höchstem Maße von Interesse ist und sein Wesen in einzigartiger Weise hervorhebt, ist die des *internationalen Handels*. Seit dreißig Jahren hat die Gemeinde der Wirtschaftswissenschaftler über diesen Gegenstand so viel Wortgeklingel, so viele Mißverständnisse, Verleumdungen und spitzfindige Trugschlüsse verbreitet, daß es keine kleine Angelegenheit ist, das Problem auf klar verständliche Gegebenheiten zurück zu führen.

Unterstellen wir einmal einen Staat, wie das gegenwärtige Ägypten, dessen Verfassung durch eine Art Staatskommunismus gekennzeichnet ist, wo der Fürst einziger Eigentümer, einziger Landwirt, einziger Fabrikant und einziger Kaufmann ist, während das Volk aus Pächtern und lohnabhängigen Arbeitern besteht. Unter solchen Bedingungen würde die Frage des Handels mit dem Ausland keine Verlegenheit bereiten. Denn da dann alle Interessen in einem einzigen Interesse vereint wären, das vom Staatsoberhaupt verkörpert würde, bräuchte dieses nur mit sich selbst abzurechnen und könnte, abgesehen von einem Irrtum in seinen Berechnungen, sicher sein, was es auch immer tun würde, zum Besten seines eigenen Interesses zu handeln, das ja zugleich das allgemeine Interesse wäre. Es ginge seine Bücher durch, prüfte seine Selbstkostenpreise, notierte seine Bedarfe und seine Vorräte; dann böte es seine Überschüsse an, sei es im Tausch gegen andere Erzeugnisse, sei es gegen Geld. Wenn sich unter den Erzeugnissen des Auslandes, die den Seinen ähnlich sind, solche vorfänden, deren Preise unter seinen eigenen Preisen lägen, dann dächte dieses Staatsoberhaupt darüber nach, wie es seine Produktionskosten senken und sich dem Wettbewerb stellen könnte. Es könnte in gewissen Fällen sogar einige nachteilige Produktionsbereiche aufgeben und sich vorzugsweise anderen zuwenden, die weniger aufwendig sind, dafür aber mehr Gewinn versprechen. Dies jedoch, wohlgemerkt, nur unter der Bedingung, daß die Natur des Landes, der Entwicklungsstand des Gewerbes, die Fertigkeiten des Volkes, die Möglichkeiten, den Übergang zu organisieren, und die Gesamtheit aller Ressourcen es ihm erlaubten. Niemals, aber wirklich niemals würde es auch nur eine Art landwirtschaftlicher bzw. gewerblicher Produktion, vor allem von lebenswichtigen Gütern, unter dem fadenscheinigen Vorwand aufgeben, die gleichen Erzeugnisse billiger aus dem Ausland zu bekommen. Oberstes Gesetz nämlich für den Menschen, der dazu verdammt ist, von seiner Arbeit zu leben, ist, Nutzen aus dem zu ziehen, was er hat, und auf die interessengeleitete Hilfe eines Anderen zu verzichten. Mehr noch, der große Unternehmer, von dem ich spreche, kümmerte sich darum, gewisse Arten von Landwirtschaft und Gewerbe bei sich einzuführen, deren Erzeugnisse für ihn unverzichtbar wären, und täte dies, um sich sowohl von dieser Art Tribut zu befreien, als auch, um sich, falls notwendig, eine Handhabe gegen Forderungen der Importeure zu verschaffen. Vor allem aber hütete er sich, im Ausland mehr Waren zu kaufen, als er regelmäßig mit Hilfe seiner eigenen Überschüsse bezahlen könnte: was auf seiner Seite nämlich einen Saldo in Form von Geld erforderte, ihn ärmer an Edelmetall machte und, da es ihn zum Schuldner machen würde, seiner politischen Unabhängigkeit abträglich wäre.

Das alles ist einfach eine Sache gesunden Menschenverstandes; es gibt in der ganzen Welt keinen Händler und Unternehmer, der sich von anderen Grundsätzen leiten läßt.

Unterstellen wir jetzt jedoch einmal, daß eine Revolution den Despoten stürzt und daß das Land, von dem ich eben gesprochen habe, von dem Zustand eines Staatskommunismus (communauté gouvernementale) zu Eigentumsverhältnissen übergeht. Der Boden ist aufgeteilt, Handel und Gewerbe verteilen sich auf eine Reihe von Unternehmern: Alle, Leute, die Landwirtschaft betreiben, gewerbliche Unternehmer, Reeder usw. werden als voneinander unabhängig erklärt, wie das Gesetz des Eigentums es vorsieht. Was wird nun geschehen? Jeder Unternehmer wird als Eigentümer jetzt seine ganz eigenen Überlegungen hinsichtlich des Auslandes anstellen, wie es zuvor auch der Ex-König gemacht hat. Aber, in Anbetracht dessen, daß durch die eben erwähnte Aufteilung die Interessen jetzt alle auseinander gehen, wird man erleben, daß ein Teil der Nation seine Gewinne dadurch erhöht, daß er Nutzen aus den Angeboten des Auslands zieht, während der andere Teil, da er weder im Inland, noch im Ausland Käufer findet, ruiniert wird. Und nun wird folgender schmerzhafte Widerspruch ausbrechen: Während nämlich das Gesetz des Eigentums, das alle einmütig begrüßt haben, Alle, Eigentümer, Gewerbetreibende, Landwirte, Kaufleute und Seeleute, für unabhängig in ihrem jeweiligen Handel und Gewerbe erklärt, verkünden die Art der Verhältnisse, die sie nun mal auf ein und denselben Boden gestellt hat, und die Volkswirtschaft, die aus allen Künsten, Berufen und verschiedenen Zweigen des Handwerks Abteilungen und Unterabteilungen ein und derselben Arbeit macht, ihrerseits, daß alle diese befreiten Menschen doch füreinander verantwortlich aneinander gebunden sind! ... Und die Erfahrung beweist das ja auch: unter der früheren Herrschaft hatten alle Menschen ihre gesicherte Existenz; nur Eines fehlte Ihnen, nämlich die Freiheit. Seit der Revolution sind sie aber nun frei; während die einen jedoch prosperieren, machen die anderen Bankrott und fallen in Armut. Und dabei ist es ein und dieselbe Ursache, die zu diesem zwiefachen Ergebnis führt: die Freiheit der Beziehungen zum Ausland und der von einzelnen Menschen betriebene Tausch.

Ich kenne nichts, was würdeloser, dümmer und abstoßender wäre, als die seit 25, 30 Jahren in England, Frankreich, ganz Europa von Leuten, wie Cobden, Bastiat und der ganzen, sich Ökonomen nennenden Sekte organisierte Agitation, die alle auch noch von der saint-simonistischen Sippschaft unterstützt werden.[165] Mit dem Gegensatz der Prinzipien, der der Gesellschaft innewohnt, hat man Mißbrauch getrieben, um die sonnenhell zutage liegende Sache zu verdunkeln; man hat die Interessen, die die Schicksalhaftigkeit der Situation antagonisch gemacht hat, gegeneinander aufgehetzt; man hat einen Staatschef durch falsche Informationen hintergangen, der sich eingebildet hatte, patriotisch und fortschrittlich zu handeln, wenn er Vermögen und Lebensunterhalt mehrerer Millionen seiner Untertanen einem absurden Experiment opferte. ... Es stimmt zwar, daß einige Klageführer Kritik herausgefordert haben und daß, wenn Schutzmaßnahmen in gewissen Fällen und bis zu einem gewissen Grade für notwendig gehalten werden können, diese doch zu oft zum Vorwand für sträfliche Subventionen und abschreckende Monopole gedient haben. Wie immer, so hat das Eigentum sich auch hier durch die Unverschämtheit seines vielfältigen Mißbrauches hervorgetan; und wenn wir in Sachen *Freihandel* gehört haben, wie laut es über sich selbst hergezogen ist, so, weil es sich selbst gut genug kannte.

Was aber jetzt tun? Soll man erneut vor den Konsequenzen des Prinzips zurückweichen und, nachdem man die höchst verschlungenen Wege der Institution „Eigentum" in den schrecklichsten Varianten seines Mißbrauches aufgezeigt hat, erklären, daß es gegenüber dem Ausland völlig machtlos sei? Soll man den Zoll rehabilitieren und, nachdem wir uns eh schon völlig einer staatspolizeilichen Gängelung ausgeliefert haben, sich darüber hinaus auch noch in ein ganzes Netz schutzzöllnerischer Fesseln einwickeln? Nein, es darf nicht gesagt werden, daß das Recht und die Freiheit wegen einer weiteren Antinomie in Unordnung geraten. Worum geht es denn? Darum, es fertig zu bringen, daß zwei unvereinbare Prinzipien zusammen existieren. Heh! ganz allein das ist es, was die Wissenschaft von der Politik und die Wissenschaft von der Wirtschaft ausmacht. Wir selbst, was haben wir in diesem ganzen Kapitel und in den vorangehenden denn anderes getan?

---

165 Richard Cobden (1804-1865) englischer Führer der Freihandelsbewegung, der u.a. den englisch-französischen Freihandelsvertrag von 1860 mit Napoleon III. ausgehandelt hat. Frédéric Bastiat (1801-1850), liberaler Wirtschaftswissenschaftler, einer der führenden französischen Fürsprecher des Freihandels. Claude-Henri de Rouvroy, Comte de Saint-Simon (1760-1825), französischer Gesellschaftsphilosoph, Begründer einer frühsozialistischen Bewegung, dessen wirtschaftlich-gesellschaftliche Ideen u. a. auch Karl Marx (1818-1883) beeinflußt haben.

Zweifellos ist das Eigentum, absolut, mißbrauchbar und unabhängig, wie es nun einmal ist, für das Eigentum nicht verantwortlich: das liegt einfach in seinem Wesen; hüten wir uns, dem zu widersprechen. Ebenso zweifellos aber sind in einer organisierten Gesellschaft die Interessen, die Vermögensverhältnisse wie auch die Arbeitsverhältnisse und die Amtsgeschäfte miteinander verbunden, haften sozusagen füreinander, wie der Boden, der sie alle trägt. Alles das ist gleichermaßen wahr. Ein Grund mehr, die im Vorangehenden bezüglich Kredit und Steuer angegebenen Reformen durchzuführen. Es ist am Eigentum, das Eigentum zu gewährleisten, wie auch der Staatsmacht die Stirn zu bieten. Durch progressive Senkung des Zinssatzes, durch ebenso progressive Senkung und angemessene Verteilung der Steuerlast, durch Schuldentilgung usw. können die Produktionskosten in Frankreich um 15, 20, ja 25 Prozent reduziert werden. Voilà, das verschafft den Gewerbezweigen, die unter Schwierigkeiten zu leiden haben, einen neuen Bewegungsspielraum. Zugleich wird Edelmetall dank dieser Zinssenkung immer weniger nachgefragt, somit steigt die Nachfrage nach Produkten, und das wiederum erleichtert Tauschgeschäfte. Wenn dann noch jeder Antrag auf Förderung eines neuen, oder eines zurück gebliebenen Gewerbes der Nationalversammlung unterbreitet und der Schutz dabei auf die Kosten von deren Einrichtung und Anlaufphase reduziert wird, was einen jeder Art von Aufsicht und von Eingriffen enthebt, dann hat man die größtmögliche Freiheit des Handels, des Eigentums und des Gewerbes in Verbindung mit den wirksamsten Garantien.

Zwischen als gleich stark eingeschätzten Nationen, die sich der gleichen rechtlichen und politischen Garantien erfreuen, muß der Wettbewerb frei und folglich unbegrenzt sein. Der einzige Schutz, oder, wenn man lieber sagen will, das einzige Hindernis für die Einfuhr ähnlicher Produkte liegt in der Entfernung.

Sobald eine Nation sich anschicken kann, einer anderen sogar auf deren eigenem Territorium Konkurrenz zu machen, ihr den eigenen Markt wegzunehmen, zu diesem Zweck zusätzlich zu den normalen Produktionskosten noch beachtliche Transportkosten auf sich zu nehmen, beweist dies, daß die so angegriffene und besiegte Nation wirklich zu nichts mehr imstande ist, oder daß sie schlecht verwaltet, schlecht bewirtschaftet, durch Steuern und parasitäre Kosten überlastet ist; das beweist, daß sie reformiert werden muß (Siehe zu dieser ganzen Materie *Organisation du Crédit*, *Théorie de l´Impôt*, *Système des contradictions économiques*, tome II, chap. IX.).

So also müssen Nivellierung und Konsolidierung des Eigentums bewerkstelligt werden, wenn dieses nicht erneut gegängelt werden und die Gesellschaft nicht noch einmal eine Periode katastrophaler Revolutionen durchlaufen soll. Und so, um auf den Grundgedanken dieses Buches zurückzukommen, dient das Eigentum, indem es sich mit Garantien umgibt, die es sowohl gleich, als auch unerschütterlich machen, als Garantie für die Freiheit und als Gegengewicht zum Staat. Wenn das Eigentum konsolidiert, versittlicht, von schützenden, oder besser gesagt: befreienden Institutionen umgeben ist, dann befindet sich der Staat auf der höchsten Stufe der Macht, während gleichzeitig das Ruder in der Hand der Bürger bleibt. Dann wird die Politik zu einer Wissenschaft, mehr noch: zu einer Form der Gerechtigkeit (Justice); dann wird das private Interesse identisch mit dem Interesse der Allgemeinheit, und jeder Bürger ist imstande, entsprechend der positiven Auswirkung, die er in Bezug auf sein Eigentum und sein Gewerbe spürt, die wirtschaftliche Lage und die Politik der Regierung zu bewerten. Dann ist das Ende doktinären Denkens und des Proletariats, jener zwei Plagen der modernen Zeit, gekommen.

Die Verfassung des Eigentums innerhalb des Kreises von Institutionen, die es garantieren und als deren Dreh- und Angelpunkt es dient, kann uns jetzt zwei Dinge klar machen, die zunächst widersprüchlich zu sein schienen, nämlich: wie das Eigentum von seinem vielfältigen Mißbrauch gereinigt werden und nichtsdestoweniger seine Unverletzlichkeit bewahren kann, und zweitens, wie man es als Recht, zu gebrauchen und zu mißbrauchen, hat definieren und gleichzeitig gegen es den Vorbehalt der Maßgabe des Rechts, *juris ratio*, und der Beachtung von Regelungen anmelden können.

Ich habe bereits angemerkt, daß die Schaffung neuer Institutionen analog zum Eigentum, die Organisation gewisser Dienstleistungen und die Einrichtung öffentlicher Aufgabenbereiche dem Eigentum ebenso wenig Abbruch tun, wie die Existenz von Tieren und Pflanzen die Freiheit des Menschen beeinträchtigt. Das Eigentum existiert inmitten dieser Schöpfungen der Gesellschaft, wie der Mensch inmitten der Naturgeschöpfe; diese berühren ihn garnicht, wenn er von ihnen keinen Gebrauch machen will; wie auch das Eigentum aus Ersteren nur neue Kräfte und stärkere Wirkungsmöglichkeiten beziehen kann, sobald alle seine Spielarten zum Einsatz kommen und jede von diesen die Auswirkungen der Konkurrenz zu spüren bekommt. Zu was für einem Ergebnis wird nun dieser Kampf führen, wenn der einzelne Mensch, nicht mehr bloß sich selbst überlassen, überall um sich herum Hilfe, Garantie und Schutz finden kann? Darüber muß man sich einmal klar werden.

Der Trieb, etwas zu erwerben, ist bei allen Menschen grenzenlos, folglich immer gleich. Da ihm zu seiner Umsetzung in Taten ungleich geeignete Veranlagungen dienen, kann dieser selbe Trieb auch nur zu ungleichen Ergebnissen führen: Wenn wir diese Ungleichheit mit den Zahlen 1, 2, 3, 4, 5 wiedergeben, so läuft das darauf hinaus, zu sagen, daß in einem Milieu, in dem die Gesellschaft nichts für den einzelnen tut, ein einziger Mensch, als Handlungseinheit betrachtet, so viel wert sein kann, wie 2, 3, 4 und 5 andere; ein enormes Mißverhältnis, das, wenn es, und sei es auch nur ganz geringfügig, noch gefördert wird durch nationale Vorurteile, durch die Organisation der Staatsmacht und durch das Verhältnis zwischen Individuen und Familien, zu einer Ungleichheit der Vermögen führen wird, die zigtausendfach größer ist.

Ganz anders verhält es sich mit den von mir Garantie-Institutionen genannten Einrichtungen. Zunächst einmal stehen heute dem Familienoberhaupt ganz neue Handlungsmöglichkeiten und überlegenere Kräfte zur Verfügung. Man gebe diese Kräfte mit 10 wieder, und die Ungleichheit zwischen den handelnden Einheiten, die zunächst gleich den Zahlen 1, 2, 3, 4, 5 war, wird nicht mehr so sein, wie diese, sondern wie 1 + 10, 2 + 10, 3 + 10, 4 + 10, 5 + 10 bzw., zusammengezählt, wie 11, 12, 13, 14, 15. Indem wir durch eine gleichartige Leistung das durchschnittliche Niveau der Fähigkeiten von 3 auf 13 angehoben haben, haben wir die Ungleichheit der Vermögen beachtlich verringert. Und jetzt etabliere man noch den Wettbewerb; mit anderen Worten, man richte es so ein, daß jeder Bürger (citoyen), vor dem Gesetz jedem anderen gleich, frei, zu tun, was er will, Herr über seine Person, nur für sich selbst arbeitet, oder daß er, wenn er sich in den Dienst eines anderen Menschen stellt, zu einem ausgehandelten Preis arbeitet; wenn dann noch sowohl die natürlichen wie auch die erworbenen Fähigkeiten des begabtesten Individuums feststehend bleiben, während seine Unternehmungen zunehmen und folglich seine Unzulänglichkeit sich sehr viel schneller vergrößert, als sein Eigentum, dann wird sich die Ungleichheit der Vermögen noch mehr verringern, denn sie wird sich tendenziell den Zahlen 101, 102, 103, 104, 105 annähern, d. h. ganz unbedeutend werden. Wodurch wird nun bei alledem das Eigentum verletzt und die individuelle Freiheit beeinträchtigt? Und wozu haben wir dann überhaupt noch eine Reglementierung nötig? Das Eigentum zeigt doch, daß es, gerade weil wir es absolut gemacht haben, auf Gleichheit hinwirkt. Das ist etwas, was wir zwar nicht erwartet haben, was jedoch ganz untadelig ist.

Soviel also zur Praxis, will sagen: zur Wirtschaft im allgemeinen. Was nun die Definition bzw., in anderen Worten, die Beziehungen des Eigentums zum Staat angeht, so wird der Widerspruch, der uns so große Schwierigkeiten bereitet hat, ebenso gut gelöst.

Das römische Recht sagt: *„Dominium est jus utendi et abutendi re sua, quatenus juris ratio patitur*; Eigentum ist das Recht, seine Sache zu gebrauchen und zu mißbrauchen, soweit es nach Maßgabe des Rechts zulässig ist." Die Definition des Code Napoléon, Artikel 544 geht auf die römische Definition zurück: „Eigentum ist das Recht, in völlig uneingeschränkter Art und Weise Sachen zu genießen und über sie zu verfügen, vorausgesetzt, man macht von ihnen keinen durch Gesetze und Verordnungen verbotenen Gebrauch." Die lateinische Sprache ist, ich wiederhole es, energischer, tiefgründiger, als die französische Sprache, aber sie ist weniger klar verständlich. Denn man könnte glauben, daß der Vorbehalt *„quatenus juris ratio patitur*, soweit es nach Maßgabe des Rechts zulässig ist", sich nur auf das Gewissen bezöge; daß der Prätor habe erklären wollen, der Mißbrauch des Eigentums sei von jeglicher Strafverfolgung freigestellt, obwohl eben dieser Mißbrauch vom Gewissen verurteilt werde. Aber diese Interpretation ist falsch, wie Artikel 544 ausdrücklich sagt. Denn im Hinblick auf den Staat wird dieser Vorbehalt ausgesprochen, auf den Staat als amtliches und mit dem Recht (Droit) ausgestattetes Organ, während der Eigentümer nur ein dem Recht unterworfener Mensch ist. Was wollte der Gesetzgeber also sagen? Sehr wahrscheinlich hat er das selbst nicht gewußt und hat im Überschwang seines Gefühls so gesprochen. Meiner Meinung nach ist die Wahrheit die, daß, wenn das Eigentum absolut ist, auch der Staat absolut ist; daß diese zwei absoluten Parteien dazu aufgerufen sind, eine der anderen gegenüber zu existieren, wie der Eigentümer dazu aufgerufen ist, im Angesicht seines ihm benachbarten Eigentümers zu leben; und daß die Bewegung des politischen und des gesellschaftlichen Lebens erst dem Gegensatz dieser zwei absoluten Pole entspringt, genauso wie aus der Gegenüberstellung zweier entgegengesetzt geladener elektrischer Pole der Bewegung, Licht und Leben hervorrufende Funke, der Blitz, hervorbricht.

So wird das Recht, zu mißbrauchen, in der Sphäre des Eigentums vorbehaltlos zugestanden; untersagt wird ihm jedoch, in den Rechtsbereich des Nachbarn, geschweige denn in den des Staates einzugreifen. Mögen alle Eigentümer und der Staat mit ihnen nach Lust und Laune ihr jeweiliges Eigentum mißbrauchen, sie dürfen es; was sie nicht dürfen, ist, sich gegenseitig daran zu hindern, es zu mißbrauchen. Sobald der Mißbrauch, wie die Arbeit, die Landwirtschaft, oder der Nießbrauch, für einen Gegenstand des

Rechts gehalten wird, ist er, was erstaunlich, aber logisch ist, der folgenden Maxime des Rechts unterworfen: *„Tue keinem Anderen, was du nicht willst, daß man es dir tue."* Und wozu diese gegenseitige Achtung vor dem Mißbrauch? Das ist nun noch erstaunlicher: nun, damit die Eigentümer, frei, Mißbrauch zu treiben, keinen Mißbrauch mehr treiben; damit der Staat, der Inhaber des großen Eigentums (grand domaine), zum Typus des Verwalters und zum Modell des Benutzers wird. Wir haben also gezeigt, daß der Mißbrauch des Eigentums in der Tat durch die Garantien des Staates neutralisiert wird, mit denen er es zu umgeben Sorge trägt, und ebenso, daß der Absolutismus des Staates, aufgrund der Reaktion des Eigentümers, reguliert wird und gerecht und wahrhaftig wird.

Ich habe gesagt, daß das Werk unserer Epoche die Neuordnung des Eigentums sein muß. In der Tat ist es in den 25 Jahrhunderten, während derer es nun schon existiert, nirgends in der Fülle, ich sage nicht: seines Rechts, aber seiner Garantien ausgebildet worden. Rom hat das Eigentumsrecht ganz klar gekannt und es strikt definiert: *dominium est jus utendi et abutendi*; aber bis auf unsere Tage hat der Mißbrauch das Eigentum immer wieder getötet; und, wie zur Zeit der Cäsaren, wie im Mittelalter, ist es heute erneut in Gefahr. Was ihm immer gefehlt hat, und was ihm die Revolution nur zu versprechen in der Lage gewesen ist, das sind die Garantien. Ohne solche Garantien aber desorganisiert sich das Eigentum selbst und geht seinem Untergang entgegen und reißt dabei die Gesellschaft und den Staat mit sich, sei es, daß es sich im Materialismus seiner Nutznießung selbst vergißt, sei es, daß es sich still und heimlich vom Fiskus unterminieren läßt, von der Hypothek, von der Zerstückelung, von der Wiederherstellung der großen Güter, von der Reglementierung, von dem Mißbrauch der Enteignung im öffentlichen Interesse, von der Adelung und der Dotierung neuer Aufsteiger, von der ständigen Wühlarbeit politischer Sekten, von vielerlei Verführung durch den Börsenwucher, sei es schließlich, daß es, seiner politischen Vorrangstellung beraubt und zur Zielscheibe des Neides des einfachen Volkes (plèbe) gemacht, sich erschöpft mit dem zufrieden gibt, was ihm die Staatsmacht gnädig übrig läßt, sich zu einem bloßen Privileg umwandeln läßt und sich letzten Endes aus dem tätigen Leben zurückzieht und an seiner Stelle nur die Kräfte wirken läßt, die Unwissenheit, Tyrannei und Elend entfesselt haben.

Gewiß, die Gefahr ist groß, und es sind wirklich nicht die Vorhersehungs-Doktrinen unserer Rechtsgelehrten, die es schaffen werden, sie zu bannen. Denen ist zum Eigentum doch noch nie was Rechtes eingefallen. Sie begreifen ja weder dessen große Bestimmung, noch seine Geschichte, und die Grundlage ihres Wissens über diese Materie ist ein Skeptizismus ohne Moral.

„Jedes Mal“, sagt Herr Laboulaye, „wenn die Gesellschaft, ohne die ihr von der Vorsehung aufgezeigte Straße zu verlassen, neue Mittel und Wege sucht, wenn sie das Erbe, oder die an den Boden gebundenen politischen Privilegien abschafft, bewegt sie sich innerhalb ihres Rechts, und niemand kann daran etwas aufgrund eines vorherigen Rechts zu tadeln finden; denn vor ihr und außerhalb von ihr gibt es kein Recht; ist sie doch selbst Ursprung und Quelle des Rechts.“[166]

So erklärt der Historiker des Eigentums also dessen wechselvolle Geschichte! Die Gesellschaft, ein Instrument der Vorsehung, hat den Erbschaften Grenzen gesetzt, und eben diese Gesellschaft reißt sie wieder nieder; die Gesellschaft hat das Eigentum an die Stelle des Besitzes gesetzt, dann ist sie wieder auf den Besitz zurückgekommen und hat das Eigentum fahren gelassen; die Gesellschaft hat das Freigut (alleu) in das Lehen (fief) umgewandelt und dann wieder das Lehen zum Freigut: *e sempre bene.*[167] Die Gesellschaft - ich fürchte, eines vielleicht nicht zu fernen Tages, bedeutet „Gesellschaft“ „Staat“ - ist im Recht, was auch immer sie tut; sie folgt ihrem von der Vorsehung vorgezeichneten Weg, und niemand hat das Recht, daran etwas zu tadeln.

„Das bürgerlich-rechtliche Gesetz des Eigentums ist Sklave des politischen Gesetzes; und während das Vertragsrecht, das lediglich die Interessen von Mensch zu Mensch regelt, sich seit Jahrhunderten überhaupt nicht verändert hat (außer in gewissen Formen, die mehr den Nachweis, als das Wesen der Verbindlichkeit selbst berühren), hat das bürgerlich-rechtliche Gesetz des Eigentums, das die Beziehungen von Bürger zu Bürger regelt, so manches Mal grundlegende Änderungen erfahren und hat alle Umbrüche der Gesellschaft mitgemacht.

Das Vertragsrecht, das an seinen Grundsätzen ewiger Gerechtigkeit festhält, die tief in das menschliche Herz eingeprägt sind, ist das unveränderliche Grundelement des Rechts und gewissermaßen seine PHILOSOPHIE; im Gegensatz hierzu ist das Eigentumsrecht das variable Element des Rechts, seine GESCHICHTE, seine POLITIK...“

Schwerlich könnte sich ein Rechtsgelehrter mehr täuschen, als sich hier Herr Laboulaye getäuscht hat. Das Eigentum ist eben kein *Sklave* der Politik; eher wäre das Gegenteil richtig. Vielmehr ist das Eigentum das natürliche und notwendige Gegengewicht zur politischen Macht; das bürgerliche Recht des Eigentums kontrolliert die Staatsraison und setzt ihr Grenzen.

---

166 Proudhon gibt für dieses, wie auch für das folgende Zitat keine Quelle an.
167 und immer war es gut.

Wo es kein Eigentum gibt, wo es durch den slavischen Besitz, oder das Lehen ersetzt worden ist, herrscht Despotismus im Staat und Unstabilität im ganzen politischen System. Das Vertragsrecht kann nicht in eine Antithese zum Eigentumsrecht gestellt werden, das seiner Natur nach ebenso absolut ist, wie jenes im Grundsatz unveränderlich ist. Sie unterscheiden sich eben nicht dadurch voneinander, daß ersteres die *Philosophie* des Rechts abgäbe und letzteres nur seine *Politik*, oder seine *Geschichte*. Vielmehr unterscheiden sie sich darin voneinander, daß das Vertragsrecht ein Grundsatz, eine elementare Vorstellung von einfacher und ursprünglicher Faßlichkeit ist, während das Eigentumsrecht eine Verfassung ist, die erst im Laufe der Zeit entsteht, sich entwickelt und festigt. Mit dem Eigentum verhält es sich so, wie mit allen großen Gesetzen, die das Universum lenken, selbst wenn die Vernunft der Philosophen sie noch so hartnäckig verneint und die Masse sie bei jedem Schritt, den sie tut, verletzt. So regiert das Recht zwar die Zivilisation; aber wo kennt man sein Wesen und seine Gesetze wirklich? Wo beachtet man es vollständig und ehrlich? So ist zwar die Gleichheit des Tausches das Gesetz des Handels: und trotzdem wird in der Praxis der Wucher allgemein zugelassen. So ist schließlich auch die Gleichheit vor dem Gesetz so alt, wie die Einrichtung der Gerichte; und dennoch hat die Menschheit immer noch Sklaven, Hörige und Proletarier. Und ganz genauso lenkt das Eigentum die Staaten; wenn es da ist, hält es sie im Gleichgewicht; wenn es weg ist, liefert es sie Revolutionen und Teilungen aus und bringt dabei sein Recht zur Geltung, sei es, daß es straft, oder belohnt. Keiner kann in diesem Augenblick sagen, daß von heute an bis Ende dieses Jahrhunderts nicht irgendein Beschluß jener Vorsehung, die Herr Laboulaye ja geradezu anbetet, etwa in Frankreich das Eigentum vernichtet haben wird. Sicher aber ist, daß Frankreich dann seinen Freiheitssinn und zugleich seinen Sinn für Recht verloren haben wird. Dann wird es zur Geisel der Völker geworden sein, und dann wird es nur gerecht sein, es so zu behandeln, wie Polen im 18. Jahrhundert behandelt worden ist.

Aber, schieben wir diese düsteren Voraussagen jetzt beiseite. Endlich hat man die Einrichtung des Eigentums begriffen. Seine Theorie liegt jetzt vor: Mag die Gesellschaft, oder der Staat, der sich anmaßt, in ihrem Namen zu sprechen, wie er nur immer will, die *Erbschaften entthronen*, wie Herr Laboulaye sagt; ganz einfache Privatleute werden sicher darunter leiden; was das Eigentum jedoch selbst angeht, so können wir hiermit erklären, daß es unzerstörbar ist! An den arbeitenden Klassen (classes ouvrières) ist es nun, ihre Berufung zu verstehen und in Konsequenz dessen ihr Handeln zu bestimmen. Alle Reformen, die wir 1848 als Voraussetzungen für die Abschaffung des Proletariats vorgeschlagen haben und in denen gewisse Leute einen Weg zum Kommunismus sehen zu müssen meinten, führen im Gegenteil zu einer Angleichung und Festigung des Eigentums.

Man schätze einmal, hypothetisch gesprochen, den mobilen und immobilen Reichtum Frankreichs auf 120 Milliarden Francs und die Zahl der Familien auf 10 Millionen, dann wird das durchschnittliche Vermögen in Kapital pro Familie 12.000 Francs betragen. Ein Eigentum im Wert von 12.000 Francs reicht, wenn gut bewirtschaftet, für Arbeit und Lebensunterhalt einer Familie aus. Dort liegt, Arbeiter (travailleurs), eure Zukunft und die Zukunft des Vaterlandes. Laßt eure Ideen von Teilhabe beiseite, eure Requisitionspläne, eure Projekte bezüglich progressiver Steuern, Höchstpreise, Berufsverbände und Preistabellen. Denn die Teilhabe, d. h. die Angleichung der Vermögensverhältnisse wird von selbst kommen, und zwar schneller und wirkungsvoller durch Arbeit, Sparsamkeit, Organisation des Kredits und des Tausches, durch billige Dienstleistungen, gerechte Verteilung der Steuerlast und deren Reduzierung auf ein Zwanzigstel, durch die Veränderungen des Eigentums, durch das öffentliche Unterrichtswesen und, vor allem, mit Hilfe der FREIHEIT.

ACHTES KAPITEL

Die Kritik des Verfassers - gerechtfertigt.

Zur Ergänzung der vorliegenden Theorie glaube ich, nichts besseres tun zu können, als an dieser Stelle meine früheren Arbeiten in Erinnerung zu rufen, deren zusammenfassende Wiedergabe die Einführung dieses Buches bildet, und meine eigene Geschichte zu erzählen. Die Kritik, die ich früher am Eigentum geübt habe, hat zur Genüge Echo gefunden, hat mir genügend gallenbittere Beleidigungen eingebracht, so daß man mir gestatten möge, daraus heute Nutzen zu ziehen; denn auf dem Wege über diese Kritik, und zwar nur über sie, konnten wir dahin gelangen, das Eigentum zu verstehen und ihm infolgedessen eine endgültige Verfassung zu geben.

Im Jahre 1840, also vor mehr als zweiundzwanzig Jahren, debütierte ich in der Wissenschaft von der Wirtschaft mit der Veröffentlichung einer Schrift von 250 Seiten, die den Titel trug: *Qu´est - ce que la Propriété?*[168] Ich habe es nicht nötig, daran zu erinnern, was für einen Skandal meine Antwort hervorgerufen hat, ein Skandal, der im Verlauf von zwölf Jahren, über den Staatsstreich[169] hinaus, immer weiter angewachsen ist. Heute, da die Ängste sich gelegt haben, und vor allem heute, da ich selbst eine Theorie des Eigentums veröffentliche, die, das sage ich stolz, allen Angriffen standhalten kann, wird man meine Erklärungen vielleicht mit Interesse lesen und vor allem besser verstehen.

Es waren kaum drei Monate vergangen, daß ich begonnen hatte, mich mit der Volkswirtschaft zu beschäftigen, als ich zwei Dinge bemerkte: erstens, daß es ein inniges Verhältnis, ich wußte aber noch nicht, was für eines, zwischen der Verfassung des Staates und dem Eigentum gibt; und zweitens, daß jedes wirtschaftliche und gesellschaftliche System auf letzterem ruhte, daß jedoch seine Einrichtung weder in der Volkswirtschaft, noch im Naturrecht gegeben ist. *Non datur dominium in oeconomia*[170] sagte ich mir, indem ich den Aphorismus der alten Naturkunde über das Leere paraphrasierte; das Eigentum ist ganz und gar kein wirtschaftliches Element, es ist für die Wissenschaft nicht wesentlich, und es wird durch nichts gerechtfer-

168 dt. Was ist das Eigentum?-Erste Denkschrift, mit einer Einführung von M. Kramer,Verlag für Sammler, Graz 1971 (Nachdruck der Ausgabe Berlin 1896).

169 2.Dezember 1851, Staatsstreich Louis-Napoleons, der danach zum Präsidenten der Republik gewählt wird und sich am 2. Dezember 1852 als Napoleon III. zum Kaiser der Franzosen krönt (reg. bis 1870).

170 Das Eigentum ist nicht in der Wirtschaft gegeben.

tigt. Woher kann es also kommen? Von was für einer Art ist es? Was will es von uns? Das war der Gegenstand dessen, was ich meine erste *Denkschrift* genannt habe. Von dieser Zeit an sah ich voraus, daß der Stoff mir nicht ausgehen würde, und daß das Thema noch lange nicht erschöpft war.

Jetzt, da man um das Eigentum nicht mehr zu zittern braucht, da wir ja sogar einen Kaiser gemacht haben, um es zu schützen, und da sogar ich Partei für es ergreife, gibt es, so wage ich, mir zu schmeicheln, wohl keinen Leser mehr, der, auch nur mit etwas gesundem Menschenverstand ausgestattet und im Besitz eines noch so kleinen Funkens von Logik, nicht erkennt, wie sehr ich recht hatte. Hat das Eigentum etwa das Recht des *ersten Besetzers* zum Ursprung? Aber, das ist widersinnig. Stammt es von der Eroberung ab? Das wäre unsittlich. Muß man es der Arbeit zuordnen? Aber, die Arbeit gibt nur das Recht an ihren Früchten, höchstens das Recht auf eine Entschädigung für die Bewirtschaftung des Bodens, vielleicht noch auf die Priorität eines Besitzes, eines Besitzes wohlgemerkt, niemals jedoch, niemals auf uneingeschränkte Verfügung über Grund und Boden, auf das also, was das römische Recht den *bevorzugten Herrschaftsbereich des Eigentums (le domaine éminent de propriété)* genannt hat. Andernfalls müßte man sagen, daß jeder Pächter *automatisch* Eigentümer sei und daß derjenige, der sein Land verpachtet, es aus den Händen gebe. Alles, was man heutzutage über Mühen und Verdienste des Landwirts hergebetet hat, ist nur gefühlsseliges Wortgeklingel: das hat weder etwas mit Philosophie zu tun, noch mit Recht. Das Werk, das Herr Thiers 1848 zur Verteidigung des *Eigentums* veröffentlicht hat, ist pure Bukolik. Hat denn etwa der Gesetzgeber das Eigentum geschaffen? Aber, aus welchen Motiven? Aufgrund was für einer Machtbefugnis? Man weiß es schlicht nicht. Wenn es der Gesetzgeber ist, der durch einen Akt seines höchsteigenen Beliebens das Eigentum eingerichtet hat, dann kann eben dieser Gesetzgeber es auch wieder abschaffen und, wie Herr Laboulaye sagt, die *Erbschaften den Erben entziehen*. Dann ist das Eigentum aber nur noch eine legale Fiktion, etwas Willkürliches, das umso widerlicher ist, als es die Mehrheit des Volkes außen vor läßt. Muß man dann mit einigen Leuten, die sich etwas auf Metaphysik zugute halten, sagen, daß das Eigentum Ausdruck der Individualität ist, der Persönlichkeit, ja, des Ich? Aber der Besitz reicht doch völlig aus als Ausdruck dafür; noch einmal: wenn es genügt, zu sagen, *dieses Feld gehört mir*, um Eigentum zu haben, dann sind alle Menschen mit dem gleichen Recht Eigentümer; dann entbrennt ein Bürgerkrieg, und der endet in allgemeiner Knechtschaft. Wenn man also noch einmal Revue passieren läßt Erst-Besetzung, Eroberung, Arbeit, Machtbefugnis eines Gesetzgebers und die Metaphysik des Ich, dann hat man alle Hypothesen der Rechtsgelehrten zum allerersten Ursprung des Eigentums ausgeschöpft. Dann kann man die Bibliotheken schließen; das war´s dann wohl. Was denn, muß man mit Herrn Laboulaye wirklich meinen, das Eigentum sei ein Glaubensartikel, über den zu diskutieren, verboten werden muß, weil, anders zu handeln, bedeuten würde, die Gesellschaft in Gefahr zu bringen? Aber die Gerechtigkeit (justice) liebt das helle Tageslicht; nur das Verbrechen sucht die Dunkelheit. *Cur non palam, si decenter?*[171] Eigentum - das ist Diebstahl. ...

Diese Dialektik, geben wir es doch zu, da wir es ja gefahrlos tun können, ist ebenso unüberwindlich wie unerbittlich; und die Zeugnisse, die mir sogar die Gesetzgebung geliefert hat, waren nicht dazu angetan, ihre Wirkung zu mindern. Was soll man z. B. über diese römische Eigentumsdefinition sagen: *Dominium est jus utendi et abutendi re sua, quatenus juris ratio patitur*! und über die noch beschämendere französische Definition: „Eigentum ist das Recht, Sachen ganz und gar uneingeschränkt zu genießen und über sie zu verfügen, vorausgesetzt, man macht von ihnen keinen Gebrauch, der durch Gesetze und Verordnungen verboten ist." („La propriété est le droit de jouir et de disposer des choses de la manière la plus absolue, pourvu qu´on n´en fasse pas un usage prohibé par les lois et les règlements.") Heißt das nicht, „ja" und „nein" zu ein und derselben Sache sagen, geben und zurückhalten, einen Grundsatz aufstellen und ihn gleich darauf durch die Ausnahme wieder verneinen? Sei´s drum, sagte ich, soll das Eigentum doch sein, was immer man will - nach Maßgabe des öffentlichen Rechts und der Verordnungen. Sehen wir uns nun einmal das öffentliche Recht und die Verordnungen an. ...

Das *absolute* Eigentum! Aber, als Schüler von Kant und von Comte[172] lehnte ich das Absolute ebenso wie das Übernatürliche ab; ich erkenne nur einsehbare, positive Gesetze an, von denen uns Astronomie, Physik, Zoologie, das Recht und sogar die Volkswirtschaft so viele Beispiele anbieten. - Als Republikaner mit Grundsätzen, inzwischen Anhänger konstitutioneller Garantien geworden, bekämpfte ich aus allen Kräften jenen Absolutismus, den das französische Volk in der Person Ludwigs XVI. geopfert hatte[173] und den man mich nun im Eigentum anbeten lassen wollte.

Das *mißbrauchbare* Eigentum! Das zu sein, kommt das Eigentum garnicht umhin, denn sobald der Mißbrauch nicht mehr seine Prärogative ist, hört es auf, zu bestehen. Und genau deshalb lehne ich das Eigentum ja ab.

171 Warum es nicht offen sagen, wenn es anständig gesagt wird?

172 Auguste Comte (1798-1857), Begründer des Positivismus und der Soziologie.

173 Anspielung auf die Hinrichtung des Königs am 21. Januar 1793.

Wenn man sagte, daß die Ehe das Recht sei, nicht nur seine Ehefrau zu gebrauchen und zu mißbrauchen, was ja schon eine Schande wäre, sondern auch seine Tochter, seine Mutter, sein Dienstmädchen usw., würde man dann sagen, die Ehe sei eine achtenswerte Einrichtung? Der Absolutismus zum Götzenbild erhoben, der Mißbrauch für ein Ideal gehalten; das Eigentum zur Gänze und überall als exzentrisch erklärt, ohne jede Bedingung, grenzenlos, zügellos, ohne Regeln und Gesetze, vor und über dem Recht, ja sogar vor und über der Gesellschaft stehend: das überschritt jedes Maß und konnte ganz einfach nicht zugelassen werden; und leider konnte man sagen, daß all´ das nicht aus Lust und Laune erfunden worden ist: die Tatsachen, ja die Tatsachen quollen nur so über, in der Geschichte und in unserer modernen Zeit, und erhoben sich, „Rache" schreiend, gegen das Eigentum.

Als ich, im Gefolge der gründlichsten Moralisten und sogar des Evangeliums, tiefer in die Psychologie des Eigentümers eindrang, was entdeckte ich da? Daß das Eigentum, das man uns als Vergütung der Arbeit anpries, als Zeichen der Würde des Menschen, Dreh- und Angelpunkt der Gesellschaft und als Denkmal gesetzgeberischer Weisheit, im Grunde nichts anderes ist, als der souveräne Akt unseres Egoismus, die pompöse Zurschaustellung unserer Habgier, der Traum einer perversen, geizigen, asozialen Natur, die alles nur für sich haben will, beansprucht, was sie nicht selbst erzeugt hat, fordert, daß man ihr mehr zurückgebe, als sie ausgeliehen hat, und sich zum Mittelpunkt der Welt macht, dabei Gott und die Menschen verachtet, wenn sie nur genießen kann! Oh! das Christentum, dem man doch ganz sicher nicht den Prozeß machen wird, hat das Eigentum eindeutig verurteilt und es aus dem himmlischen Königreich ausgeschlossen: „Nur diejenigen unter den Eigentümern", hat es gesagt, „werden gerettet werden, die im Herzen der Welt entsagen und ihr Vermögen eher bewahren und verteilen, als es selbst zu verbrauchen. *Beati pauperes spiritu, quoniam ipsorum est regnum coelorum.*"[174]

Hier gestatte der Leser mir eine Unterbrechung. War diese Kritik am Eigentum begründet, ja, oder nein? Habe ich Anlaß, sie zu bedauern und von ihr Abstand zu nehmen? Und die Theorie des Eigentums, die ich jetzt veröffentliche, sollte sie etwa als ein Widerruf angesehen werden? ... Man wird gleich sehen, daß nichts davon stimmt.

---

174 Matthäus 5, 3: Selig sind die, die da geistlich arm sind; denn ihrer ist das Himmelreich. (Übs. Stuttgarter Erklärungsbibel, s. o. Anm. 104).

Nach der Kritik mußte man Schlußfolgerungen ziehen. Zur gleichen Zeit, als ich aufgrund meiner Analyse die Verurteilung des Eigentums aussprach, wie es sich im römischen Recht, im französischen Recht, in der Volkswirtschaft und in der Geschichte entwickelt hat, lehnte ich in nicht weniger eindeutigen Worten den Kommunismus (la communauté) ab. Diese Ausschließung des Kommunismus (communisme) ist in meiner ersten *Denkschrift* von 1840, Kapitel V, dokumentiert und noch einmal, ausführlicher und energischer im *System der ökonomischen Widersprüche*, 1846, Kapitel XII, wiedergegeben worden.

Wie habe ich nun seitdem hierüber gedacht? Nun, daß das Eigentum, da es etwas Absolutes ist, eine Vorstellung, die zwei gegensätzliche Seiten aufweist, oder, wie ich mit Kant und Hegel sagte, eine *Antinomie* ist, in einer übergeordneten Formel *synthetisiert* werden muß, die, um dem Interesse der Gesellschaft gleichermaßen, wie der Initiative des einzelnen Menschen Gerechtigkeit widerfahren zu lassen, sagte ich, alle Vorteile des Eigentums und der Vergesellschaftung, ohne einen ihrer Nachteile, in sich vereinen muß. Dieser übergeordneten Formel, von mir aufgrund der Dialektik Hegels seit 1840 vorgesehen und behauptet, aber noch nicht ausführlich definiert, gab ich die vorläufige Bezeichnung *Besitz*, ein zweideutiger Begriff, der an die Form einer Einrichtung denken ließ, die ich eigentlich nicht haben wollte, und den ich deswegen auch aufgegeben habe.

So blieb es mehrere Jahre lang. Gegen alle Angriffe von rechts und von links, die ich aushalten mußte, hielt ich meine Kritik am Eigentum in allen ihren Aussagen aufrecht und kündigte zugleich mit der gleichen Gewißheit, mit der ich die alte Auffassung des Eigentums verworfen hatte, eine neue an, obwohl ich noch nicht sagen konnte, was diese neue Auffassung beinhaltete. Und meine Hoffnung sollte, was die Hauptsache angeht, wie man heute sieht, nicht enttäuscht werden; allein, die Wahrheit, die ich suchte, konnte nur nach einer methodischen Korrektur gefunden werden.

Ohne mich durch das Getöse, das sich um mich herum erhob, aus der Bahn werfen zu lassen, setzte ich meine Beschäftigung mit den schwierigsten Fragen der Volkswirtschaft fort, dem Kredit, der Bevölkerung, der Steuer usw., als ich, etwa 1854, gewahr wurde, daß Hegels Dialektik, der ich in meinem *System der ökonomischen Widersprüche* sozusagen noch guten Glaubens gefolgt war, in einem Punkte fehlerhaft war und eher dazu diente, die Ideen zu vernebeln, als sie zu klären. Damals habe ich erkannt, daß, wenn die Antinomie ein Gesetz der Natur und des Verstandes ist, eine Erscheinung des Urteilsvermögens, wie alle Vorstellungen, die sie beeinflußt, sie unauflösbar ist; sie bleibt ewig, was sie ist, nämlich erste Ursache jeder Bewegung, Ursprung allen Lebens und jeder Entwicklung, aufgrund der Unvereinbarkeit ihrer Glieder; allein, sie kann *ausbalanciert* werden, sei es dadurch, daß die Gegensätze in ein Gleichgewicht gebracht werden, sei es dadurch, daß eine Antinomie anderen Antinomien gegenüber gestellt wird.

Ich bitte um Verzeihung für diese detaillierte Ausführung, ohne die man sich vielleicht nicht erklären könnte, wie es kommt, daß ich 1840 mit der Kritik am Eigentum begonnen habe und erst 1862 eine Theorie des Eigentums vorlege. Ohne, daß ich wohl des langen und und breiten über die mächtigen Ablenkungen sprechen muß, die 1848 und 1852[175] die Existenz der Menschen um und um geschleudert haben, wird doch jeder begreifen, daß in so schwierigen Studien, in denen der Philosoph nicht an Körpern, sondern an Ideen arbeitet, auch schon die geringste methodische Ungenauigkeit, wenn sie zu falschen Ergebnissen führt, unberechenbare Verzögerungen nach sich zieht. Heute denken wir ja nicht mehr aus irgend einer unmittelbaren Einsicht heraus, und es ist schon lange her, daß unsere, einer ersten Eingebung folgende Vernunft das letzte Wort gehabt hat. Heute muß alles in Erfahrung gebracht werden: Der gesunde Menschenverstand allein, unterstützt durch die stärkste Dosis Gelehrsamkeit und die ganze Kunst der Rede, genügt heute ja nicht mehr, um die großen Probleme zu lösen, die uns bedrängen. Um der Wahrheit in die fernsten Gebiete zu folgen, zu denen sie uns hin ruft, braucht der Denker ebenso wie der Physiker und der Astronom ein zusätzliches Instrumentarium, von dem sich der normale Sterbliche keine Vorstellung macht.

Darüber hinaus hatte mich die Theorie der FREIHEIT (*de la Justice dans la Révolution et dans l'Église*, 8. Studie) gelehrt, daß das Absolute, bezüglich dessen ich erklärt hatte, daß jede direkte Untersuchung verboten, ja widersinnig sei (*ebd.*, 7. Studie), nichtsdestoweniger als Akteur in die Angelegenheiten der Menschen, wie auch in die Logik und die Metaphysik eingreift. Und schließlich habe ich mancherlei Gelegenheit gehabt, zu bemerken, daß die Maximen der Allgemeinen Vernunft, die sich letzten Endes der Besonderen Vernunft gegenüber durchsetzen, oft denjenigen entgegenstehen, die uns letztere an die Hand gibt: sodaß es folglich sehr wohl geschehen konnte, daß die Gesellschaft von Regeln geleitet worden ist, die sich von denen unterscheiden, die das aufstellt, was man gemeinhin gesunden Menschenverstand nennt. Von dem Augenblick an stand mir

175 Anspielung auf die Februarrevolution von 1848 und auf die Kaiserkrönung Napoleons III. am 2. Dezember 1852.

das Eigentum, das mir anfänglich nur in einer Art Halbschatten erschienen war, klar vor Augen; ich verstand jetzt, daß es so, wie die Kritik es mir geliefert hatte, nämlich mit diesem absolutistischen, mißbrauchbaren, anarchischen, räuberischen und lüsternen Wesen, das zu allen Zeiten die Moralisten empört hatte, daß es genau so in das System der Gesellschaft übertragen werden muß, wo eine Umwandlung auf es wartet.

Diese Erklärungen waren unverzichtbar, um Verständnis dafür zu wecken, wie notwendig die theoretische Verneinung des Eigentums seiner praktischen Bejahung und Entwicklung vorangehen mußte. *Das Eigentum ist, wenn man es von seinem Ursprung her begreift, ein an sich mangelhaftes und anti-soziales Prinzip, das aber gerade durch seine allgemeine Verbreitung und mit Hilfe anderer Institutionen dazu bestimmt ist, der Dreh- und Angelpunkt und die große Antriebsfeder des Systems der Gesellschaft zu werden.* Der erste Teil dieser Aussage wurde durch die Kritik von 1840 bis 1848 demonstriert; jetzt ist es am Leser, zu beurteilen, ob auch der zweite Teil zufriedenstellend bewiesen ist.

Stimmt es wirklich, daß der Staat, nachdem er auf dem Grundsatz der Trennung der Gewalten aufgebaut worden ist, ein Gegengewicht erfordert, das ihn daran hindert, ständig die Seiten zu wechseln und zum Feind der Freiheit zu werden; daß dieses Gegengewicht weder in der gemeinsamen Bewirtschaftung des Bodens, noch im Besitz bzw. dem bedingten, eingeschränkten, abhängigen und feudalen Eigentum zu finden ist, da dies ja hieße, das Gegengewicht ausgerechnet in der Macht anzusiedeln, die es auszuwuchten gilt, was doch widersinnig wäre; während wir es doch nur im absoluten, d. h. unabhängigen Eigentum finden, das an Autorität und Souveränität dem Staat gleichgestellt ist? Stimmt es folglich, daß das Eigentum aufgrund der wesentlich politischen Aufgabe, die ihm zugedacht ist, eben weil sein Absolutismus dem des Staates entgegengesetzt werden muß, im System der Gesellschaft eine liberale, föderative, dezentralisierende, republikanische, gleichheitliche, fortschrittliche und Recht setzende Stellung einnimmt? Und stimmt es schließlich nicht, daß diese Eigenschaften, von denen sich keine im Ursprung des Eigentums findet, ihm in dem Maße zuwachsen, wie es allgemein verbreitet wird, d. h. in dem Maße, wie eine wachsende Zahl von Bürgern (citoyens) zu Eigentum kommt; und daß es, um diese allgemeine Verbreitung zu bewerkstelligen und anschließend die Angleichung der Eigentumsverhältnisse sicherzustellen, genügt, um das Eigentum herum und ihm zu Diensten eine gewisse Anzahl von Institutionen und Dienstleistungen zu organisieren, die bis auf den heutigen Tag vernachlässigt und dem Monopol sowie der Anarchie überlassen worden sind? Voilà, hierzu sich nach reiflicher Prüfung und ernsthaftem Nachdenken zu äußern, sei der Leser hiermit aufgefordert.

Nachdem die politische und gesellschaftliche Bestimmung des Eigentums erkannt ist, will ich ein letztes Mal die Aufmerksamkeit des Lesers auf die Art von Unvereinbarkeit hinlenken, die hier zwischen dem *Grundsatz* und den ZWECKEN vorliegt und die aus dem Eigentum eine wahrhaft außerordentliche Schöpfung macht. Stimmt es, will ich noch einmal fragen, daß dieses Eigentum, das jetzt untadelig ist, dennoch in Bezug auf sein Wesen, seine Ursprünge, seine psychologische Definition und seine Fähigkeit, Leidenschaften zu wecken, dasselbe ist, wie dasjenige, dessen genaue und unparteiische Kritik die öffentliche Meinung seinerzeit so sehr überrascht hat; daß an der früheren Vorstellung von ihm nichts geändert, hinzugefügt, weggestrichen und gemildert worden ist; daß, wenn das Eigentum menschlich, von etwas Verruchtem zu etwas Heiligem geworden ist, dies nicht geschehen ist, etwa weil wir auch nur irgendetwas an seinem Wesen geändert hätten, das wir im Gegenteil ganz gewissenhaft geachtet haben; daß wir nur ganz einfach seine Reichweite ausgedehnt und seinen Aufschwung verallgemeinert haben? Und stimmt es, daß wir eben in diesem egoistischen, satanischen und widerspenstigen Wesen des Eigentums das wirksamste Mittel gefunden haben, dem Despotismus zu widerstehen, ohne den Staat zugrunde gehen zu lassen, wie auch die Vermögensverhältnisse einander anzugleichen, ohne eine Plünderung zu organisieren und die Freiheit zum Schweigen zu bringen? Stimmt es, sage ich, denn ich kann nicht genug auf dieser Wahrheit bestehen, an die die Schullogik uns nicht gerade gewöhnt hat, daß, um die Wirkungen einer Einrichtung zu verändern, die in ihren Anfängen der Gipfel der Ungerechtigkeit war, um den Engel der Dunkelheit in einen Engel des Lichts zu verwandeln, wir sie nur sich selbst und zugleich der Staatsmacht gegenüberstellen, sie mit Garantien umgeben und ihre Mittel verzehnfachen mußten, als wenn wir im Eigentum nur unaufhörlich den Absolutismus und den Mißbrauch hätten steigern wollen?

So kann das Eigentum also nur unter der Bedingung, daß es das bleibt, wozu die Natur es gemacht hat, nur unter der Bedingung, daß es seine uneingeschränkte Persönlichkeit, sein ungezähmtes Ich, seinen revolutionären und ausschweifenden Geist bewahrt, ein Mittel der Garantie, der Freiheit, der Gerechtigkeit und der Ordnung werden. Nicht seine Neigungen muß man ändern, sondern seine Werke; nicht mehr durch Bekämpfung des Ursprungs der Begierde nach Art der alten Moralisten darf man von jetzt an daran gehen, das Gewissen der Menschen zu läutern; wie es beim Baum geht, dessen anfänglich unreife, grüne Frucht unter der warmen Sonne goldgelb wird und süßer, als Honig; nur wenn wir dem Eigentum reichlich Licht, frische Luft und Tau zukommen lassen, werden wir aus seinen Samen der Sünde Früchte der Tugend ernten. Unsere frühere Kritik bleibt also bestehen: die Theorie des freiheitlichen, gleichheitlichen und die Sittlichkeit fördernden Eigentums würde in sich zusammenfallen, wenn wir es von dem absolutistischen, alles an sich reißenden und mißbrauchbaren Eigentum unterscheiden wollten; und diese Umwandlung des Eigentums, die ich unter dem Namen „Synthese“ suchte, haben wir nun, ohne irgendeine Abänderung seines Prinzips, durch ein einfaches Gleichgewicht bekommen.

Man hat mir vorgeworfen, bei dieser Kritik, deren Wichtigkeit heute jeder Mensch zu würdigen weiß, nur aus Brissot[176] abgeschrieben zu haben. Da wird man ja wohl bald auch sagen, ich warte nur darauf, daß ich auch für die Theorie, deren Entwurf ich eben vorgelegt habe, nur aus irgend einem totgeborenen Autoren abgeschrieben habe, der schon seit zwei-, dreihundert Jahren in den Bibliotheken verstaubt. Umso besser, wenn man Vorläufer für mich findet; daraus werde ich nur noch mehr Selbstvertrauen und Wagemut ziehen. Aber jetzt nur soviel: das Werk Brissots kenne ich nur aus Auszügen, die ein Herr Sudre 1850 in einem von der Académie Française preisgekrönten Werk veröffentlicht hat.[177] Das war die Zeit, in der man die gebildete Jugend zur Hilfe gegen den Sozialismus aufrief, in der man diejenigen überaus förderte, die das Eigentum am meisten beweihräucherten. Aus den von Herrn Sudre veröffentlichten Auszügen ergibt sich, daß Brissot vor mir, aber nur in Form einer Hyperbel und im Feuereifer der Deklamation gesagt haben soll: *Eigentum ist Diebstahl*! Wenn das der Vorrang ist, den man für den jungen Publizisten beansprucht, der später Chef der Gironde geworden ist, dann trete ich ihm den gerne ab. Brissot hat jedoch den Sinn seiner eigenen Worte nicht verstanden, und seine Kritik führt in allen ihren Punkten in die Irre. Zunächst, wenn er sagt, das Eigentum sei Diebstahl, will er keineswegs den Ursprung der Habgier angreifen, den das Evangelium verurteilt hat und dem jene zwei ökonomischen Äquivalente entsprungen sind, nämlich der Diebstahl und das Eigentum: aber nur unter dieser Vor-

176 Jacques-Pierre Brissot (1754-1793), Publizist, Herausgeber der ersten Zeitung der Revolution *Le Patriot Français*, führendes Mitglied der Girondisten, 1792 zum Abgeordneten des Nationalkonvents gewählt, 1793 zusammen mit Gesinnungsgenossen wegen Landesverrats zum Tode verurteilt und am 31. Oktober hingerichtet.

177 Alfred Sudre (1820-1883?); es handelt sich um seine „Histoire du Communisme, ou réfutation des utopies socialistes“, Paris, 4. Aufl. 1850. Siehe hierzu Robert *Hoffman*: Revolutionary Justice-the social and political Theory of Pierre-Joseph Proudhon, Univ. of Illinois Press, Urbana-Chicago-London 1972, p. 46 u. n. 20: Hinweis auf Sudres „Histoire du Communisme, Paris 1849“, p. 273 (Plagiatsvorwurf), pp. 265-286 (zu Brissots Buch „Recherches philosophiques sur le droit de propriété et sur le vol ... 1780); auf p. 46 auch zu Sudres ungenauer Zitierweise betr. Brissots Ausführungen als Grundlage von Proudhons angeblichem Plagiat; s. zu ihm auch Anm. 14.

aussetzung konnte die Invektive Brissots einen philosophischen Wert haben und als Definition angesehen werden. Ganz zu schweigen davon, daß das, was Brissot am Eigentum tadelt und verurteilt, genau das ist, was seine Energie ausmacht und ohne das das Eigentum nichts mehr ist und nur noch der Tyrannei, dem Absolutismus und dem Mißbrauch das Feld überläßt. Was er fordert, ist, daß man zum *natürlichen Eigentum* zurückkehre, wie er es nennt, das heißt, zu jenem bedingten, eingeschränkten, lebenslangen und untergeordneten Besitz, dessen Entstehen aus der ursprünglichen Gemeinschaft wir ja beschrieben haben und den wir daraufhin als eine niedere Form von Zivilisation zurückweisen mußten, die lediglich dazu geeignet ist, unter Vorspiegelung von Rechtlichkeit Despotismus und Knechtschaft zu festigen. Kurz, Brissot hat, nachdem er sehr genau die Exzesse jedweder Art gesehen hatte, die zu allen Zeiten das Eigentum entehrt haben, nicht begriffen, daß das Eigentum gemäß seiner Natur und Bestimmung absolutistisch, räuberisch und mibrauchbar, *jus utendi et abutendi*, ist und daß es genau als ein Solches aufrecht erhalten werden muß, wenn man aus ihm ein politisches Mittel und eine gesellschaftliche Aufgabe machen will; er jedoch wollte es vernünftig, gemäßigt und zu einer pythagoräischen Einrichtung machen: aber genau das mußte es in den Zustand von Zerrüttung zurückfallen lassen, dem ja gerade ein Ende gemacht werden sollte.

Andere haben behauptet, daß ich 1840 und 1846 ebenso wie 1848[178] durch Auffälligkeit zu Ruhm gelangen wollte. Diesmal werden sie sagen, ja sie drucken es sogar schon, daß ich versuche, durch einen neuen, noch unverschämteren Widerspruch, als den vorangegangenen, die Aufmerksamkeit des Publikums, das mich schon im Stich lasse, wieder auf mich zu lenken. Aber, was will man, daß ich solchen Dunkelmännern, Fourier hätte gesagt: solchen Simpeln, antworte, die von Einheit in Logik und Metaphysik ebenso wie in der Politik besessen und unfähig sind, die folgende, doch immerhin sehr einfache Aussage zu verstehen, nämlich daß die Welt der Seele und des Geistes, wie die Welt der Natur, auf einer Vielheit unreduzierbarer und antagonischer Elemente beruht und daß Leben und Bewegung des Universums sich gerade aus dem Gegensatz zwischen diesen Elementen ergibt? Sie je-

178 Anspielung auf die erste Denkschrift über das Eigentum (1840), s.o. Anm. 21, auf das „System der ökonomischen Widersprüche“ (1846) s.o. Anm. 35 und auf seine Rede vor der Nationalversammlung über die Einkommenssteuer vom 31. Juli 1848; s. Discours du citoyen Proudhon prononcé à l´Assemblée nationale dans sa séance du 31 juillet en réponse au rapport du citoyen Thiers sur la proposition relative à l´impôt sur le revenu- extrait du Moniteur (privat beim Übersetzer).

doch erklären Natur, Gesellschaft und Geschichte syllogistisch. Sie lassen, wie die alten Mythologen, alles aus dem EINEN hervorgehen; und wenn man diese ganze Menge von unvereinbaren, unbestimmten und unbezwingbaren Aspekten vor ihnen ausbreitet, die ihre einheitlichen Kosmogonien durcheinander bringen, dann werfen sie einem Polytheismus vor und behaupten, man selbst verhalte sich widersprüchlich. Diese Leute, die ebenso redselig, wie albern sind, haben in der Welt der Maulhelden eine gewisse Beachtung gefunden, die geradezu entzückt sind, sich von diesen Schönflötern erzählen zu lassen, daß es jenseits dessen, was sie mit der Muttermilch eingesogen haben, nichts gibt, was wahr ist, und daß die höchste Weisheit darin besteht, nur das zu denken, was schon ihre Väter gedacht haben. Die Herrschaft dieser Scharlatane wird erst mit dem Zusammenbruch des letzten Vorurteils enden: deswegen müssen wir uns, obgleich wir sie eigentlich nur verachten können, mit Geduld wappnen.

Ich habe die Gefühle dargelegt, die seit fünfundzwanzig Jahren mein Verhalten bestimmt haben. Ich bin, was man auch immer gesagt haben mag, nie von einem Denken beseelt worden, das der Einrichtung des Eigentums, zu dem ich den Schlüssel suchte, oder der Klasse seiner Nutznießer von Grund auf feindselig gegenüber gewesen wäre. Ich habe lediglich eine bessere Rechtfertigung des herrschenden Eigentumsrechts gefordert, und das mit dem Ziel seiner Festigung sowie - wohlgemerkt, wenn es geboten erscheint - auch seiner Reform.

Und heute kann ich sagen, daß ich mich in dieser letzteren Hinsicht in meinen Hoffnungen nicht getäuscht sehe. Die Theorie des Eigentums, die ich nun endlich vorlege, befriedigt nicht nur ein Bedürfnis der Logik, für das nur wenige Menschen einen Sinn haben; sie eröffnet darüber hinaus auch ungeheure Perspektiven; denn sie wirft ein helles Licht auf die Grundlage des Systems der Gesellschaft und sie enthüllt uns eines der tiefgründigsten Gesetze unseres menschlichen Wesens, nämlich daß unsere Eigenschaft, Egoisten zu sein, die die antike und christliche Sittenlehre sowie der Instinkt aller ersten Gesellschaften zurückzuweisen geboten haben, von der Natur genau dazu bestimmt worden ist, die erste Vertreterin, ja Geschäftsführerin des Rechts (du Droit) zu sein.

Vielleicht hätte ich besser daran getan, *den Mund zu halten*, als die Öffentlichkeit mit einer Kontroverse zu beunruhigen, die ja auch ihre ganz eigenen Gefahren mit sich bringen konnte.

Darauf erwidere ich, daß meine Absicht darin bestand, mich an die Gelehrten und besonders an die Rechtsgelehrten zu wenden; - daß ich die Frage des Eigentums in einer ganz ruhigen Zeit, nämlich 1840, aufgeworfen habe, als Frieden in der Gesellschaft herrschte, acht Jahre vor der Februarrevolution, als Herr Thiers Minister war[179] und die Herren Vivien und Dufaure mit ihm[180]; - daß ich mich 1848 beiseite gehalten habe; daß allein das Geschrei der konservativen Presse mich genötigt hat, mein Schweigen zu brechen, und daß ich einzig und allein, um mich zu verteidigen, von einem nur auf sich gestellten Schriftsteller zu einem journalistischen Publizisten geworden bin.

Ich glaube, daß kein Philosoph bzw. Gelehrter jemals so lange eine Wahrheit verfolgt und dabei so viele Hindernisse überwunden hat: um das zu tun, habe ich mehr gebraucht, als Liebe zur Wahrheit und zur Gerechtigkeit; ich habe auch Hartnäckigkeit gegenüber der Meinung meiner Zeitgenossen gebraucht. Alle die Prozesse gegen mich lasse ich einmal beiseite. Aber, nie ist wohl jemandem so bange gewesen, wie mir; nie hat wohl eine Kritik zu gefährlicheren Zweifeln geführt. Wenn bewiesen wird, daß das Eigentum illegitim ist und daß man es weder vernichten, noch verändern kann, mit was für einer menschlichen Moral haben wir es dann eigentlich zu tun? was ist dann eigentlich eine Gesellschaft? Als allerletzten Ausweg das Recht im Mißbrauch zu suchen, wer ist je auf so was gekommen!

Im Hinblick auf die Ausdauer und die Ehrlichkeit, die ich auf all´ meine Studien verwendet habe, habe ich das Recht, mich über die Öffentlichkeit zu beschweren und zu fragen, warum mir ständig Unrecht getan worden ist. Warum? Weil ich das Recht predige, das ganze Recht, nichts, als das Recht und weil 97 Menschen von 100 mal mehr, mal weniger, als das Recht wollen.

Auf 100 Individuen kommen 25 überführte, oder nicht überführte, notorisch bekannte, oder im Verborgenen bleibende Übeltäter, 50 Spitzbuben, 15 zweifelhafte Figuren und 7 ganz passable Zeitgenossen, die aus eigenem Antrieb niemals jemandem etwas zuleide tun, aber keine müde Mark für die Wahrheit opfern, und nur drei wirklich Vertrauen erweckende Ehrenmänner.

Man schreit *Umstürzler* über mich; diese Bezeichnung wird mir wohl bis an mein Lebensende anhängen; das ist das „Zurück - Empfänger unbekannt", mit dem man alle meine Arbeiten abstempelt: der Mann, der die

---

179 s. o. Anm. 121; 1840 Vorsitzender des Staatsrates unter Louis-Philippe (reg. 1830-1848).

180 Alexandre-François Vivien (1799-1854), Februar 1848 Mitglied der Verfassunggebenden Versammlung, Oktober 1848 Minister für Öffentliche Arbeiten unter General Cavaignac (s.o. Anm. 2); Jules-Armand-Stanislas Dufaure (1798-1881), Innenminister während der II. Republik, Vorsitzender des Staatsrates während der III. Republik.

Spitzhacke schwingt[181], unfähig, etwas hervorzubringen! ... Und dabei habe ich doch ziemlich viele Beweise für sehr positive Sachen aus meiner Feder erbracht, wie z. B.:[182]

1. Eine Theorie der Gruppenkraft (Force collective): Metaphysik der Gruppe (die wird vor allem, wie auch die Theorie der Nationalitäten, in einem Buch dargelegt, das in Kürze erscheinen wird);
2. Eine dialektische Theorie: die Bildung von Gattungen und Arten durch die serielle Methode; Erweiterung des Syllogismus, der nur etwas wert ist, wenn die Prämissen zugelassen werden;
3. Eine Theorie des Rechts (du Droit) und des Sittengesetzes (Lehre von der Immanenz);
4. Eine Theorie der Freiheit;
5. Eine Theorie des Sündenfalls, d. h. des Ursprungs des sittlich Bösen: der Idealismus;
6. Eine Theorie des Rechts der Gewalt: Kriegs- und Völkerrecht;
7. Eine Vertragstheorie: Föderation, öffentliches bzw. Verfassungsrecht;
8. Eine Theorie der Nationalitäten, abgeleitet aus der Theorie der Gruppenkraft: Indigenat, Autonomie;
9. Eine Theorie der Gewaltenteilung: Gesetz der Trennung, in Wechselbeziehung mit der Gruppenkraft;
10. Eine Theorie des Eigentums;
11. Eine Theorie des Kredits: die Mutualität, in Wechselbeziehung mit der Föderation;
12. Eine Theorie des geistigen Eigentums;
13. Eine Theorie der Steuer;
14. Eine Theorie der Handelsbilanz;
15. Eine Theorie der Bevölkerung;
16. Eine Theorie der Familie und der Ehe;

ganz zu schweigen von einer Menge von in meinen Werken verstreuten Aussagen mit Wahrheitsanspruch.

Ich habe als erster das Phänomen der Antinomie in der Volkswirtschaft aufgedeckt. Ich habe die Gerechtigkeit der Religion (la Justice de la Religion) herausgearbeitet, das moralische Element des religiösen Elementes.

---

181 Anspielung auf eine entsprechende Karikatur der satirischen Tageszeitung Charivari, die den eine Spitzhacke schwingenden Proudhon beim Abbruch eines Hauses zeigt; s. hierzu Thierry *Menuelle*: Le Charivari contre Proudhon, Publications de la Société P.-J. Proudhon, Paris 2006 (Abbildung auf der äußeren Titelseite).

182 s. hierzu u. S.181f.: Nachtrag.

Als Philosoph setze ich, wenn ich einmal alle metaphysischen und absolutistischen Hypothesen beiseite lasse, die bedeutungslos sind, als Fixpunkt, Gesetz der Natur, des Geistes und des Gewissens die folgende allgemeingültige Tatsache: Gerechtigkeit (Justice), Gleichheit, Gleichung, Gleichgewicht, Vereinbarung und Harmonie.

Ich bin ein Einreißer. Aber aufgrund was für eines Prinzips reiße ich ein? denn hier muß es ja wohl eines geben; aufgrund was für einer Idee, was für einer Vorgabe, oder was für einer Theorie? denn so eine muß es doch wohl geben. - Nun, aufgrund von Recht (Droit) und Gerechtigkeit (Justice). Meine ganze Kritik am Eigentum, meine ganze Theorie der Liebe und der Ehe, die des Friedens und des Krieges beruhen auf der Vorstellung von GERECHTIGKEIT (JUSTICE); meine *ökonomischen Widersprüche* sind ein Gleichgewichtsplan (opération d´équilibre). Ja, ich bin ein Einreißer; aber ich stelle heute das politische und gesellschaftliche System in einem ganz neuen Licht dar. Gegen die irreparablen Schäden des Mißbrauchs der Souveränität fordere ich - mehr, als je zuvor - die Aufgliederung der Souveräntität; - gegen die Laune persönlicher Macht fordere ich das Bündnis zwischen dem Egoismus des Eigentümers und der Freiheit; - gegen die Maßlosigkeit der Steuer und die Verschwendungen des Fiskus fordere ich eine Steuerreform, die auf die Rente als Dreh- und Angelpunkt gegründet ist; - gegen die Zivilliste fordere ich zusammen mit der Aufteilung des Großgrundbesitzes die Teilhabe an der Grundrente; - und gegen den feudalen Immobilismus, der uns immer mehr bedrängt, gegen die Majorate und Verbände, die sich über uns ergießen, fordere ich das Eigentum als Freigut (propriété allodiale). Voilà, ebenso viele positive, wie negative Aussagen, denke ich. Aber, was soll´s? Ich bin eben ein Einreißer, unfähig, etwas wieder aufzubauen! ...

Eine andere Meinung, die ich fürchte, weil sie fast keinen Ansatzpunkt zur Widerlegung bietet, ist die von treuherzigen Leuten, die, wenn sie von solchen Kontroversen sprechen hören, sagen: Mein Gott, muß man so viel Geist verspritzen, um zu erfahren, daß jedermann Herr über das sein soll, was ihm gehört? Na, wunderbar, daß Sie uns jetzt sagen, daß wir keine Diebe mehr sind: das wußten wir doch schon, bevor Sie gekommen sind; wir haben doch nie an diesem unseren Recht gezweifelt. Was hätte es uns bringen sollen, zweifeln zu lernen, wenn dieses Recht letzten Endes doch garnicht zu bezweifeln ist?

Jeh, gute Leute, habt ihr noch nie was von Revolutionen gehört? Oder seid ihr, wie ein Hase, der immer wieder auf dem gleichen Weg zu seiner Sasse hoppelt, nachdem er es zwanzig Mal nur knapp geschafft hat, nicht erwischt zu werden? Fragt da doch mal Herrn Laboulaye, ein großer

Rechtsgelehrter, der euer Vertrauen verdient und nicht allzu geistreich ist: er wird euch sagen, daß alle Revolutionen *für*, oder GEGEN das Eigentum gemacht werden und daß es im einen, wie im anderen Fall große *Umschichtungen von Erbschaften* gibt! ... Glaubt ihr etwa, daß ihr heute beruhigter sein könnt, als 1848, beruhigter, als Geistlichkeit und Adel 1789 waren? ... – Die Regierung wacht doch über uns, werdet ihr vielleicht sagen. – Oho! ihr wißt doch wohl sicher, daß Revolutionen nicht die Genehmigung von Regierungen abwarten. Und übrigens, wenn es nicht mehr die Roten sind, die das Eigentum angreifen, dann ist es die Regierung, die es einschränkt. Und es ist immer das Eigentum, das die Rechnung zahlt, es sei denn, es ist geschickt genug, selbst die Rechnung auszustellen. Also, die Theorie, die ich euch vorlege, hat zum Ziel, euch zu zeigen, wenn ihr nichts dagegen habt, wie man es schafft, daß es gar keine Revolution mehr gibt. Es geht für die, die kein Eigentum haben, einfach darum, ihnen Mittel an die Hand zu geben, zu Eigentum zu kommen, und für die Eigentümer darum, ihre Pflichten gegenüber der Regierung besser zu erfüllen. Also, aufgepaßt!

NEUNTES KAPITEL

Zusammenfassung des vorliegenden Buches

Die Ausführungen meiner Theorie des Eigentums lassen sich auf wenigen Seiten zusammfassen.

Als erstes ist zu beobachten, daß unter der Gattungsbezeichnung *Eigentum* die Apologeten dieser Einrichtung, sei es aus Unwissenheit, sei es als Diskussionstrick, alle Arten von Besitz in einen Topf geworfen haben: Mitbesitzordnung, Erbpacht, Nießbrauch, Feudal- und Allodialsystem; sie haben über den Boden, wie über die Früchte gesprochen und über die vertretbaren Sachen (choses fongibles), wie über die unbewegliche Sache (l´immeuble). Über diese Verwirrung haben wir ja zu Gericht gesessen.

Der unteilbare, nicht abtretbare, unveräußerliche *Besitz* gehört dem Souverän, dem Fürsten, der Regierung und der Gesellschaft, deren Pächter, als Lehnsmann bzw. Vasall, mehr, oder weniger abhängig von ihnen ist. Die Germanen vor der Invasion und die Barbaren im Mittelalter haben nur den Besitz gekannt; er ist ein Prinzip aller slavischen Völker, das gegenwärtig von Zar Alexander auf 60 Millionen Bauern angewendet wird.[183] Dieser Besitz beinhaltet die unterschiedlichen Nutzungs-, Niederlassungs-, Bewirtschaftungs-, Weide-, Jagd- und Fischereirechte, alles natürliche Rechte, die Brissot[184] naturgemäßes EIGENTUM nannte; und auf diese Art von Besitz habe ich, ohne sie allerdings definiert zu haben, in meiner ersten *Denkschrift* zum Eigentum und in meinen *ökonomischen Widersprüchen* geschlossen. Diese Form des Besitzens ist ein großer Schritt vorwärts in der Zivilisation; sie ist im praktischen Leben mehr wert, als der absolute Verfügungsbereich der Römer, der in unserem anarchischen Eigentum wieder zu neuem Leben erweckt worden ist, das jedoch seinerseits aufgrund der Eingriffe des Fiskus und aufgrund seiner eigenen Exzesse allmählich abstirbt. Da kann der Wirtschaftswissenschaftler nun wirklich nicht mehr verlangen: beim Eigentum erhält der arbeitende Mensch (travailleur) seinen Lohn, die Früchte seiner Arbeit werden garantiert und alles, was ihm rechtmäßig zukommt, ist geschützt. Die Theorie des Besitzes, Ursprung slavischer Zivilisation und Gesellschaft, gereicht diesem Volkstum zu höchster Ehre: es wiegt die Verzögerung seiner Entwicklung auf und macht das Verbrechen des polnischen Adels unsühnbar.

183 s. hierzu o. Anm. 119.

184 s. zu ihm o. Anm. 176.

Aber, ist „Besitz“ das letzte Wort der Zivilisation und sogar des Rechts? Ich denke, nein; man kann sich durchaus noch etwas jenseits dieses Wortes vorstellen. Denn beim Besitz ist die Souveränität des Menschen nicht vollständig zufriedengestellt und Freiheit sowie Mobilität noch nicht groß genug.

Das freie bzw. allodiale Eigentum, das geteilt, verpfändet und veräußert werden kann, ist der absolute Herrschaftsbereich desjenigen, der über seine Sache verfügt; „das Recht, zu gebrauchen und zu mißbrauchen“, sagt zunächst das quiritische Gesetz, „soweit es nach Maßgabe des Rechts zulässig ist“, ergänzt später das Gewissen der Gesellschaft. Das Eigentum ist römisch; ich finde, daß es nur in Italien eindeutig artikuliert worden ist; und dabei bildet es sich doch nur langsam aus.

Die Rechtfertigung eines Verfügungsbereiches des Eigentums hat zu allen Zeiten Juristen, Ökonomen und Philosophen zur Verzweiflung gebracht. Der Grundsatz der Aneignung besagt, daß *jedes Produkt der Arbeit von Rechts wegen dem gehört, der es erzeugt hat*, wie etwa ein Bogen, Pfeile, ein Pflug, eine Harke, oder ein Haus. Aber der Mensch erzeugt die Materie ja garnicht; er formt sie lediglich. Nichtsdestoweniger läuft die Praxis, obwohl der Mensch das Holz, aus dem er einen Bogen, ein Bett, einen Tisch, Stühle, oder einen Eimer hergestellt hat, nicht erzeugt hat, darauf hinaus, daß der Stoff der Form folgt und das durch Arbeit erworbene Eigentum auch das Eigentum am Stoff einbegreift. Man unterstellt, daß letzterer allen Menschen zur Verfügung steht, daß er keinem Menschen fehlt und daß jeder Mensch ihn sich aneignen kann.

Dieser Grundsatz, daß die Form den Stoff mitnimmt, läßt der sich auch auf urbar gemachtes Land anwenden? Man legt ja sehr schön dar, daß der Produzent ein Recht auf sein Produkt hat und der Bauer auf die Feldfrüchte, die er erzeugt hat. Ebenso legt man dar, daß der Erzeuger natürlich seinen Verbrauch einschränken, ein Kapital bilden und über dieses ganz nach seinem Belieben verfügen kann. Aber daraus kann kein Grundeigentum entstehen; das ist nämlich ein ganz neuer Tatbestand, der die Grenze des Rechts des Erzeugers überschreitet; denn der erzeugt ja den Boden nicht, der für alle Menschen da ist. Und weiter legt man dar, daß derjenige, der den Boden aufbereitet, gelockert, trocken gelegt, kurz: urbar gemacht hat, Recht auf eine Entlohnung, auf eine Entschädigung hat; man wird darlegen, daß diese Entschädigung nicht in einer ausgezahlten Summe bestehen muß, sondern stattdessen in dem Vorrecht bestehen kann, auf den urbar gemachten Boden im Verlauf einer gegebenen Frist Saaten auszubringen. Gehen wir bis zum Äußersten: Man wird schließlich ausführen, daß jedes Jahr Bodenbestellung, die ja auch vielfache Meliorierung einschließt, für den Landwirt das Recht auf immer neue Entschädigung mit sich bringt. Sei´s drum! auch das ist noch lange kein Eigentum. Die Pachtverträge auf 9, 12, oder 30 Jahre können all´ dem zugunsten des Pächters Rechnung tragen, dem gegenüber der Eigentümer das öffentliche Eigentum repräsentiert. Die Grundherrschaft der slavischen Gemeinde trägt all´ dem ebenfalls Rechnung zugunsten des Teilpachtbauern; dem Recht ist Genüge getan, die Arbeit wird vergütet: da gibt es überhaupt kein Eigentum. Das römische Recht und der Code civil haben einen ganz klaren Unterschied gemacht zwischen Nutzungs-, Nießbrauchs-, Wohn-, Bewirtschaftungs- und Besitzrechten. Warum aber neigen die Wirtschaftswissenschaftler immer wieder dazu, sie mit dem Eigentumsrecht zu verwechseln? Was bedeuten der bukolische Stil von Herrn Thiers[185] und die ganze, wirklich dumme Deklamiererei dieser Ökonomenclique?

Die Volkswirtschaft weiß ebenso wie das Recht nichts von einem Staatsgut und existiert völlig außerhalb des Eigentums: mit ihrer Vorstellung von Wert, Lohn, Arbeit, von Produkt, Tausch, Zirkulation, von Rente, Kauf und Verkauf, von Geld, Steuer, Kredit, von Bevölkerungstheorie, Monopol, Patenten und Autorenrechten, von Versicherungen, von öffentlichen Dienstleistungen, Handelsgesellschaft usw. Familien- und Staatsbürgerverhältnisse brauchen das Eigentum auch nicht; öffentliches Eigentum kann der Gemeinde und dem Staat vorbehalten bleiben; dann wird die Grundrente zur Steuer; der Landwirt wird Besitzer; er ist besser dran, als ein Pächter, besser dran, als ein Halbpächter; die Freiheit und die Individualität erfreuen sich dann der gleichen Garantien.

Man verstehe mich recht: die Menschheit selbst ist nicht Eigentümerin der Erde: wie könnte sich denn auch eine Nation, wie eine Privatperson zum Souverän des Stückchens Land erklären, das ihr zuteil geworden ist? Es ist doch nicht die Menschheit, die den Boden erschaffen hat: Mensch und Erde sind vielmehr füreinander geschaffen worden und unterstehen beide einer höheren Instanz. Wir haben sie, diese Erde, zur Pacht und Nutznießung erhalten; sie ist uns gegeben worden, damit wir sie solidarisch und individuell in gemeinsamer und persönlicher Verantwortung besitzen und bewirtschaften. Wir sollen sie nicht willkürlich bebauen, besitzen und genießen, sondern gemäß gewissen *Regeln*, die das Gewissen und die Vernunft erschließen, und zu einem *Zweck*, der über unser bloßes Belieben weit hinaus reicht: *Regeln* und ein *Zweck*, die jeden Absolutismus auf un-

185 s. zu ihm o. Anm. 121.

serer Seite ausschließen und die Verfügung über Grund und Boden (le domaine terrien) sogar noch über uns stellen. Der Mensch, hat einer unserer Bischöfe einmal gesagt, ist der *Werkmeister des Globus*. Dieses Wort ist oft lobend erwähnt worden. Nun, es besagt nichts anderes, als das, was ich eben gesagt habe, nämlich daß das Eigentum über der Menschheit steht, über - menschlich ist, und daß jede Zuweisung dieser Art an uns arme Geschöpfe eine widerrechtliche Aneignung ist.

Alle unsere Argumente zugunsten eines Eigentums, d. h. zugunsten einer herausragenden Herrschaft über Sachen, laufen letztlich nur darauf hinaus, den Besitz zu beweisen, den Nießbrauch, die Nutzung, das Recht, zu leben und zu arbeiten, nichts weiter.

Man muß immer dahin kommen, zu schließen, daß das Eigentum eine *echte legale Fiktion* ist; es könnte höchstens geschehen, daß diese Fiktion in ihren Beweggründen so geartet wäre, daß wir sie als legitim ansehen müßten. Andernfalls verlassen wir das Besitzrecht nicht, und unsere ganze Argumentation ist sophistisch, ja unehrenhaft. Es könnte sein, daß diese Fiktion, die uns empört, weil wir ihre Bedeutung nicht herausbekommen, so erhaben, so einleuchtend und in so hohem Maße gerecht ist, daß keines unserer wirklichsten, positivsten, unmittelbarsten und immanentesten Rechte an sie heranreicht und daß diese Rechte selbst nur mit Hilfe dieses Schlußsteins, nämlich einer echten Fiktion, Bestand haben könnten.

Das Eigentumsprinzip, jenseits aller Gesetze, über jede Rechtsprechung erhaben, gegen die Wirtschaft gerichtet und über allen Menschen stehend, ist nichtsdestoweniger ein spontanes Erzeugnis des Gruppenwesens (Être collectif) und der Gesellschaft, und es obliegt uns, wenn schon nicht eine vollständige Rechtfertigung, so doch wenigstens eine Erklärung dafür zu finden.

Das Eigentumsrecht ist absolut, *jus utendi et abutendi*, das Recht, zu gebrauchen und zu mißbrauchen. Es steht einem anderen Absolutum gegenüber, der Regierung, die anfängt, ihrem Widersacher die Einschränkung *quatenus juris ratio patitur* aufzuerlegen, „soweit es nach Maßgabe des Rechts zulässig ist“. Von der Raison des Rechts zur Staatsraison ist es nur ein Schritt: Wir sind ständig durch Usurpation und Despotismus gefährdet. Die Rechtfertigung des Eigentums, die wir vergeblich in seinen Ursprüngen gesucht haben, nämlich Erstbesetzung, Ersitzung, Eroberung und Aneignung durch Arbeit, wir finden sie in seinen *Zwecken*: es ist nämlich im wesentlichen politisch. Da, wo öffentliches Eigentum (domaine) der Gruppe gehört, etwa einem Senat, oder einer Aristokratie, einem Fürsten, oder gar einem Kaiser, da gibt es nur ein Feudalwesen, Vasallität, Hierarchie und Unterordnung, folglich keine Freiheit und auch keine Autonomie. Eben um das Bündel der GRUPPENSOUVERÄNITÄT (SOUVERAINETÉ COLLECTIVE) zu zerbrechen, das so fürchterlich maßlos ist, hat man gegen sie die Herrschaft des Eigentums (le domaine de propriété) errichtet, das Wahrzeichen der Souveränität des Bürgers (citoyen); ist diese Herrschaft dem einzelnen Menschen zugeteilt worden, während der Staat nur diejenigen Teile behält, die aufgrund ihrer Bestimmung unteilbar und gemeinschaftlich sind: etwa Wasserläufe, Seen, Teiche, Straßen, öffentliche Plätze, Brachland, nicht bewirtschaftete Gebirge, Wälder, Wüsten und alles, was nicht angeeignet werden kann. Und um Fortbewegung und Verkehr immer mehr zu erleichtern, hat man den Boden beweglich, veräußerbar und teilbar gemacht, nachdem man ihn zuvor vererbbar gemacht hat. Das allodiale Eigentum ist Ausdruck einer Zergliederung der Souveränität und eben deswegen ist es der Staatsmacht und auch der Demokratie besonders verhaßt. Der ersteren ist es wegen seiner Allmacht verhaßt; es ist ein Feind der Autokratie, wie die Freiheit eine Feindin der Autorität ist; und es paßt auch den Demokraten nicht, da die ja alle geradezu vom Einheits-, Zentralisierungs- und Absolutismusfieber befallen sind. Das Volk freut sich immer, wenn es sieht, wie man gegen die Eigentümer zu Felde zieht. Und dennoch ist das Freigut (alleu) die Grundlage der Republik.

Der Aufbau einer Republik - man erlaube mir wenigstens, dieses Wort in seinem eindeutig rechtlichen Sinne zu verwenden - ist die Bedingung *sine qua non* des öffentlichen Wohlergehens. General Lafayette hat einmal gesagt und dabei auf Louis-Philippe gezeigt: „Er ist die bestmögliche Republik"; damit war das konstitutionelle Königtum definiert: „Eine von republikanischen Institutionen umgebene Monarchie." Das Wort „Republik" an sich reizt also keineswegs zu Aufständen an; vielmehr entspricht es den Einsichten der Wissenschaft und befriedigt politische Wünsche.

Die unmittelbaren Folgen des allodialen Eigentums sind: 1. die Verwaltung der Gemeinde durch die in einem Rat vereinten Eigentümer, Bauern und Arbeiter (ouvriers), also die Unabhängigkeit der Gemeinde und deren Verfügung über alles, was ihr Eigentum ist; und 2. die Verwaltung der Provinz durch deren Bewohner: daher die Dezentralisierung und der Keim der Föderation. Die Aufgabe eines Königs, im System einer Verfassung definiert, wird hier durch die über Eigentum verfügenden Bürger (citoyens propriétaires) ersetzt, die alle ein offenes Auge auf die öffentlichen Angelegenheiten haben: irgendeine Vermittlung braucht man da überhaupt nicht mehr.

Feudales Eigentum wird dagegen niemals eine Republik hervorbringen; und umgekehrt wird eine Republik, die das Freigut wieder ins Lehen zurückfallen läßt, die das Eigentum wieder in slavischen Mitbesitz überführt, untergehen; denn sie wird sich in eine Autokratie umwandeln.

Ebenso wird wirkliches Eigentum keine Monarchie entstehen lassen, und eine Monarchie kein wirkliches Eigentum. Träte das Gegenteil ein, wählte eine Ansammlung von Eigentümern ein Oberhaupt, dann würden sie eben damit auf ihren Anteil an Souveränität verzichten, und früher, oder später würde das Prinzip „Eigentum" unter ihren Händen verkommen; und brächte eine Monarchie Eigentümer hervor, dann würde sie folgerichtig abdanken, sich selbst zerstören, es sei denn, sie wandelte sich freiwillig in ein konstitutionelles Königtum um, das eher nominell, denn tatsächlich wirksam wäre und dabei die Eigentümer vertreten würde. Das hat man ja in Frankreich gesehen, als unter Louis-Philippe Liberale und Republikaner den *Lokalpatriotismus* bekriegten. Damit erwies man der Sache des Königtums einen Dienst.

So erfahren meine ganze frühere Kritik und alle auf Gleichheit abzielenden Schlußfolgerungen, die ich aus ihr abgeleitet habe, eine glänzende Bestätigung.

Das Eigentumsprinzip steht außerhalb von Recht und Gesetz, ist seinem Wesen nach absolutistisch und bis hin zu einer zum Himmel schreienden Ungerechtigkeit egoistisch: *aber, das muß so sein.*

Es hat zum Gegengewicht die Staatsraison, die ihrerseits absolutistisch ist, jenseits des Gesetzes steht, freiheitsfeindlich ist und bis hin zur Unterdrückung regiert: *aber, das muß so sein.*

Voilà, so wird in den vorausschauenden Plänen der universal wirkenden Vernunft das seinem Wesen nach usurpatorische und unredliche Prinzip „Egoismus" zu einem Instrument von Recht und Ordnung, und zwar so weit, daß Eigentum und Recht zwei voneinander untrennbare, ja fast synonyme Ideen werden. Eigentum ist idealisierter, geheiligter und mit einem politischen sowie rechtlichen Auftrag ausgestatteter Egoismus.

All´ das muß so sein: weil das Recht nie mehr geachtet wird, als wenn es im Egoismus und im Zusammenschluß von Egoismen einen Verteidiger findet. Und nie wird die Freiheit sich gegen die Staatsmacht schützen können, wenn sie über kein Mittel zum Schutz verfügt, wenn sie nicht ihre uneinnehmbare Festung hat.

Der Leser hüte sich davor, in diesem Antagonismus und in diesen Ausgleichsprozessen bloß eine Gedankenspielerei von mir zu sehen. Ich weiß, daß eine vereinfachende Theorie, wie der Kommunismus (communisme) bzw. der Absolutismus des Staates, viel leichter zu begreifen ist, als die Beschäftigung mit den Antinomien. Aber, daran bin doch nicht ich schuld, der ich doch nur ein bloßer Beobachter und Erforscher von Reihen (de séries) bin. Ich höre gewisse Reformer sagen: Machen wir doch endlich Schluß mit all´ diesen Komplikationen aus Autorität, Freiheit, Besitz, Konkurrenz, Monopol, Steuer, Handelsbilanz und öffentlichen Dienstleistungen; entwerfen wir vielmehr den Plan einer einförmigen Gesellschaft, und alles wird einfach; Ende gut, Alles gut. Sie reden, wie ein Arzt, der vielleicht sagen könnte: mit dem Körper kommt man ja garnicht zurecht bei all´ seinen so verschiedenen Teilen, als da sind: Knochen, Muskeln, Sehnen, Nerven, Eingeweide, Blut in Arterien und in Venen, Magensaft und Flüssigkeit der Bauchspeicheldrüse, Darmlymphe, Tränenflüssigkeit, Gelenkschmiere, Gas und sonstige flüssige und feste Bestandteile. Reduzieren wir ihn doch einfach auf einen einzigen Stoff, der fest und widerstandsfähig ist, die Knochen zum Beispiel; dann werden Hygiene und Heilkunde doch zu einem Kinderspiel. - Na gut, nur kann man ja aus der Gesellschaft ebenso wenig wie aus dem menschlichen Körper lauter Knochen machen. Unser gesellschaftliches System ist eben kompliziert, viel komplizierter, als man früher geglaubt hat. Wenn uns aber nun heute alle seine Gegebenheiten bekannt sind, dann müssen die gemäß ihren jeweils eigenen Gesetzmäßigkeiten koordiniert und synthetisiert werden. Da offenbart sich dann plötzlich ein Denken, ein Innenleben der Gesellschaft, das sich außerhalb der Gesetze der Geometrie und der Mechanik entwickelt; das man nicht gut mit der schnellen, einförmigen und unfehlbaren Bewegung einer Kristallisierung gleichsetzen kann; das die gewöhnliche, syllogistische, fatalistische Einheitslogik nicht erklären kann, das einem aber mit Hilfe einer weiter ausholenden Philosophie erstaunlich klar wird, die in einem System die Pluralität von Prinzipien zuläßt, den Kampf zwischen Elementen, die Gegenüberstellung von Gegensätzen und die Synthese aller seiner Elemente, die undefinierbar und absolut sind.

Da wir ja nun wissen, daß es verschiedene Grade im Auffassungsvermögen gibt, wie auch in der Körperkraft; Grade beim Gedächtnis, der Reflexion, der Bildung von Ideen (idéalisation) und der Erfindungskraft; Grade in der Liebe und beim Denken; Grade in der Einfühlsamkeit; ja sogar Grade im *Ich* bzw. im Bewußtsein; und da es unmöglich ist, zu sagen, wo das beginnt, was wir „Seele" nennen, und wo sie endet - warum sollten wir uns da eigentlich weigern, zuzugeben, daß die gesellschaftlichen Grundsätze, die so gut miteinander verknüpft, so gut durchdacht sind, in denen so viel Vernunft, Voraussicht, Gefühl, Leidenschaft und Gerechtigkeit sichtbar wird, Anzeichen eines wirklichen Lebens, eines höheren Denkens und einer Vernunft sind, die etwas anderes ist, als die Unsrige?

Wenn dem so ist, warum sollten wir dann nicht in diesen Tatsachen den Vollzug der *unmittelbaren Erschaffung der Gesellschaft durch sich selbst* sehen können, die sich aus der bloßen Annäherung der Elemente aneinander und aus dem Spiel der Kräfte ergibt, die beide konstitutiv für Gesellschaft sind?

Damit haben wir überraschenderweise eine ganz besondere Logik entdeckt und Regeln des Verhaltens, die nicht diejenigen unserer individuellen Vernunft sind, obwohl diese es durch das Studium der Gesellschaft erreicht, jene zu entdecken und sich anzueignen. Es gibt also einen Unterschied zwischen der *Vernunft des einzelnen Menschen* und der *Vernunft der Gesellschaft*.

Weiterhin haben wir dank dem Eigentum und seinen Begleiterscheinungen noch ein anderes Phänomen, ein anderes Gesetz beobachten können, nämlich das Gesetz der freien Kräfte, die kommen und gehen, der asymptotischen Annäherungen, der Reichweite von Aktion und Reaktion, einer naturgegebenen Elastizität und einer alles durchschwingenden Energie (diapason étendu), die dem Leben, der Freiheit und der Phantasie eigentümlich ist. Eigentum und Regierung sind zwei spontane Schöpfungen eines Gesetzes der Immanenz, das sich der Idee einer *Initiierung von außen* verweigert, deren Annahme zufolge ja jede menschliche Gruppe einen besonderen Initiator nötig hat, so, wie ein Erzbischof einen Bischof einsetzt, dieser wiederum dem Priester seine Hände auflegt, der schließlich seinerseits seine Schäflein verwaltet.

Wenn wir dies einmal verstanden haben, werden wir bemerken, daß die allgemeinen Gesetze der Geschichte die gleichen sind, wie die der Organisation einer Gesellschaft. Die Geschichte des Eigentums bei einem Volk schreiben heißt, sagen, wie es die Krisen seiner Ausbildung zu einem politischen Gemeinwesen gemeistert hat, wie es seine Regierungen und deren Organe hervorgebracht hat, wie es die in ihm wirkenden Kräfte in ein Gleichgewicht gebracht hat, seine Interessen Regelungen unterzogen und seine Bürger mit Einkommensmöglichkeiten ausgestattet hat; wie es gelebt hat und gestorben ist. Das Eigentum ist das fundamentalste Prinzip, mit dessen Hilfe man die Revolutionen der Geschichte erklären kann. Es hat noch nicht unter den Bedingungen existiert, unter die die Theorie es stellt; noch keine Nation ist bisher dieser Einrichtung gewachsen gewesen; aber, obwohl abwesend, lenkt es in Wirklichkeit die Geschichte, drängt die Völker, es so schnell, wie möglich anzuerkennen, und straft sie ab, wenn sie Verrat an ihm üben.

Das römische Recht hat das Eigentum nur unvollständig und einseitig erkannt. Zwar hat es die Souveränität des Bürgers über den ihm zuteil gewordenen Boden gut definiert; aber es hat die dabei gespielte Rolle des Staates überhaupt nicht erkannt und auch sein Recht nicht bestimmt. Das römische Eigentum ist das vom Gesellschaftsvertrag unabhängige Eigentum, absolut, weder solidarisch, noch wechselseitig, dem öffentlichen Recht vorhergehend und sogar über ihm stehend, ein Ich-bezogenes, lasterhaftes und ungerechtes Eigentum, das die Kirche zu Recht verurteilt hat. Die Republik und das Kaiserreich sind nacheinander gestürzt, weil das Patriziat das Eigentum für sich allein haben wollte; weil die Plebs es nach ihrem Sieg nicht für sich selbst zu erwerben und zu nutzen sowie zu festigen verstanden hat; und weil schließlich Sklaverei und Kolonat alles verdorben haben. Im übrigen sind alle Arten von Despotismus und von Aristokratie seit dem Ende des Weströmischen Reiches bis auf den heutigen Tag vom allodialen Eigentum überwunden worden. Das vom Adligen den Städten, den Bürgerlichen überlassene allodiale Eigentum hat die Macht der Grundherren erstickt und schließlich 1789 das Lehnsgut verschlungen; - es ist genau das Eigentumsprinzip, das sich, nachdem es vom polnischen Adligen, der es anfänglich nur zur Nutznießung besessen hatte, mir nichts, dir nichts angeeignet worden war, gegen ihn gewendet und schließlich dazu geführt hat, daß er seine Nationalität verlor; und das 1846 Anlaß zu den Massakern von Galizien gegeben hat.[186]

Stocksteif hat sich England gegen das Allod-Prinzip gestellt, als es, dem Beispiel des römischen Patriziats folgend, lieber die ganze Welt seinen arbeitenden Menschen (travailleurs) zum Fraße vorwarf, als Grund und Boden aufzuteilen und zu mobilisieren und so das Eigentum in ein Gleichgewicht zu bringen.

Das Prinzip eines synthetischen, allodialen bzw. in ein Gleichgewicht gebrachten Eigentums sollte das Frankreich von ´89 Schritt für Schritt zu einer gleichheitlichen Republik hinführen, mit, oder ohne Dynastie; wobei das dynastische Prinzip in Frankreich, wie in England, aber nach einem anderen System, in eine untergeordnete Stellung gebracht werden sollte. Im Jahr 1830 hat man einen Augenblick sogar darauf hoffen können. Unglücklicherweise hatten die von den englischen Ideen voreingenommenen Geister nicht die grundlegende Verschiedenartigkeit begriffen, welche die französische Verfassung, deren Grundlage das Freigut war, von der engli-

186 Anspielung auf den im Frühjahr 1846 unternommenen und niedergeschlagenen polnischen Aufstand in dem bei der ersten Polnischen Teilung 1772 von Österreich annektierten Teil Galiziens.

schen unterschied, die auf dem Lehen beruhte. Sieyès[187] ist es gewesen, einer unserer am gründlichsten nachdenkenden Politiker, der diesen Irrtum verbreitet hat. Die Idee von zwei Kammern hat da vorgeherrscht, wo man in Wirklichkeit nur eine brauchte; Napoleon hat sie in seinem Senat und in seiner Gesetzgebenden Versammlung aufgenommen; er hat Majorate und Adelsbriefe geschaffen. 1814 hat dann diesen, inzwischen in die Jahre gekommenen Irrtum in seiner Pairskammer und seiner Abgeordnetenkammer noch einmal begangen.

Dann hat man einen Wahlzensus eingerichtet sowie große und kleine Wahlkollegien, was Eigentum großen und kleinen Ausmaßes zur Voraussetzung hatte;[188] unmerklich häufte sich Grund und Boden von neuem an, während er in der Unterklasse (classe inférieure) bis zum äußersten zerstückelt wurde, und erneut bildete sich mit Hilfe der gewerblichen Kapitale großes Eigentum aus; danach kam das Feudalwesen der Finanzen, der Fabriken, der Transporteure, des Bergbaus und der Juden; sodaß sich Frankreich heute nicht mehr wiedererkennt; die einen sagen sich, daß die aus England eingeführte verfassungsmäßige Staatsform nicht für Frankreich gemacht sei; die anderen fordern ihr bürgerliches Königtum von 1830 zurück; die kleine Zahl derer, die auf der Republik beharren und nur *eine einzige Kammer* haben wollen, kennt den Grund ihres Begehrs selbst nicht und weiß nicht einmal, welches die Prinzipien einer Regierung der Revolution sind.

Das Eigentum hat in der Geschichte viele Phasen durchlaufen, in denen es an Glanz verloren hat, bei den Römern, den Barbaren, in den Jahrhunderten der Neuzeit und auch heutzutage. Die Ursache dieser Schwäche finden wir in der Unwissenheit, der Unerfahrenheit und vor allem in der Unwürdigkeit der Eigentümer. In Rom schlagen die Habgier der Adligen, ihr verblendeter Widerstand gegen die legitimen Forderungen des Volkes und die Entartung der Plebejer, die das Räuberwesen der Armeen, die Plünderungen im Kriege und die kaiserlichen Unterhaltsgelder der Landwirtschaft vorziehen, zusammen mit dem Eigentum das Recht, die Freiheiten und ihren nationalen Charakter kurz und klein. Im Mittelalter wirft die feudale Unterdrückung alle kleinen Inhaber eines Freiguts in das Lehnsgut zurück. Das für mehr, als tausend Jahre verschwundene Eigentum erscheint erneut

---

187 Emmanuel-Joseph, Abbé de Sieyès (1748-1836), seit 1809 Graf, Wortführer des Dritten Standes, der 1789 die bürgerlichen Abgeordneten der Generalstände veranlaßte, sich zur Nationalversammlung zu konstituieren.

188 Anspielung auf das 1802 eingerichtete Zensuswahlrecht; s. hierzu Jean *Tulard*: Frankreich im Zeitalter der Revolutionen 1789-1851, Deutsche Verlagsanstalt, Stuttgart 1989, S. 204, 295 (= Geschichte Frankreichs hsg. v. Jean *Favier*, Bd. 4).

mit der Französischen Revolution. Die Periode seines Aufstiegs hört jedoch mit dem Ende der Herrschaft Louis-Philipps wieder auf; seit dieser Zeit befindet es sich im Niedergang; erbärmlich!

Die unwürdigen Eigentümer, das ist die Masse, vor allem die auf dem Lande. Die Revolution hat, als sie die Kirchengüter und die Güter der Emigrierten verkaufte, eine neue Klasse von Eigentümern geschaffen; denn sie hat geglaubt, damit ihr Interesse an der Freiheit zu wecken. Aber, nichts dergleichen: sie hat lediglich ihr Interesse daran geweckt, daß die Emigrierten und die Bourbonen nicht wieder zurückkommen. Voilà, das war´s. Und zu diesem Zweck haben die Nutznießer dieser Verkäufe nichts besseres im Sinne gehabt, als sich einen Oberherrn zu geben, Napoleon. Und als der Milde walten ließ und den Emigrierten erlaubte, zurückzukehren, da rechneten ihm die neuen Eigentümer das als Verbrechen an: denn für sie konnten die Alteigentümer doch eigentlich nie weit genug weg sein.

Das durch die Revolution geschaffene Eigentum versteht sich selbst nicht mehr als eine ein Gegengewicht zum Staat bildende Institution, die eine Garantie der Freiheit und der guten Verwaltung ist. Vielmehr betrachtet es sich, seitdem durch Gewohnheit dazu gebracht, als Privileg, Nutznießung und neue Aristokratie, die, durch die Teilhabe an Ämtern und folglich an Steuern, mit der Staatsmacht verbündet und auf diese Weise auch an der Ausbeutung der Massen interessiert ist. Es hat sich nie um etwas anderes, als um seine Beute gekümmert. Es herrscht völliges Chaos, und man kann keinem politischen System im besonderen die Schuld daran geben. Es ist der Gesetzgeber von ´89, dem es an Voraussicht gefehlt hat; es sind die neuen Eigentümer, die Erwerber von Nationalgütern, die, als sie zu Napoleon sagten: *Herrsche und regiere, wenn wir nur Nutzen daraus ziehen können*, charakterlos waren und jeden Sinn für das Gemeinwesen vermissen ließen. Unter der Restauration hat es eine Neigung zu Reformen gegeben; das Bürgertum ist in Opposition zum Staat gegangen, wohin es auch gehört, und hat gegen ihn Front gemacht, aber nur mal so,so - la,la: in den Bourbonen sah man Fürsten des Ancien régime; man bekämpfte sie, um weiter gute Geschäfte machen zu können, und als die Julirevolution von 1830 die Dynastie ausgewechselt hatte, hat sich das Eigentum der Staatsmacht hingegeben. Mit ihr war man schnell handelseinig geworden: das Bürgertum bewilligte durch seine Abgeordneten die Steuern, von denen neun Zehntel auf dem Wege über Ämter und Anstellungen wieder in seine Taschen zurück flossen. Es hat die Korruption zum System erhoben und das Eigentum durch die Börsenspekulation entehrt; es wollte Bankprofite mit Renteneinkommen verbinden; es hat staatlichen Bezügen sowie Gewinnen aus gewerblicher Tätigkeit und Börsenspekulation den Vorzug gegeben gegenüber landwirtschaftlicher Erzeugung, sei es durch eigene Arbeit, sei es durch gute Bewirtschaftung; es hat sich durch Steuern niederdrücken lassen; es hat zugelassen, daß Fabrikation und Handel ein Übergewicht bekamen, und jetzt ist es Sklave der großen Gesellschaften.

Ein ganz wichtiger Punkt, den man nicht vergessen darf, ist der, daß der Bürger (citoyen) vermöge des föderativen Vertrages, der ihm Eigentum zugesteht, zwei einander widersprechende Pflichten in sich vereint: einerseits nämlich muß er dem Gesetz seines Interesses Folge leisten, andererseits muß er aber auch, als Glied des Gesellschaftskörpers, darüber wachen, daß sein Eigentum der öffentlichen Sache keinen Schaden zufügt. Kurz gesagt, er ist sowohl zum Polizisten, als auch zum Aufseher über sich selbst bestellt. Diese zwiefache Eigenschaft ist für die Errichtung der Freiheit wesentlich: ohne sie fällt jeder gesellschaftliche Aufbau in sich zusammen, und man muß dann zu dem autoritären Polizei - Prinzip zurückkehren. Und was ist mit der öffentlichen Moral bei all´ dem?

Wir haben einmal eine gesetzliche Regelung des Bäckerhandwerks gehabt. Nun, die hätten wir nicht gebraucht, wenn der gesellschaftliche Körper so organisiert worden wäre, daß die Fabrikation des Brotes und der Handel mit ihm sowie der Verkauf der verschiedenen Getreidesorten wahrheitsgetreu und redlich gewesen wären. Das aber findet nicht statt und wird nicht stattfinden, solange unsere Sitten nicht erneuert werden. Diese Regelung hat übrigens nie etwas gegen die Auswirkungen eines Hungerpaktes ausrichten gekonnt, der heute genauso, wie vor ´89, eine Realität ist.[189] Man hat das Fleischerhandwerk reglementiert, das Kadaver als Frischfleisch verkauft und Pferde als Rinder, und hat die Märkte reguliert: Maße und Gewichte, Qualität und Quantität. Gemüse, Obst, Geflügel, Fisch, Wildpret, Butter und andere Milchprodukte, alles ist mangelhaft und überteuert. Dagegen gibt es kein anderes Mittel, als Bestrafung, solange das öffentliche Gewissen nicht reformiert worden ist, solange, aufgrund dieser Reform, der Bürger als Erzeuger und Verkäufer nicht sein eigener und strengster Überwacher geworden ist. Kann das geschehen, ja, oder nein? Kann das Eigentum heilig werden? Die Verurteilung, mit der das Evangelium es geschlagen hat, kann die niemals mehr aufgehoben werden? Im ersten Fall

189 Anspielung auf eine angeblich bestehende Vereinbarung zwischen Financiers, die im Verlauf des 18. Jahrhunderts ein Getreidemonopol errichtet hatten, das bis zum Ausbruch der Französischen Revolution von 1789 bestanden haben soll; s. Trésor de la Langue Française informatisé (TLFi): „pacte“, „famine“; s. auch Jean *Tulard* a.a.O. (s.o. Anm. 188), S. 38-41.

können wir frei sein; im zweiten können wir nur resignieren; dann aber sind wir schicksalhaft und für immer unter dem zwiefachen Gesetz des Kaiserreiches und der Kirche, und all´ unsere Bekundungen eines Liberalismus´ sind reine Heuchelei und vermehren nur unser Elend.

Letzten Endes geht es darum, ob das französische Volk in der Lage ist, wirkliche Eigentümer hervorzubringen. Sicher ist, daß das Eigentum bei uns neu gestaltet werden muß. Ein Element dieser Erneuerung besteht, zusammen mit der Revolutionierung der Sitten, von der wir eben gesprochen haben, darin, daß das Eigentum in einen Gleichgewichtszustand versetzt werden muß (équilibration).

Jede Einrichtung von Grundeigentum setzt voraus 1. entweder eine gleichmäßige Verteilung der Ländereien unter deren Inhabern, oder 2. einen gleichwertigen Ersatz für diejenigen, die keinerlei Grund und Boden zu eigen haben. Aber, das ist eine bloße Annahme, denn Gleichheit des Eigentums ist ja gar keine von Anfang an vorgefundene Tatsache; sie ist ein Ziel dieser Einrichtung, kein in ihr ursprünglich vorhandenes Element. Zunächst haben wir darauf aufmerksam gemacht, daß das Eigentum, eben weil es mißbraucht werden kann, weil es absolutistisch ist und den Egoismus zur Grundlage hat, notwendigerweise dahin tendieren muß, begrenzt zu werden, in einen Wettbewerb mit sich selbst zu treten und folglich zu einem Gleichgewicht mit sich selbst zu kommen. Es tendiert hin zur Gleichheit der Lebens- und Vermögensverhältnisse. Gerade weil es absolut ist, weist es jede Vorstellung von Vernichtung seiner selbst weit von sich. Behalten wir das immer genau im Auge.

Das Eigentum bemißt sich nicht nach Verdienst, denn es ist weder Lohn, noch Entschädigung, weder ein Orden, noch ein Ehrentitel; es bemißt sich auch nicht nach der Macht eines einzelnen Menschen, weil Arbeit, Produktion, Kredit und Tausch es überhaupt nicht erfordern. Vielmehr ist es eine unentgeltliche Gabe, die dem Menschen überreicht wird, um ihn gegen jeglichen Eingriff staatlicher Macht und gegen Übergriffe seitens seiner Mitmenschen zu schützen. Es ist der Brustpanzer seiner Persönlichkeit und der Gleichheit, unabhängig von Unterschieden in Talent, Charakter, Kraft, Geschicklichkeit usw.

„Unterstellen wir einmal“, sagte ich im Jahre 1840, „daß die tägliche gesellschaftliche Arbeit in Form von Hacken, Jäten und Ernten, sagen wir auf 200 Quadratmetern (deux décamètres carrés), bewertet wird und die durchschnittliche Zeit, die zu ihrer Erledigung benötigt wird, sieben Stunden dauert: ein Arbeiter (travailleur) wird sie vielleicht in sechs Stunden beendet haben, ein anderer erst in acht Stunden, die meisten werden jedoch sieben Stunden brauchen; aber, vorausgesetzt, jeder bringt die erforderte Menge an Arbeit auf, wieviel Zeit er auch darauf verwendet, er hat ein Recht auf gleichen Lohn. Soll etwa der Arbeiter, der in der Lage ist, seine Aufgabe in sechs Stunden zu erledigen, unter Hinweis auf seine Stärke und seine größere Tatkraft berechtigt sein, sich die Arbeit des am wenigsten fähigen Arbeiters unter den Nagel zu reißen und ihm so Arbeit und Brot wegzunehmen? Wer würde wagen, so etwas zu behaupten? ...[190] Wenn der Starke dem Schwachen zu Hilfe kommt, dann verdient seine Wohltätigkeit Lob und Zuneigung; seine Hilfe muß jedoch aus freien Stücken angenommen, nicht gewaltsam aufgezwungen und gegen Bezahlung geleistet werden." (Qu´est - ce que la Propriété ? 1 er mémoire).[191]

In einer staatskommunistischen Herrschaftsordnung braucht man Polizei und Amtsgewalt, um den Schwachen vor Übergriffen des Starken zu schützen; leider aber haben Polizei und Amtsgewalt, solange sie bestehen, immer nur zum Nutzen des Starken gedient und haben dessen Möglichkeiten widerrechtlicher Aneignung sogar noch vergrößert. Das absolute und unbezwingbare Eigentum schützt sich schon selbst. Es ist die Verteidigungswaffe des Bürgers (citoyen), sein Schild; die Arbeit ist sein Schwert.

Und eben deshalb paßt es für alle Menschen: für das unmündige Kind genauso wie für den volljährigen Erwachsenen, für den Schwarzen, wie für den Weißen, für den Spätentwickler, wie für den Frühreifen, für den Dummkopf, wie für den Gelehrten, für den Handwerker, wie für den Beamten, für den Arbeiter (ouvrier), wie für den Unternehmer, für den Bauern, wie für den Bürger (bourgeois) und für den Adligen. Und eben deshalb zieht die Kirche heute das Eigentum dem Lohn vor; und aus dem gleichen Grund fordert das Papsttum seinerseits die Souveränität zurück. Im Mittelalter waren alle Bischöfe souverän; alle waren bis 1789 auch Eigentümer; allein der Papst ist als Relikt übrig geblieben.

Das Gleichgewicht des Eigentums erfordert zusätzlich noch politische und ökonomische Garantien. *Eigentum - Staat*, das sind die zwei Pole der Gesellschaft. Die Theorie des Eigentums ist das Gegenstück zur Theorie der Rechtfertigung des sündigen Menschen durch die Sakramente.

---

190 Qu´est-ce que la propriété? l.c. (s.o. Anm. 21), éd. Lacroix, 1867, pp. 100-101; Was ist das Eigentum, Übs. von Alfons Fedor *Cohn*, 1896, Ausg. Verlag für Sammler, Graz 1971, besorgt von M. *Kramer* a.a.O. (s.o. Anm. 21), S. 98; „an Arbeit" („de travail) in éd. Lacroix p. 101 fehlt in Proudhons Zitat.

191 éd. Lacroix, 1867, p. 101; Übs. *Cohn*, 1896, S. 99.

Garantien des Eigentums gegen sich selbst sind:

1. kostenloser Kredit auf Gegenseitigkeit;
2. Steuer;
3. Speicher, Packhöfe, Märkte (s. meinen Entwurf für den *Palast der Weltausstellung*, S. 249);[192]
4. Versicherung auf Gegenseitigkeit und Handelsbilanz;
5. öffentliche, allgemeine und für alle Menschen gleiche Bildung;
6. Vereinigung gewerblicher und landwirtschaftlicher Betriebe;
7. Organisierung der öffentlichen Dienstleistungen: Kanäle, Eisenbahnen, Straßen, Häfen, Post, Telegraph, Trockenlegungs- und Bewässerungsmaßnahmen.

Garantien des Eigentums gegen den Staat sind:

1. Trennung und Aufteilung der Gewalten;
2. Gleichheit vor dem Gesetz;
3. Geschworenengerichte, Schöffen und Richter am Landgericht;
4. Pressefreiheit;
5. öffentliche Kontrolle;
6. föderale Organisation;
7. Organisation der Gemeinden und Provinzen.

Der Staat setzt sich zusammen aus: 1. der Föderation der Eigentümer gruppiert auf den Ebenen Bezirk, Departement und Provinz; 2. den Vereinigungen gewerblicher Betriebe, kleine Republiken arbeitender Menschen (petites républiques ouvrières); 3. öffentlichen Dienstleistungen (zum Selbstkostenpreis); 4. freien Handwerkern und Kaufleuten. Normalerweise soll die Zahl der Gewerbetreibenden, der Handwerker und der Kaufleute durch diejenige der Grundeigentümer bestimmt sein. Jedes Land soll von seiner eigenen Produktion leben; folglich muß die gewerbliche Produktion dem Überschuß an Lebensmitteln gleichkommen, der nicht von den Eigentümern verbraucht wird.

Allerdings gibt es Ausnahmen von dieser Regel: in England zum Beispiel überschreitet die gewerbliche Produktion dank dem Außenhandel das eben erwähnte Verhältnis. Aber das ist eine zeitlich begrenzte Anomalie; es sei denn, gewisse Völker seien für eine ewig andauernde Unterworfenheit bestimmt. Anderswo gibt es die Produktion außergewöhnlicher Erzeugnisse, die überall nachgefragt werden: etwa die von Pfirsichen, oder die eines Bergbaubetriebes. Aber, auf den gesamten Globus berechnet, ist das Ver-

192 s. Société de l´Exposition perpétuelle-Projet, Librairie Internationale, Paris-A. Lacroix, Verboeckhoven & Cie, Éditeurs, Bruxelles, Leipzig, Livourne 1866, pp. 249-308; Proudhons Seitenangabe läßt sich keiner Aussage dieses „Projet“ eindeutig zuordnen.

hältnis so, wie ich es weiter oben gesagt habe: der Lebensmittelanteil ist der Regulator; folglich ist die Landwirtschaft das ursprüngliche und alles entscheidende Gewerbe.

Als er das Grundeigentum eingerichtet hat, hat der Gesetzgeber nur eines gewollt: nämlich, daß das *Land* nicht in den Händen des Staates liegen soll, was einem gefährlichen Staatskommunismus gleichkäme, sondern in der Hand aller Menschen. Infolgedessen läuft die Entwicklung tendenziell, man sagt uns das ja ständig, auf ein Gleichgewicht der Eigentumsverhältnisse und letzten Endes auf ein Gleichgewicht der Lebens- und Vermögensverhältnisse hinaus.

So wird es dahin kommen, daß, gemäß den Regeln der Vereinigung gewerblicher Betriebe, die, über kurz, oder lang, mit Hilfe einer besseren Gesetzgebung sehr große Gewerbekomplexe umfassen wird, jeder arbeitende Mensch (travailleur) einmal über einen Teil des *Kapitals* verfügen wird.

So müssen einmal Alle, aufgrund des Gesetzes der Diffusion der Arbeit und aufgrund der Steuerabwälzung, ihren annähernd gleichen Anteil an öffentlichen Abgaben zahlen.

So wird einmal jeder Bürger (citoyen) aufgrund einer wirklich ernst zu nehmenden Organisation des allgemeinen Wahlrechts bei der Regierung seines Landes seine Hand im Spiel haben; so wird jeder Bürger mit Hilfe der Organisation des Kreditwesens auch den Geldumlauf mit beeinflussen und zugleich als Teilhafter und als Vollhafter sowie als Wechseldiskontierer und Bankier vor die Öffentlichkeit treten.

So wird jeder Bürger durch die Einziehung zum Wehrdienst seinen Teil zur Verteidigung beitragen und durch Bildung an Philosophie und Wissenschaft teilnehmen.

Und schließlich wird einmal jeder Bürger, aufgrund freier Forschung und unbehinderter Veröffentlichung ihrer Ergebnisse, ein Wort bei allen Ideen und Theorien mitzureden haben, die daraus hervorgehen können.

Die Menschheit schreitet in vielen Schritten der Annäherung vorwärts:

1. Annäherung an die Gleichheit von Fähigkeiten durch Bildung, Arbeitsteilung und durch die Entfaltung verborgener Anlagen;
2. Annäherung an die Gleichheit der Vermögensverhältnisse durch Freiheit von Handel und Gewerbe;
3. Annäherung an die gleichmäßige Verteilung der Steuerlast;
4. Annäherung an die gleichmäßige Verteilung von Eigentum;
5. Annäherung an die *An-Archie*;
6. Annäherung an die *Nicht-Religion* bzw. den Nicht-Mystizismus;
7. Unbegrenzter Fortschritt in der Wissenschaft, im Recht, in der Freiheit, der Ehre und der Gerechtigkeit.

In alledem liegt ein Beweis dafür vor, daß es kein DROHENDES SCHICKSAL (FATALITÉ) gibt, das die Gesellschaft lenkt; daß keine Geometrie und keine mathematischen Verhältnisse ihre Bewegungen regeln, wie das in der Mineralogie und in der Chemie geschieht; daß es da vielmehr ein Leben gibt, eine Seele und eine Freiheit, die sich genauen und fixen Maßregeln entzieht, welch letztere die Materie steuern. Der *Materialismus* ist, was die Gesellschaft betrifft, widersinnig.

So bleibt unsere Kritik gegenüber dieser großen Frage im Grunde genommen dieselbe, und auch unsere Schlußfolgerungen sind immer noch dieselben: wir wollen die *stets zunehmende Annäherung* an die Gleichheit der Lebens- und Vermögensverhältnisse, wie wir auch die immer stärkere Annäherung an eine gleiche Verteilung der Abgabenlast wollen. Wir weisen mit der manischen Anhänglichkeit an jede Art staatlicher Regierung (gouvernementalisme)[193] insbesondere den Kommunismus (communisme) in allen seinen Formen zurück; wir wollen die genaue Bestimmung der amtlichen Aufgaben und der Aufgaben jedes einzelnen Menschen sowie der öffentlichen und der freien Dienstleistungen. Unserer Meinung nach gibt es nur eines, was neu in unserer These ist: und zwar, daß wir dieses selbe Eigentum, dessen widersprüchlicher und schändlicher Ursprung einst unsere Mißbilligung hervorgerufen hat, heute in seinem vollen Umfang akzeptieren, aber nur mit dem gleichermaßen widersprüchlichen Vorbehalt: *Dominium est jus utendi et abutendi re sua, quatenus juris ratio patitur*. Wir haben schließlich verstanden, daß dieser Gegensatz zweier absoluter Prinzipien, von denen eines, für sich genommen, jeweils ohne Wenn und Aber zu verurteilen ist, die alle Zwei abgelehnt werden müßten, wenn sie getrennt voneinander aufträten, daß eben dieser Gegensatz genau die Grundlage der Volkswirtschaft (économie sociale) und des öffentlichen Rechts ist: wobei es unsere Aufgabe ist, diesen Gegensatz zu beherrschen und ihn sich gemäß den Gesetzen der Logik auswirken zu lassen.

Was taten die Verteidiger des Eigentums, die Ökonomen der Schule von Say und von Malthus?[194]

---

193 s. zu dieser Übersetzung Dictionnaire ... des Dictionnaires Français ... par Napoléon *Landais*, quatrième édition, tome premier, Paris, Didier Libraire-Éditeur ... 1840, p. 829: „gouvernementalisme ... système qui rapporte tout au *gouvernement* ... manie de *gouvernement*."

194 Jean-Baptiste Say (1767-1832), liberaler französischer Ökonom; Thomas Robert Malthus (1766-1834), englischer Bevölkerungstheoretiker.

Für sie war das Eigentum ein Sakrament, das ausschließlich durch sich selbst existiert, vor und über der Staatsraison und unabhängig vom Staat, den sie über alle Maßen herabsetzten.

Sie wollten also das Eigentum unabhängig vom Recht sein lassen, wie sie auch die Konkurrenz unabhängig vom Recht sein lassen wollen; Import- und Exportfreiheit unabhängig vom Recht; die Kommanditgesellschaft im Gewerbe, die Börse, die Bank, die Lohnabhängigkeit, die Pacht - alles unabhängig vom Recht. Das heißt, in ihren Theorien des Eigentums, der Konkurrenz und des Kredits genügt es ihnen nicht, unbegrenzte Freiheit und unbegrenzte Initiative zu verkünden, *die wir auch wollen*, nein, sie sehen darüber hinaus von jeglichen Gruppeninteressen ab, die doch das Recht ausmachen; denn sie begreifen nicht, daß die Volkswirtschaftslehre sich aus zwei grundlegenden Teilen zusammensetzt: nämlich aus der Beschreibung wirtschaftlicher Kräfte und Erscheinungen außerhalb des Rechts und deren Regulierung mit Hilfe des Rechts.

Wer würde wagen, zu sagen, daß die Versetzung des Eigentums in einen Gleichgewichtszustand, wie ich sie beabsichtige, gerade seine Zerstörung mit sich bringe. Was denn! Wird es etwa kein Eigentum mehr geben, nur weil der Pächter an Grundrente und Mehrwert teilhaben wird; weil die Rechte des Dritten, der gebaut und gepflanzt hat, bestätigt und anerkannt werden; weil das Eigentum am Boden nicht mehr zwangsläufig das Eigentum an dem nach sich zieht, was sich über und unter ihm befindet; weil der Vermieter im Falle der Insolvenz seines Mieters ohne Vorzugsbehandlung zusammen mit den anderen Gläubigern zur Aufteilung der Insolvenzmasse schreitet; weil es zwischen rechtmäßigen Inhabern Gleichheit und nicht mehr Hierarchie geben wird; weil der Eigentümer, anstatt in seinem Eigentum nur Nutznießung und Rente zu sehen, in ihm vielmehr ein Pfand seiner Unabhängigkeit und Würde erkennen wird; weil der Eigentümer, anstatt nur eine gemeine und lächerliche Person, ein Herr Philister (M. Prudhomme) bzw. ein Herr Jourdain[195] zu sein, ein Bürger mit Würde sein wird, der sich seiner Pflicht und seines Rechts bewußt ist, ein vorgeschobener Wachtposten der Freiheit gegen Despotismus und Usurpation? Das umgeformte, vermenschlichte und vom Recht jeden unverdienten Vorteils (droit d´aubaine) gereinigte Eigentum wird ganz ohne Zweifel nicht mehr das antike quiritische Verfügungsrecht (domaine quiritaire) sein; aber es wird auch nicht mehr oktroyierter, prekärer und provisorischer Besitz sein, der von Zinsbarkeit belastet, abgabepflichtig und Bedingungen unterworfen ist.

195 s. zu ihm o. Anm. 157.

Ich habe in dem vorliegenden Werk Überlegungen entwickelt, die das Eigentum verständlich, berechenbar und legitim machen und ohne die es widerrechtlich und widerwärtig bleibt.

Und selbst dabei behält es etwas Egoistisches an sich, was mir immer unsympathisch ist. Mein zur Gleichheit neigender und gegen den Staat gerichteter Verstand, ein Feind erbitterten Starrsinns und jeglichen Mißbrauchs von Gewalt, kann Eigentum als Schild und sicheren Hort für den Schwachen zulassen, ja sogar befürworten: aber eine Herzensangelegenheit wird es mir niemals sein. Was mich persönlich angeht, so brauche ich dieses Zugeständnis nicht, weder, um mein Brot zu verdienen, noch, um meine bürgerlichen Pflichten zu erfüllen, noch gar zu meiner Glückseligkeit. Ich brauche es auch nicht bei anderen Menschen anzutreffen, um ihrer Schwäche zu Hilfe zu kommen und ihr Recht zu achten. Ich spüre ein genügend starkes Selbstbewußtsein und ausreichende Geisteskraft in mir, um meine Beziehungen zu allen Mitmenschen angemessen zu gestalten; und wenn die Mehrheit meiner Mitbürger nur so wäre, wie ich, was sollten wir dann eigentlich mit dieser Einrichtung, dem Eigentum, anfangen? Wo gäbe es dann die Gefahr der Tyrannei? wo das Risiko des Ruins durch Konkurrenz und Freihandel? wo Bedrohung des kleinen Kindes, des Jugendlichen und des arbeitenden Erwachsenen? Und wo gäbe es dann noch das Bedürfnis, stolz, ehrgeizig und habgierig zu sein, das nur durch die Maßlosigkeit, sich Hab und Gut anderer Menschen anzueignen, befriedigt werden kann?

Ein kleines Haus zur Miete und ein Garten zu eigener Nutzung reichen mir völlig. Da ich keine Berufung in mir fühle, Land, oder einen Weinberg, oder Wiesen zu bewirtschaften, kann ich mit einem Park, oder einem großen Erbe nichts anfangen. Und wäre ich Landwirt und Winzer, so würde mir der slavische Besitz genügen: also der Anteil, der jedem Familienoberhaupt in jeder Gemeinde zugeteilt wird. Ich kann die Unverschämtheit von so einem Menschen nicht ertragen, der, auf dem Stück Land stehend, über das er nur aufgrund einer unentgeltlichen Konzession verfügt, einem verbietet, da durchzugehen, auf seinem Feld eine Kornblume zu pflücken, oder auch nur längs des Feldweges zu laufen.

Wenn ich all´ diese umzäunten Parzellen im Umland von Paris sehe, die einem den Blick in die Landschaft versperren und dem armen Fußgänger das Betreten des Bodens verwehren, dann steigt mir die Galle hoch. Und ich frage mich, ob das Eigentum, das so jeden bei sich einpfercht, nicht eher eine Enteignung, eine Vertreibung aus dem Lande ist. *Privateigentum*! Manchmal sehe ich dieses Wort in Großbuchstaben auf einem Schild am Anfang eines nicht gesperrten Durchgangs, das wie ein Wächter rumsteht, der einem verbietet, da durchzugehen. Ich gestehe, daß mein Gefühl für Menschenwürde sich voll Abscheu dagegen sträubt. Oh ja, bei so etwas fühle ich mich noch immer der Religion des Christus verbunden, die das Loslassen empfiehlt, Bescheidenheit predigt, Einfalt der Seele und Genügsamkeit des Herzens. Weg mit dem alten, unerbittlichen und habgierigen Patrizier, weg mit dem unverschämten Baron, mit dem gierigen Bourgeois und dem harten Bauern, *durus arator*. Deren Welt hasse ich; ich kann sie einfach nicht lieben, nicht mal mehr sehen. Sollte ich jemals ein Eigentümer sein, so will ich alles tun, damit Gott und die Menschen, vor allem die Armen, es mir verzeihen! ...

Nachtrag zu S. 158, Anm. 182:

Die folgenden Hinweise erheben nicht den Anspruch, vollständig zu sein. Sie sollen nur einer gewissen Konkretisierung von Proudhons bibliographischer Auflistung dienen. Die Jahreszahlen in Klammern hinter den Titeln geben die Daten der Erstveröffentlichung an.

Siehe zu:

1. La Fédération et l´Unité en Italie (1863),
   Si les traités de 1815 ont cessé d´exister? (1863),
   France et Rhin - Fragments (1867, posthum),
   Siehe allgemein hierzu auch Proudhon - Justice et liberté - Textes choisis par Jacques *Muglioni*, Presses Universitaires de France, s. l. (Vendôme (France)), 2me éd. 1974 ("force collective").

2. De la Création de l´Ordre dans l´Humanité ou Principes d´Organisation politique (1843), Kap. 3.

3. De la Justice dans la Révolution et dans l´Église - Nouveaux principes de philosophie pratique (1858), Studie I.

4. Du Principe fédératif et de la Nécessité de reconstituer le Parti de la Révolution (1863), I, Kap. 1 - 4.
   De la Justice dans la Révolution et dans l´Église l. c. (s. o. Nr. 3), Studie VIII.
   Siehe allgemein hierzu Proudhon - Justice et Liberté, l. c. (s. o. Nr. 1), Deuxième Partie: La Liberté, pp. 87 - 140.

5. Système des Contradictions économiques ou Philosophie de la misère (1846), Kap. 8.

6. La Guerre et la Paix - Recherches sur le principe et la constitution du droit des gens (1861).

7. L´idée générale de la Révolution au XIXe siècle (1851), 4. Studie, I.
   Du Principe fédératif, l. c. (s. o. Nr. 4), I.

8. s. o. zu Nr. 1. sowie
Nouvelles observations sur l´unité italienne (1864), II, III.

9. Les confessions d´un révolutionnaire pour servir à l´Histoire de la Révolution de Février (1849), Kap. 14,
Contradictions politiques - Théorie du mouvement constitutionnel au XIXe siècle (1870, posthum), Kap. 5 - 7,
s. allgemein hierzu Proudhon - Justice et liberté, l.c. (s. o. Nr. 1), Première Partie, III: Le Gouvernement, pp. 49 - 85.

10. Qu´est - ce que la Propriété?, 3 mémoires (1840, 1841, 1842).

11. Système des Contradictions économiques, l. c. (s. o. Nr. 5), Kap. 10,
De la Capacité politique des classes ouvrières (1865, posthum), Kap. 12 - 15.

12. Les Majorats littéraires (1862).

13. Théorie de l´Impôt (1861).

14. Système des Contradictions économiques l. c.(s. o. Nr. 5), Kap. 9.

15. ebd. Kap. 13.

16. De la Justice dans la Révolution et dans l´Église l. c. (s. o. Nr. 3), Studie X.

Anhang

Übersetzung fremdsprachiger Zitate und Bezeichnungen, die nicht bereits im Text bzw. in Anmerkungen übersetzt sind.

ad libitum.	nach Belieben.
Domini est terra et plenitudo ejus.	Des Herrn ist die Erde und ihre Fülle.
Dominium est jus utendi et abutendi re sua, quatenus juris ratio patitur.	Eigentum ist das Recht, seine Sache zu gebrauchen und zu mißbrauchen, soweit es nach Maßgabe des Rechts zulässig ist.
Dura lex, sed lex.	Ein hartes Gesetz, aber eben ein Gesetz.
in manu.	in der Hand.
Latifundia perdidere Italiam.	Die Latifundien haben Italien vernichtet.
(patres conscripti) pères conscripts.	eigentlich „patres et conscripti" - die ursprünglichen Senatoren (patres) und die der Überlieferung nach aus dem Ritterstand übernommenen, in die Listen der Senatoren eingeschriebenen, beigeordneten, Senatoren (conscripti).
Sancta sanctis.	Den Heiligen ist alles heilig.
terram autem dedidit filiis hominum.	Die Erde aber hat er den Kindern der Menschen gegeben.

Personen - und Sachregister

Q

R

S

T

Z